GHQ시대 한일관계의 재조명

본서는 한국연구재단의 연구지원(NRF-2011-413-B00007)과 일본국제교류
기금의 2014년도 출판지원을 받아 발간되었습니다.

GHQ시대 한일관계의 재조명

초판 1쇄 발행   2016년 3월 21일

편 자 ㅣ 국민대학교 일본학연구소
발행인 ㅣ 윤관백
발행처 ㅣ 도서출판 선인

등록 ㅣ 제5-77호(1998.11.4)
주소 ㅣ 서울시 마포구 마포대로 4다길 4(마포동 324-1) 곳마루 B/D 1층
전화 ㅣ 02)718-6252 / 6257   팩스 ㅣ 02)718-6253
E-mail ㅣ sunin72@chol.com
Homepage ㅣ www.suninbook.com

정가 27,000원
ISBN 978-89-5933-965-5 93340

·잘못된 책은 바꿔 드립니다.

GHQ시대 한일관계의 재조명

국민대학교 일본학연구소 편

도서출판 선인

머리말

이 원 덕

_국민대학교 국제학부

본서는 국민대학 일본학연구소가 한국연구재단의 중점연구소 지원 사업을 받아 추진한 제3단계 프로젝트(2012~2014)의 주요 연구 성과물을 모아서 수록한 것이다. 국민대학 일본학연구소의 중점연구소 사업은 2005년 한국정부가 한일회담 관련 외교문서의 전면적인 공개를 결정한 것을 계기로 하여 이 문서에 대한 학술적인 집대성을 목표로 하여 기획된 장기 연구프로젝트이다. 한국연구재단의 각별한 지원 하에 이루어진 이 사업은 도합 9년간 추진되었는데 2006년부터 2008년까지 이루어진 제1단계 연구에서는 한일회담 시기(1951~1965)의 문서를 대상으로, 2009년부터 2011년까지 진행된 제2단계 연구에서는 한일회담 이후의 시기(1966~1979)의 문서를 대상으로 한 분류, 해제, 정리 및 학술연구를 각각 수행하였다.

이어서 진행된 제3단계의 사업이 한일회담 이전 시기(1945~1951) 한일관계 자료의 수집, 정리 및 연구이다. 제3단계 연구 사업은 제1·2단계의 사업성과를 계승하여 1) 한일회담 이전 시기(1945~1951년) 한일관계 관련 자료들을 조사·수집하고, 2) 이를 한일관계 주요 이슈 별로 분류·정리하여 자료집을 발간하며, 3) 이에 기반 한 본격적 학술 연구를 수행하는 것을 목표로 하여 추진되었다.

한일회담 이전 시기는 제국주의 일본이 붕괴하면서 과거의 제국질서가 새로운 냉전 질서에 편입되는 시기였다. 이 시기에 한국과 일본은 새로운 관계정립을 위해 과거 청산을 통해 전후 처리의 방향을 모색할 뿐 아니라 동아시아를 지배하던 냉전질서 속에서 자신의 위상을 새로이 정립해야만 했다. 이 과정에서 미국의 전후 구상은 한일관계의 새로운 정립을 위한 일차적인 규정력을 지닌 것이었다. 그러나 과거사 청산의 주체로서 한국과 일본은 과거 청산에 대한 상호 인식의 차이를 드러내며 미국의 전후 구상에 대한 대응과정을 통해 미국의 전후 구상을 변용시키는 주체가 되었다. 이처럼 한일회담 이전 시기는 한미일 관계라는 프리즘을 통해 한일관계의 현안들이 다양한 형태로 도출되는 특징을 지니며, 이후 전개되는 한일회담의 성격을 규정하는 배경으로서 중요한 의미를 부여할 수 있었다.

이러한 맥락에서 한일회담 주요 의제들에 대한 전사(前史) 연구, 현대 한일관계의 기원 연구, 전후 한일관계사에 대한 종합적인 역사상 제시라는 구체적인 논의를 통해 "한일회담 이전 시기(1945~1951년) 연구"와 점령행정의 통합적 운영을 담당한 연합군총사령부(GHQ/SCAP)문서의 자료적 가치와 정리"에 대한 필요성이 절실히 요구되었다. 이에 따라 본 연구팀은 청구권, 재일한인, 어업, 독도문제 등 한일회담의 주요 현안들이 어떠한 방식으로 도출되고 조정되어 가는지를 실증적인 자료를 바탕으로 분석했다. 또한 현대 한일관계의 기원으로서 샌프란시스코 강화조약, 지역안보체제의 구축과정에 대한 연구도 함께 수행하여 전후 한일관계사에 대한 종합적인 역사상의 제시를 목표로 하였다.

3년에 걸친 연구사업 중 제1년차에는 GHQ 문서 중 한일관계 관련 문서를 조사, 수집하고, 이를 바탕으로 쟁점별 목록집을 작성하였다. 본

연구의 수집대상 자료 중 가장 핵심이 된 문서는 1945년에서 1952년까지 점령정책 실행 기관이었던 GHQ/SCAP의 문서로, 약 3천만 페이지의 분량에 이른다. 현재 이 자료는 미국 국립문서보관소(NARA)의 레코드 그룹(RG) 331("Records of Allied Operational and Occupation Headquarters, World War Ⅱ")에 포함되어 있다. RG 331로 대표되는 GHQ문서는 일본에서 상당수 수집하여 국회도서관에서 열람할 수 있으며, 한국에도 국사편찬위원회를 중심으로 일부가 수집된 바 있다. 연구팀은 GHQ 문서를 비롯한 관련 1차 자료의 소재와 수집현황, 소장 자료의 범위를 우선 국내 유관기관을 망라하여 파악한 후에, 일본과 미국 등 해외의 공문서관을 대상으로 자료수집 범위를 넓혀갔다. 수집된 자료는 '한일회담의 전사(前史)로서의 한일관계 연구'의 목적에 따라 주제군 별로 목록집을 작성, 발간하였다.

일본 국회도서관은 1978년부터 1988년까지 10여 년에 걸쳐 미국 소재 자료 등을 수집했다. 그리고 NARA의 자료를 상자(Box) 내 폴더(Folder) 단위로 1매씩 내용목록카드를 작성한 후, 일본점령관계를 비롯한 일부 자료는 데이터베이스화하여 외부에서 인터넷을 통해 자료검색이 가능하도록 시스템을 구축하였다. 이들 중 일부는 국사편찬위원회의 자료와 중복되므로 자료 군을 잘 비교 검토하여 시간과 노력, 비용을 효율적으로 활용하여 수집대상 자료 군에 적극 반영하였다.

특히 NARA의 미군정기 한국관계 자료는 국사편찬위원회에 다량 이전되어 있으나, 연구팀은 연구주제를 한일관계로 범위를 넓혀 NARA에서 자료를 조사하고 수집하였다. 이들 자료의 수집을 위해 GHQ/SCAP 내의 담당기구, 부서별 검색을 통해 소장기관별 자료의 목록을 조사하고 NARA의 검색목록(Finding Aid)을 이용하여 본 연구과제와 관련되는 문서들을 선별하고 체계적으로 수집, 정리하였다. 이상과 같은 방법으로 한·미·일의 유관 기관을 통해 조사 수집된 자료는 본 연구의 검토 아젠다를 기준으로 하여 주제군 별로 정리, 분류하여 목록집을 발간하였다.

이어서 제2년차 연구에서는 1년차에 수집, 정리, 분류된 자료들을 대상으로 해제집 및 주요문서 자료집을 발간하였다. 이러한 기초자료 확보를 통해 향후 다양한 연구에 활용할 수 있는 자료적 토대를 제공할 것으로 판단된다. 해제집은 1년차에 작성된 목록집에 수록된 문서들에 대한 형성경위와 작성기관, 문서의 성격 등을 포괄하는 총괄적 해설을 담을 것이다. 또한 수집된 문서들 가운데 핵심자료를 쟁점별로 편집하여 자료집을 발간하였다. 자료집의 분류 기준이 되는 주제군은 1, 2단계의 한일회담 연구의 연속선상에서 설정된 3단계 연구주제에 따라 제1권 배상 및 청구권 관계, 제2권 한일경제관계, 제3권 재일한인관계, 제4권 어업 및 평화선 관계, 제5권 독도 및 영토관계, 제6권 샌프란시스코 강화조약 및 안전보장관계로 구성되어 있다.

마지막으로 본 연구의 3년차에서는 1, 2년차에 체계적으로 수집, 정리, 분류된 자료를 바탕으로 본격적인 학술연구를 수행하였다. 연구 주제군은 위의 자료의 분류 기준인 7개의 주제로 구성되었다. 본 연구는 대다수의 기존 연구가 1차 자료에 대한 충분한 검토를 바탕으로 이루어지지 못했다는 점을 고려하여 무엇보다도 1차 자료에 대한 정밀한 분석을 통한 새로운 사실발견 및 해석, 그리고 새로운 시각의 제시를 목표로 이루어질 것이다. 이러한 연구를 통해 한일관계의 원형으로서 한일회담 이전 시기(1945~1951년)를 재조명하였다.

본서는 기본적으로 제3년차 연구사업의 결과물로 제출된 주요 성과물을 모아서 만들어진 것이다. 본서는 2부 구성을 취하고 있는데 먼저 제1부에서는 미국의 전후 구상과 한일관계의 기원을 다루고 있다. 즉,

여기서는 제2차 세계대전 직후 미국이 구상한 동아시아 지역의 재편 전략의 구체적인 내용을 밝히고 그 속에서 전후 한일관계의 기원이 마련되었다는 점을 검토한다. 여기에는 네 편의 논문이 수록되었다.

제1장은 박진희 박사가 「미국 국무부 재외공관문서(RG 84)와 한일회담」이라는 논문에서 미국의 한일회담에 관한 기본 입장을 분석하고 있다. 해방 후 한일회담 연구에서 한국과 일본 정부의 외교문서 이외 필수적으로 검토해야 하는 또 하나의 자료는 미국 정부 문서이다. 그동안의 한일관계 연구가 보여주었듯 한일관계는 양국관계 뿐 아니라 2차 세계대전 종전 이후 미국의 동북아시아 정책 속에서 한국, 일본, 미국이라는 3국 관계 속에서 조망할 필요성이 있기 때문이다. 실제로 미국은 강력한 중재를 통해 1951년 한일예비회담을 개최하게 만들었고, 이로써 한일회담이 시작되었다. 또한 한국과 일본 정부는 한일회담 과정에서 끊임없이 미국의 지지를 요청했고, 미국은 사안에 따라 개입과 유보, 중재 등의 형태로 한일회담에 개입하였다.

미국이 한일회담 과정에서 한일 간 현안 문제에 대해 보여준 인식과 대응은 각각 달랐다. 일본의 역청구권과 한국의 평화선 선포에 대해서는 공식적으로 입장을 표명하였다. 미국은 일본의 역청구권 주장은 근거가 없다고 밝혔고, 한국의 평화선 선포는 공해상의 자유로운 항해를 보장하는 국제법을 위반한 것이라고 입장을 밝혔다. 반면 한일회담을 장기간 결렬상태로 몰아넣은 구보타 망언에 대해서는 제대로 된 논평조차 내놓지 않았다. 일본의 재일조선인 북송에 대해서는 한국의 강력한 반발에도 불구하고 인도주의라는 명분을 내세워 동의하였다. 미국이 한일관계에서 최우선으로 고려한 것은 동북아시아 반공진영 강화라는 전략의 관철과 이를 위한 한일관계의 개선이었다. 따라서 한일 간 식민지 지배의 불법성과 청산이라는 역사문제가 투영될 수밖에 없었던 한일회담의 의제들에 대해서는 충분히 성찰하지 않았고, 오히려 정치적으로 타협되기를 기대하였다.

제2장은 안소영 박사가 집필한 "연합군 최고사령부문서(RG331)와 점령기 한일관계 연구"을 게재했다. 태평양전쟁에서 연합국이 승리한 결과, 한국과 일본은 거의 비슷한 시기에 미국이 주도하는 점령통치를 받게 된다. 그런데 역설적이게도, 두 지역에서의 점령 통치는 '패전국 일본에서의 민주화 개혁과 해방된 식민지 조선에서의 억압통치'라는 대조적 양상으로 전개되었다. 일견 모순되는 듯이 보이는 이러한 현상은 우선 미국의 대일·대조선 점령정책이 전후 미국의 동아시아정책 구상이라는 큰 틀 속에서 고려되고 상호 연동하는 가운데 형성되었다는 사실에서 그 기원을 찾을 수 있다.

전시기의 정책입안과정에서 이미 그 단초를 마련한 '역설'의 계기는 한국과 일본에서의 점령통치의 실시 과정에서 구체화되었고 점령당국과 현지의 정부 또는 주민 간의 협조와 대립이라는 상호작용을 통해 조정되거나 확대·가속화되었다. 바로 이 후자의 국면에, 전후 일본과 남한의 국가형성을 주도한, 그리고 그 과정에서 한일 관계를 매개한 액터(actor)로서 GHQ/SCAP(연합국 최고사령관 총사령부)가 존재한다.

이와 같이 '점령기 또는 미군정기 한일관계'는, 비록 그것이 독립된 주권국가 간의 정식 외교관계는 아니었지만, 한국과 일본의 전후체제 형성과 관련된 특수한 조건, 즉 GHQ/SCAP을 매개로 한 미국의 점령통치와 대일 전후처리문제를 둘러싼 교섭과 더불어 가동되기 시작했다. 전후로부터 오늘날에 이르기까지 한일관계의 성격과 방향을 규정하게 될 '원형으로서의 한일관계'가 형성되기 시작한 것이다. 이 점이 바로 GHQ/SCAP에 주목하게 되는 이유이다. 본 논문은 이러한 문제의식을 바탕으로 한 '점령기' 한일관계 이해를 위한 'GHQ 자료'의 활용에 관한 검토이다.

제3장은 김태기 교수가 집필한 "미국의 대일점령정책과 재일한인의 경제적 권리"라는 논문을 수록하였다. 이 논문은 미점령군과 재일한인의 경제적 권리가 관심의 초점이다. 여기서 말하는 경제적 권리는 간단히 말해 생존권과 생활권으로 구분할 수 있을 것이다. 생존권이라는 것은 그야말로 생존을 위한 기본적인 권리이고 생활권은 사회적, 문화적 그리고 경제적으로 일정한 생활을 할 수 있는 권리를 의미한다. 생활권의 경우 경제적인 권리만이 아니라 교육에 대한 권리, 차별 문제 등 다양한 포괄적인 의미를 함축하고 있기 때문에, 이 연구에서는 특별히 당시 사회적으로 이슈화 되었던 주제에 초점을 맞추어 생존권과 관련해서는 귀환 시의 지참금 문제 그리고 특별배급 문제를 다루었다. 그리고 생활권과 관련해서는 재산세 문제에 초점을 맞추었다.

전후 SCAP은 재일한인의 식민지배에서의 해방이 어떠한 의미를 가지고 있었는지 이해하려고 하지 않았다. 그들 정책의 기준은 일본의 정치 경제 사회 질서의 질서유지이고 반공이라는 정책이었다. SCAP은 일본정부에 대해 고용차별을 금지하도록 지시를 내렸지만, 일본 사회의 전후 혼란 속에서 재일한인이 취업하는 것은 쉽지 않았다. 생계유지가 어려웠던 해방된 재일한인에게는 특별배급이 필요했지만, SCAP은 이에 대한 배려는 없었다. 동양인인과 서양인인가 혹은 연합국민인가 적국민인가에 대한 고려는 있어도, 일본 식민통치를 직접 받은 해방민족에 대한 고려는 전혀 없었다. 사실 이러한 결정은 대부분 일본정부가 의도한 대로였다. 일본정부는 패전 이후에도 과거의 재일한인 지배에 대한 반성을 하지 않았고, 식민지 시대의 인식과 통치 방법을 그대로 유지하려고 하였다. 일본정부는 재일한인 사회의 불법성과 공산주의적인 활동을 문제 삼아 자신들의 정책을 정당화하였지만, 패전 이후 재일한인에게 집행한 법적인 제 조치는 과거의 식민지관이 그대로 반영된 것이라고 생각한

다. 그리고 SCAP은 재일한인의 탈식민화의 주체가 되지 못하고, 오히려
일본정부에 의한 재일한인의 재식민지화를 돕는 역할을 하고 말았다.

제4장에서는 이현진 박사의 "해방 이후 미국의 한일경제관계 구상"이
라는 논문을 실었다. 이 논문은 해방 이후 작성된 한일경제관계 구상과
관련한 자료들 중 주요 자료를 소개하고 각 내용을 정리함으로써, 한일
협정의 기원으로서 한일경제관계 구상 논의의 변화과정을 다양한 각도
에서 살펴볼 필요가 있음을 제기하고자 한 것이다.

한일협정 체결의 주요 요소 가운데 하나는 일본과의 경제적 통합의
문제였다, 한일협정이 체결된 1960년대 당시에는 경제협력의 실천이 주
요 문제였고, 이는 당시의 경제사정의 변화에 따라 한일 간의 수직적 분
업구조의 완성이라는 것으로 실현된다. 그러나 그 논의의 출발점은 미
국의 원조계획의 변화였다. 이는 해방 이후 미국의 원조계획의 조정과
한일경제관계 구상의 논의 진행과정과 유사하다고 할 수 있다. 그리고
이러한 경제원조계획의 조정을 위해서도 일본의 배상문제 해결은 주요
한 요소일 수밖에 없었다. 일본의 경제회복이라는 측면에서의 배상문제
해결에 대한 적극적인 모색이 이루어지는 것이다.

이 논문은 이러한 문제의식에서 대한원조계획의 조정과 일본의 경제
회복문제, 한일경제관계 구상과 일본의 배상문제와의 연관성까지 그 논의
의 연결과정을 맥아더 사령부, 미군정, 대한원조기구인 ECA 관련 자료
들을 통해 정리한 하였다. 이들 자료들은 그동안 추상적 차원에서 논의
되던 미국의 당시 지역통합전략 구상과 한일경제관계구상의 구체적 실
체에 접근할 수 있도록 도움을 주며, 1945~1950년까지 한일경제관계 구상
논의의 주요 변수가 무엇이었는지를 분석하는데 크게 기여할 것이다.

다음으로 제2부에서는 GHQ 시대의 한일회담의 주요 쟁점을 다루고
있는데 여기에도 네 편의 논문을 수록하였다. 제5장은 정병준 교수의

"미국 정보기관의 독도관련 자료와 독도문제 인식: 중앙정보국(CIA) CREST 비밀해제 자료를 중심으로"이다. 1952년 이래 미국은 독도를 둘러싼 한일 간의 충돌에 대해 깊은 우려를 갖고 있었다. 미국이 동맹관계를 맺은 동북아시아의 가장 중요한 우방 두 나라가 작은 섬을 둘러싸고 무력충돌을 벌이기 직전이었기 때문이다. 미국은 1951년 샌프란시스코 평화조약이 체결되는 과정에서 대일 우호적 자세를 견지했으며, 독도에 관한 한국정부의 주장을 기각하기까지 했다. 또한 1952~54년간 미국무부 동북아시아국의 일부 관리들과 주일 미대사관의 외교관들은 독도에 대한 일본정부의 주장에 공감하고 있었다. 물론 미국 정부의 입장은 1954년 당시 미 국무장관이던 존 포스터 덜레스의 결정에 따라 중립적 위치로 결정되었다. 이 시기에 결정된 미국의 입장은 독도문제는 한일 양국 간의 분쟁이며 미국은 개입해서는 안 된다, 샌프란시스코 평화조약에서 독도문제는 논의·합의·결정되지 않았다, 한일 양국 간에 문제해결이 어려우면 국제사법재판소의 해결을 기대해야 한다는 것이었다.

이 논문은 1952년 이후 미국 정보기관, 특히 중앙정보국(Central Intelligence Agency: CIA)이 독도에 관해 어떠한 정보를 가지고 있었으며, 어떠한 입장·판단을 가지고 있었는지를 살펴본다. 비밀정보기관의 성격을 생각한다면 한일 간의 논쟁과 이에 대한 배경분석, 정보적 판단 등에 대한 시사점을 얻을 수 있을 것이다. 독도에 대해서 CIA 홈페이지는 "국제분쟁(Disputes - international)" 지역으로 구분해 놓았다. 독도(Liancourt Rocks로 표기, Tok-do / Take-shima로 병기)는 남한, 북한, 일본 3국에 관한 설명에서 모두 국제 분쟁 지역으로 적시되어 있다. 이러한 CIA 홈페이지의 설명은 일반적인 미국 정부의 입장과 일치하는 것으로 생각된다. 동해에 대해서는 일본해로 표기하고, 독도는 리앙쿠르 암으로 표기하는 한편 한국이 통치하고 있으며 일본이 영유권을 제기하고 있다고 병기하는 방식이다.

제6장에서는 박창건 교수의 "한일어업협정 전사(前史)로서의 GHQ-SCAP 연구: 맥아더라인이 평화선으로"를 실었다. 이 논문은 한일어업 레짐의 성격을 규정하는 전사(前史)로서 당시 일본을 점령·통치하고 있던 연합국 최고사령관 총사령부(GHQ-SCAP: General Headquarters, Supreme Commander for the Allied Powers)의 관련 문서를 중심으로 한일 어업협정의 태동 과정을 살펴보는 것을 목적으로 하고 있다. 이것은 한·미·일 관계라는 프리즘을 통해 한일어업협정의 성격을 규정하는 전사를 추적한다는 외교사적 의미를 지니고 있다. 특히 본 연구는 일국사적 관점을 넘어서 국제 해양레짐의 재편과 연동되어 나타난 동북아 지역 영해 질서의 이해를 '영해 자원민족주의'라는 개념을 변형·발전시켜 한일어업협정에 대한 전사(前史)의 규명에 초점을 맞추었다. 이를 위해 본 연구는 GHQ-SCAP의 자료를 중심으로 '맥아더 라인'이 '평화선'으로 바뀐 한일어업협정 전사를 추적하여 한국 사회과학 연구의 공백으로 남아 있는 GHQ-SCAP의 일본 점령과 그 정책에 대한 실증적 분석뿐만 아니라 한일관계의 구조적 틀이 형성된 이 시기를 외교사적으로 재조명하고 있다. 흥미롭게도 맥아더라인에서 평화선으로 이어지는 한일어업협정은 '해결되지 않은 것을 해결된 것으로 간주한다'는 미완성의 합의 방식을 채택했기 때문에 한일관계가 엇박자로 나아가면 언제든지 여러 가지 문제가 분출될 수 있는 협정이었다.

제7장에서는 유지아 박사의 "전후 일본의 안보체제와 집단적 자위권-안보조약과 신 안보조약을 중심으로-라는 논문을 게재하였다. 이 논문은 미국이 군사전략적인 차원에서 대일강화조약 논의과정에서부터 지속적으로 일본의 군사적인 행동에 대해 역설하고 있었으며, 안보문제에 대해 미일안전보장을 중심으로 한 안보체제를 구상하고 있었다는 점에

초점을 맞추어 집단적 자위권 논리를 고찰하였다. 즉 현재 상황에 따른 재조정의 입장보다는 이미 일본의 군사적 행동과 집단적 자위권은 1951년의 안보조약과 1960년 신 안보조약 개정으로 인해 점진적으로 현실화해나갔다는 관점에서 보고 있다. 특히 전후 일본은 이미 대일강화조약 시기부터 규정되어 있는 개별적 및 집단적 자위권에 대해 국제정세와 미일관계의 변화에 따라 해석방식을 달리 하면서 안보체제를 변용해왔다는 입장에서 일본이 국제정세 속에서 구상하고 있었던 안전보장과 그 원인을 분석하였다.

안보조약 체결 후 일본의 경찰 예비대에 증강 논의는 한국전쟁의 휴전으로 인해 긴박한 사안이 아니라는 객관적인 판단 하에 보류되었다. 그러나 유사시에 미일양국이 군사적으로 어떠한 공동 행동을 취할 것인가 하는 문제에 대해 안전보장협정의 실시협정인 행정협정에서 '집단방위조치'로 실현하고자 하였다. 즉, 일본과 미국은 안전보장조약에서 애매한 표현과 합의로 넘긴 일본의 재군비 문제를 실시협정인 행정협정에서 구체적으로 실시하고 있다. 그러나 집단적 자위권에 대한 입장은 집단적 자위권을 보유하고 있다는 것을 명확하게 인정은 하지만 헌법 제9조의 제약에 의해 현실적으로 행사할 수 있는 상태는 아니라는 입장을 유지하고 있다. 반면, 자위대의 위상과 활동에 대해서는 별도의 법을 만들어 해외파병까지 실현하고 있는 상황이다. 현재 아베정권이 추진하고 있는 집단적 자위권 행사문제는 헌법과 자위대의 실상이 불일치하고 있는 상태를 집단적 자위권을 행사함으로써 일치 시키려는 조치라고 할 수 있으며, 따라서 집단적 자위권 행사 문제는 개헌과도 밀접한 관련이 있다고 할 수 있다.

마지막으로 제8장에서는 정용욱 교수가 집필한 "일본인의 '전후'와 재일조선인관: 미군 점령당국에 보낸 편지들에 나타난 일본 사회의 여론"

이라는 논문을 수록하였다. 일본인들은 미군 점령기에 점령당국과 맥아더 장군에게 수많은 편지를 보냈다. 점령당국은 이 편지들을 분석하거나, 일본인들 사이에 교환된 편지를 검열했고, 그것들을 일본 사회의 여론 동향을 파악하는 자료 원으로 활용하거나 점령정책에 대한 일본인들의 반응을 고찰하는 수단으로 이용했다. 대체로 일본인들의 편지는 식량난, 귀환 등 개인들의 일신상의 이해관계를 반영했지만 천황제 폐지, 전후 개혁, 전범재판 등 당시의 중요한 정치·사회적 의제들에 대해서도 적극적으로 반응했다.

패전 직후 일본인들이 맥아더 장군과 점령당국에 보낸 편지들은 그 시기 일본인들의 생활세계와 생활감정을 잘 드러낸다. 이 논문의 목표는 일본인의 보통사람들이 보고 겪은 전후 일본 사회는 어떤 모습이었고, 또 일본인들은 그것에 어떻게 반응했는가를 살펴보는 것이다. 특히 일본인들의 편지에 나타난 전후개혁, 전쟁책임, 재일조선인에 대한 인식과 태도를 분석하였다.

전쟁책임 문제를 언급한 편지들에서 나타나는 중요한 특징은 점령 직후만 해도 전범 고발 편지가 많았으나 시간이 지날수록 전범 혐의를 부인하거나 무죄를 주장하는 편지들이 많아지고 심지어 전범 재판의 부당성을 주장하는 편지들이 늘어난다는 것이다. 미국의 주도로 천황이 면책되는 등 전범재판이 일본과 미국의 합작에 의한 정치재판의 성격을 띠게 됨으로써 전쟁책임이 희석될 수 있는 결정적 계기가 마련되었고, 전범 재판이 A급 전범 재판에서 B·C급 전범 재판으로 옮아가면서 전쟁책임이 부정될 수 있는 사회적 여건이 확대되었다. 전쟁책임과 관련해 국민 사이에 지배자는 가해자, 국민은 피해자라는 '피해자론'이 확산되었고, 전쟁책임의 방기는 지배층의 타민족 침략과 식민지화의 가담자로서 국민의 책임에 대한 자각도 봉쇄했다.

일본인들의 편지에서 재일조선인은 식량난의 원인, 각종 사회문제를
일으키는 골치 덩어리, 정치적 불안을 일으키는 빨갱이로 인식되었다.
또 그러한 인식의 밑바닥에서 전전부터 존재하던 인종적·민족적 편견
이 여전히 작동했으며, 한반도 분단, 냉전의 도래와 같은 전후 동아시아
의 정세 변화가 그러한 편견에다 새로운 내용을 추가했다. 당시 일본 사
회의 재일조선인 관을 그것이 형성되는 정치·사회적 맥락과 역사적 배
경까지 시야에 넣고 보면 재일조선인은 전후 일본 사회가 책임을 지고
해결해야 할 식민지배의 상징이었다기보다 일본 사회의 혼란과 모순을
은폐하거나 그 책임을 전가하기 위한 희생양으로 기능했다고 해도 과언
이 아니다.

목 차

- 2부 점령기 한일회담의 주요 쟁점

5장 미국 정보기관의 독도관련 자료와 독도문제 인식
─중앙정보국(CIA) CREST 비밀해제 자료를 중심으로─ _정병준

6장 한일어업협정 전사(前史)로서의 GHQ-SCAP 연구
─맥아더라인이 평화선으로─ _박창건

―1부

미국의 전후 구상과
한일관계의 기원

1장

미국 국무부
재외공관문서(RG 84)와
한일회담

박진희

박진희 朴鎭希

국사편찬위원회 편사연구관
한국현대사 전공
주요저서로『한일회담: 제1공화국의 대일정책과 한일회담 전개
과정』(2008),『한중일이 함께 쓴 동아시아 근현대사』(공저, 2012)

1. 머리말

한국근현대사 연구에서 한일관계는 가장 중요한 연구주제 중 하나이다. 그 중에서 해방 후 한일회담 관련 연구는 선구적인 연구 성과가 있었지만, 중요성에 비추어 연구의 축적은 더딘 편이었다. 한일회담 당사국인 한국과 일본이 관련 문서를 공개하지 않아 연구에 큰 제약요소가 되었기 때문이다.

이런 가운데 한일회담 연구에 획기적인 계기가 마련되었다. 한국 정부가 한일회담 관련 외교문서를 전량 공개한 것이다. 한국 정부는 2005년 한일회담 문서 5권을 공개하고, 8월에 156권을 추가로 공개하는 등 총 3만 6,500여 쪽의 한일회담 관련 외교문서를 공개했다. 비록 일제 강점기 피해자들이 제기한 한일회담 외교문서 공개요구 소송에서 패소한 결과에 따른 것이었지만, 국민의 알권리와 공공문서 관리 원칙의 관철이라는 측면에서 의미 있는 결과였다. 또한 한국 정부가 일제 하 강제동원되었던 한국인 피해 당사자의 청구권 및 보상 요구에 대해 응답했다는 점에서도 의미 있는 결과였다. 이 같은 한국 정부의 조치는 일본 내에도 영향을 미쳐 일본의 시민단체와 연구자들은 '일한회담 문서 전면공개를 요구하는 모임'을 결성하고, 일본정부를 상대로 일본 측 한일회담 관련 문서 공개를 요구하였다. 그 결과 일본 정부는 2007년부터 약 6만여 장에 이르는 한일회담 관련 외교문서를 공개했다. 그러나 일본 정부는 여러 이유를 붙여 중요 부분을 먹칠한 부분공개, 불공개 문서 등으로 문서를 재분류 한 후 공개하였다. 이 같은 일본 정부의 행태는 정보공개가 아니라 정보 은폐라는 비판을 받았다.[1] 한국 정부가 공개한

---

* 이 연구는 『사학연구』 2014년 115호에 실린 논문임.

1) 이양수, 「일본 외무성의 엉터리 문서 '공개'」, 『역사와 책임』 창간호, 2011, 205쪽.

외교문서는 외무부 외교사료관에서 열람할 수 있으며, 양국이 공개한 외교문서는 각각 해제집과 자료집으로 간행되어 널리 이용할 수 있게 되었다.[2] 이를 토대로 한일회담 관련 연구는 새로운 계기를 맞이했으며, 연구 성과들이 제출되기 시작했다.

한일 외교문서 이외에 한일회담 연구에서 필수적으로 검토해야 하는 또 하나의 자료군은 미국 정부의 문서이다. 그동안의 한일관계 연구가 보여주었듯 한일관계는 양국관계 뿐 아니라 2차 세계대전 종전 이후 미국의 동북아시아정책 속에서 한국, 일본, 미국이라는 3국 관계 속에서 조망할 필요성이 있기 때문이다. 실제로 미국은 강력한 중재를 통해 1951년 한일예비회담을 개최하게 만들었고, 이로써 한일회담이 시작되었다. 또한 한국과 일본 정부는 한일회담 과정에서 끊임없이 미국의 지지를 요청했고, 미국은 사안에 따라 개입과 유보, 중재 등의 형태로 한일회담에 개입하였다.

여기에 관련 자료의 교차 분석이라는 측면에서도 미국의 한일회담 관련 자료는 주목할 필요가 있다. 현재까지 공개된 한일 양국의 한일회담 관련 문서의 양은 대략 두 배 가량의 차이를 보이고 있다. 특히 한국 측 문서는 1950년대에 개최된 한일회담 관련 문서량이 상대적으로 적은데, 전체 문서 중 약 1/3이 이 시기에 해당될 뿐 2/3는 1960년대 이후 관련 문서이다. 한일회담이 시작되고 협정이 체결되기까지 14년에 걸친 회담 과정 중 1950년대 약 9년간의 기록이 너무 적다는 것은 이 시기 한일관계에 대한 실상을 파악하고 연구하는 데 제약 요인 중 하나라고 할 수 있다. 이 같은 자료상의 제약 요인을 보완해주며 한일 외교문서와 더불

---

2) 국민대학교 일본학연구소,『한일회담 외교문서 해제집』Ⅰ~Ⅴ, 동북아역사재단, 2008; 국민대학교 일본학연구소·동북아역사재단 편,『韓日會談 日本外交文書』전 103권, 선인, 2010.

어 한일회담 연구에 중요한 또 하나의 자료군이 미국 정부 문서들이다. 그 중에서도 미국 국무부 재외공관 문서군(RG 84, Records of the Foreign Service Posts of the Department of State)의 주한미국대사관 문서(Seoul Embassy File)와 주일미국대사관 문서(Tokyo Embassy File)에는 한일관계에 대한 많은 중요한 자료가 포함되어 있다. 특히 미국대사관문서라는 점에서 현지의 생생한 정보와 분석, 평가가 수록되어 있어 흥미롭다.

본고는 그동안 거의 이용되지 않았던 주한·주일 미국대사관 문서 중 한일회담 관련 문서들을 통해 한일회담에 대한 미국의 인식과 대응 양상을 살펴보고자 한다. 미국은 때로는 적극적인 개입자로, 때로는 중립적 중재자로, 소극적 방관자의 자세로 한일회담에 관여해왔다. 그러나 결론은 항상 미국은 동북아시아의 반공전략 속에서 한일관계를 조정하고자 했다는 점이다.

2. 주한·주일 미국대사관의 한일회담 문서 개요

한국현대사를 연구하는데 있어 미국 소재 한국사 자료의 가치는 그동안 많은 기관과 연구자들의 조사·수집활동과 연구 성과를 통해 입증되었다. 현재 국내에서 가장 양질의 미국 소재 한국사 자료를 조사·수집한 곳은 국사편찬위원회이다. 국사편찬위원회는 국가적 차원에서 해외에 소재한 한국사 자료를 체계적으로 조사·수집해야 한다는 안팎의 요구에 힘입어 2001년부터 '해외소재 한국사 자료 수집·이전사업'을 추진하였고, 그 결과 미국, 일본, 러시아, 중국, 영국 등에 소재한 한국사 자료를 체계적이고 대규모로 조사하고, 주요 자료를 선별 수집했다. 그리고 이 가운데는 한일관계, 독도 관련 자료도 다수 포함되어 있다. 수집

자료의 양질 모든 면에서 국내 최대, 최고라고 할 수 있다. 이제 남은 최대 난제는 엄청난 수집 자료들을 정리, 분석, 활용하는 문제이다. 본고에서 활용할 미국의 한일회담 관련 문서는 이렇게 수집된 자료 중 '미국 국무부 재외공관 문서(RG 84, Records of the Foreign Service Posts of the Department of State)'에 포함되어 있다.[3] 국사편찬위원회는 이 문서군에 대한 상세한 조사를 거쳐 중요 문서를 수집함과 동시에 상세목록을 작성해 보고서를 간행했다.[4] RG 84는 해당 국가의 미국 현지 공관이 생산한 문서들을 편철해 놓은 것이기 때문에 해당 국가의 현지사정에 대한 정보와 미국의 인식 등이 상세하게 나타나있다.

RG 84 내 한국 관련 문서는 크게 세 그룹으로 분류할 수 있는데, 첫째 구한말 외교문서·영사 관련 문서, 둘째 1948~1963년간 주한미국대사관 문서, 셋째 1952~1963년간 주일미국대사관 문서이다. RG 84에 들어있는 주한미국대사관 문서(Korea, Seoul Embassy)와 주일미국대사관 문서(Japan, Tokyo Embassy) 속에 '한일관계(Korea-Japan Relations)'라고 주제가 붙은 문서들은 두 번째와 세 번째 그룹에 속해 있으며, 본고가 검토할 대상 자료이다. 또한 여기에는 한일관계 이외에도 해당 국가의 정치, 경제, 군사 분야와 주요 인물 관련 문서 등 중요하고 흥미로운 자료들이 다수 포함되어 있기 때문에 한국현대사 연구에서 반드시 검토 대상이 되어야 한다. 그러나 RG 84의 한일관계 자료에는 한국과 일본의 자료에 나타나지 않는 미국의 동아시아 정책과 한일회담에 대한 인식 등이 잘

---

3) 국사편찬위원회는 RG 84 문서군 중 한일관계 자료를 선별해 자료집으로 간행하였다. 국사편찬위원회, 『한일회담 관계 미 국무부 문서』 1~7, 2007~2010. 이 글에서는 자료집 발간 이전의 수집 자료 상태의 자료를 활용하였으나, 대부분의 주요 자료는 이 자료집에 수록되어 있다.

4) 정병준, 「미 국립문서기록관리청 소장 RG 84(국무부 재외공관문서) 내 한국 관련 문서」, 『미국소재 한국사 자료 조사보고 I ─NARA 소장 RG 59·RG 84 외─』, 국사편찬위원회, 2002.

나타나 있음에도 이 자료를 활용한 연구는 아직까지 많지 않다.5) 다행히도 한일 외교문서 공개 이후 한일회담에 관한 연구는 새로운 전기를 맞이했고, 한·미·일 3국의 공공기록물을 활용한 연구들이 본격적으로 나오기 시작했다.6)

RG 84 재외공관문서 중 주한미국대사관 문서철은 현재 1963년까지의 문서가 국내에 수집되어 있다. 국회도서관에서도 주한미국대사관 문서 중 1962~63년간 비밀일반문서 13상자를 마이크로필름으로 수집했으며, 홈페이지를 통해 원문 서비스를 하고 있다. 주일미국대사관 문서는 대일평화조약 체결 이전 시기의 문서들은 「1945~49년간 동경주재 주일정치고문관실 문서(Office of the U. S. Political Advisor for Japan · Tokyo, Classified General Correspondence. 1945~49)」로 분류되어 있다. 그 이후의 문서들은 모두 「일본, 주일미국대사관, 1952~63년간 비밀일반문서(Japan, Tokyo Embassy, Classified General Records 1952~63)」의 제목으로 총 115상자가 공개되어 있다. 1963년 이후 시기 문서는 주한미국대사관 문서와 마찬가지로 아직 공개되지 않고 있다.

RG 84에 들어있는 한일관계 문서를 살펴보면 한일관계는 양국 관계뿐 아니라 한국, 일본, 미국 3국 관계 속에서 조망해야 할 필요성을 잘

---

5) 미국 국무부 RG 84에 편철된 한일관계 자료를 이용한 본격적인 연구로는 다음과 같은 것이 있다. 박진희, 『한일회담-제1공화국의 대일정책과 한일회담 전개과정』, 선인, 2008.

6) 박진희, 「한·일협정에 대한 비판적 검토-평화선과 어업문제를 중심으로-」, 『한국 현대 정치외교의 주요 쟁점과 논의』, 선인. 2009; 김민석, 「박정희 정권의 한일어업회담」, 충남대학교 석사학위논문, 2009; 장박진, 『식민지 관계 청산은 왜 이루어질 수 없었는가』, 논형, 2009; 박진희, 「한국의 대일강화회담 참가와 대일평화조약 서명 자격 논쟁」, 『한국 근·현대 정치와 일본 Ⅱ』, 선인, 2010; 이현진, 「한일회담 외교문서를 통해서 본 재일한국인의 북한 송환」, 『일본공간』 Vol.4, 2008; 류미나, 「한일회담 외교문서로 본 한일 간 문화재 반환 교섭」, 『일본역사연구』 30, 2009; 이성, 『한일회담에서의 재일조선인의 법적지위 교섭(1951-1965년)』, 성균관대학교 박사학위논문, 2013 외 다수.

보여주고 있다. 또한 한국과 일본의 정치·경제·사회·문화 등 각 분야에 대한 현지 공관의 인식과 평가, 국무부의 인식과 지시사항 등이 풍부하게 담겨있다. 특히 한일관계는 따로 주제철('ROK-Japan Relations', 'ROK-Japan', 'JAP-ROK')로 분류해 기록하고 관리할 만큼 중시했다. 2차 세계대전 종전 이후 미국에게 한국과 일본은 반공진영의 동맹국으로서 양국의 관계 정상화는 동아시아의 전략적 목표를 위한 필수사항이었다. 따라서 미국은 양국 관계 정상화를 위해 때로는 직접 개입을, 때로는 중재와 중재 보류 등 다양한 정책과 방침을 사용했다. 이 문서군에 편철된 문서는 바로 이런 배경에서 생산된 문서이다.

또한 RG 84 한일관계 문서는 주한미국대사관과 국무부, 주일미국대사관과 국무부, 주한미국대사관과 주일미국대사관 등이 한일회담과 양국 관계 개선을 위해 주고받은 문서들로 구성되어 있다. 한국과 일본의 상대국에 대한 인식, 대응양상에 대한 보고와 논평, 한일 간 현안에 대해 미국의 입장과 취해야 할 태도와 지침 등의 내용을 담고 있다. 또한 한일회담의 개최와 결렬, 재개 문제 등에 관한 평가, 청구권문제, 독도문제, 평화선 문제, 재일조선인 북송문제 등에 대한 지침 등을 통해 미국이 한일관계에 얼마나 깊숙이 개입하고 있었는지 알 수 있다. 그리고 이승만 대통령이 미국의 일본 편향적인 정책과 태도를 비판할 때마다 미국과 일본은 그의 對日 적대감과 열등감의 표출이라고 깎아내렸지만, 그의 주장이 결코 근거 없는 주장이 아니었음을 확인할 수 있다. 대체로 한국과 일본의 미국대사관은 한일관계가 개선되지 않은 주요 원인이 한국 측에 있다는 인식을 갖고 있었고, 특히 이승만 대통령의 비합리적 인식과 태도에 기인하고 있다는 생각을 갖고 있었던 것으로 보인다. 뒤에서 살펴보겠지만, 미 국무부의 정보조사국(OIR)의 정보보고서나 대사관의 다수 문서들에는 이승만의 대일 태도를 직접적으로 비판하는 내용이

심심치 않게 등장하곤 한다.

한일관계 문제는 주한미국대사관과 주일미국대사관 문서를 필히 교차해서 검토해야 한다. 주한미국대사관 문서철에는 없거나 잘 드러나지 않았던 현안과 쟁점에 대한 인식과 평가가 주일미국대사관 문서철에는 잘 정리되어 있는 경우가 자주 발견되기 때문이다. 따라서 한국과 일본의 외교문서와 더불어 미국 국무부 자료를 활용한다면 한일관계 연구의 활성화 뿐 아니라 한일관계의 본질을 조망하는데도 도움이 될 것이다.

3. 미국의 한일회담 인식

1) 청구권 문제

1951년 10월 미국의 주선으로 한일예비회담이 개최되고, 1952년 2월 제1차 한일회담이 시작된 후 1965년 한일협정이 체결되기까지는 오랜 시간이 걸렸다. 여기에는 여러 가지 원인이 있지만, 가장 본질적인 원인은 한일 간 식민지 지배에 대한 청산과 역사인식의 차이 때문이었다. 한일회담 과정에서 과거사에 대한 역사인식의 차이는 좁혀지는 대신 확대재생산되는 과정을 거쳤다. 그리고 최종적으로 한일협정에서 식민지배라는 역사문제는 법적인 '무효' '유효'라는 이분법을 가지고 처리된 채, 일본의 식민지 지배라는 역사문제에 대한 성찰은 배제되었다.[7] 이 같은 한일 간 역사인식의 차이를 잘 보여주는 것은 한일회담의 의제 중 청구권 문제에 관한 교섭 과정이다. 그리고 미국은 원칙적으로 양국 간 역사

---

7) 오오타 오사무, 『한일교섭: 청구권문제 연구』, 선인, 2008, 449쪽.

문제에는 최대한 개입하지 않으려 했음을 확인할 수 있다.

1952년 1차 한일회담이 개최되자 한국은 '한일 간 재산 및 청구권 협정 요강'을 통해 8개 항목의 청구권을 요구했다.[8] 이 청구권 요강은 기본적으로 배상의 성격을 최대한으로 약화시키고 '원상회복'에 초점이 맞추어져 있었지만, 기본적인 원칙은 식민지배의 불법성에 대한 역사적 청산을 대전제로 하고 있었다. 청구권 문제에 내재한 이 같은 역사적 전제가 한일협정 체결과정에서 탈각되어 경제협력방식만으로 처리되었다는 인식이 6·3 한일협정반대운동의 저류에 흐르고 있었다. 일본은 한국의 요구안에 대응해 '재산 청구권 처리에 관한 일한 간 협정의 기본요강'을 제출했다.[9] 이것이 '역청구권'이라 불리는 것이다. 일본은 패전 전까지 한국에 소재한 일본 재산에 대한 청구를 요구했다. 일본은 패전 당시인 1945년 8월 15일 현재 한국 내 일본 재산을 702억 5,600만 엔으로 추산하였다. 당시 1달러 대 15엔 비율로 환산하면 46억 8,300만 달러에 달하는 금액이었다. 일본은 이 중 공유재산 32만 9,000엔을 제외하더라도 나머지 사유재산은 반환받아야 한다고 주장했다.[10]

일본이 역청구권 주장의 근거로 삼은 것은 대일평화조약 제4조 b항이었다. 제4조 b항은 "일본은 제2조 및 제3조에 규정된 지역의 미군정에 의하여 또는 그 지령에 의하여 행하여진 일본과 일본국민의 재산의 처리의 효력을 승인한다."로 되어 있다. 1945년 12월 미 군정청은 법령 제33호 '조선 내 소재 일본인 재산권 취득에 관한 건'을 공포 시행하였다. 이 법에 따라 조선 내 모든 일본의 재산은 '적산'으로 몰수되어 군정 운

---

8) 외무부 정무국, 『한일회담약기』, 1960, 331~332쪽.

9) 위의 책, 333~336쪽.

10) 在外資産調査會議, 『在外財産評價額推計』, 1945(石丸和人·松本博一·山本剛士, 『戰後日本外交史 2: 動きだした日本外交』, 三省堂, 1983, 311~312쪽에서 재인용).

영에 사용되었고, 1948년 9월 한국정부로 이관되었다. 제4조 b항은 미군정법령 33호에 따른 적산 몰수와 한국정부로의 이양을 추인한 것이다. 그런데 일본은 이 조항을 문제 삼은 것이다. 일본은 이 조항은 일본의 사유재산 몰수까지를 의미한 것이 아니므로 한국 내 일본인 사유재산 몰수는 국제법 위반이며, 한국은 이 재산을 일본에 반환해야 한다고 주장하였다. 또한 원권리자의 권리가 침해된 경우에는 해당 국가 또는 국민에게 현상 회복 또는 보상 책임이 있다고 주장했다.[11] 일본은 대일 평화조약 제4조 b항에서 일본이 인정한 미군의 조치는 점령군으로서 미군이 전시 국제법에 따라 적법하게 실시한 것에 한정될 뿐이라고 주장했다. 따라서 사유재산을 몰수한다는 것은 전시 국제법에서 인정하지 않는 것이기 때문에, 대일평화조약에서 인정한 한도에는 들어가지 않는다고 주장했다. 또한 군정법령 33호도 전시 국제법에서 인정된 한도 내에서 적국의 사유재산 관리 조치로 볼 수 있기 때문에 원 권리자의 보상 청구권은 여전히 남아있다고 해석할 수 있다고 주장했다.[12] 또한 일본 사유재산에 피해가 발생한 경우는 피해 이유를 따져 보상 반환을 요구할 것이라고 덧붙였다.[13] 이 같은 주장에 근거해 일본은 미군정이 일본인 사유재산까지 귀속시켜 한국정부에 양도한 것은 불법이기 때문에 이를 반환·배상하라는 역청구권을 주장하였다. 미군정의 한국 내 일본 재산의 귀속조치와 이를 한국정부에 양도한 조치의 정당성을 인정한 대일 평화조약 제4조 b항의 해석이 한일 간 쟁점으로 떠오르는 순간이었다.

---

11) 외무부 정무국, 1960, 63쪽; 鹿島平和研究所 編, 吉澤淸次郎 監修,『日本外交史』 28 鹿島平和研究所』, 1973, 46~47쪽.

12) 石丸和人·松本博一·山本剛士, 1983, 313쪽.

13) 주일대표부 김용식공사가 외무장관에게, 「제4차 한일 정식회의 경과보고의 건」(1952. 3. 27),『제1차 한일회담(1952. 2. 15~4. 21) 본회의 회의록: 제1-15차』, 외교사료관.

이에 따라 1952년 3월 25일 양유찬 주미대사 겸 한일회담 한국 측 수석대표는 미국에게 대일평화조약 제4조 b항과 미군정의 관련 법 조항 등에 대한 공식 해석을 요청했다. 그리고 4월 4일 양유찬은 일본의 근거 없는 역청구권 주장을 비판하고 성의 있는 자세를 촉구하는 성명을 발표하였다. 그러자 일본대표단은 '일본 측 제안 설명 개요'와 '양국의 차이점'이라는 두 가지 문서를 제출해 반박하며, 대일평화조약 4조 b항의 구속력은 사유재산에 대한 포괄적 몰수를 의미하지 않는다는 점을 다시 강조하였다. 또한 한국 내 일본 재산은 한국이 주장하는 것과 달리 국내 법적으로나 국제법적으로 정당하게 취득한 재산이라고 주장했다.[14] 청구권을 둘러싼 법적 해석문제가 식민통치에 대한 합법성 문제로까지 번지고 있음을 알 수 있다. 이는 결국 청구권 문제가 단순히 '액수'의 문제가 아니라 한일 과거사에 뿌리를 둔 문제였기 때문이다. 이런 상황에서 귀추가 주목된 것은 미국의 견해였다.[15] 일본의 역청구권 주장을 계기로 한국과 일본 모두 대일평화조약 4조 b항을 자국에 유리하게 해석하며, 법령 시행의 주체였던 미국 정부에 명확한 해석을 요구하는 형국이 되었기 때문이다.

미국은 한국의 유권 해석을 요청을 받고 회신을 미루다 대일평화조약이 발효된 다음날인 29일에야 회신했다. 미 국무부는 대일평화조약 4조 b항과 주한미군정청의 관련 지시 및 법령에 의거, 한국 관할 내 일본국 및 일본인의 모든 권리·권원·권익이 상실되었으므로, 그러한 자산과 이해관계에 대해 일본은 청구 요구를 할 수 없다고 회신했다. 그리고 단서를 붙여 일본의 역청구권 문제는 한일 양국이 특별협정에 의거해 적

---

14) 「양유찬의 4월 4일 자 성명에 담긴 합법적 주장에 대한 일본대표단의 입장」, 『제1차 한일회담(1952. 2. 15~4. 21) 본회의 회의록: 제1-15차』, 외교사료관.
15) 박진희, 2010, 163~164쪽.

절히 처리할 것을 권고했다.[16] 미국의 회신 내용은 법률적이고 정치적
인 측면을 모두 포함하고 있었다. 미국은 대일평화조약에 근거한 일본
의 역청구권 주장은 법률적으로 적법하지 않다는 점을 명확히 했다. 이
같은 미국의 입장은 그 후에도 유지되었다.[17] 그러나 미국은 정치적으
로는 동아시아 안보전략이라는 측면에서 단서조항을 붙여 일본의 체면을
세워주었다. 그리고 미국이 청구권 문제 나아가 한일회담을 통한 새로
운 한일관계 개선에 필요한 과거사 청산 문제에 대해 전혀 관심을 기울
이지 않았다는 점도 다시 한 번 확인된 셈이었다. 결국 미국은 한일 간
에 모호한 입장을 취함으로써 오히려 분쟁을 고조시키는데 일조하였다.

한국은 이 회신을 근거로 미국이 일본의 청구권 주장을 근거 없는 것
으로 판단했고, 한국의 입장을 지지했다고 주장했다. 반면 일본은 미국
으로부터 각서를 공식적으로 전달받지는 못했으나, 한국의 반응이 일본
언론에 전해지자 극히 민감하게 반응하였다. 미국은 자신들이 한국의
입장을 지지한 것이 아니라는 점을 강조하며, 한국이 미국의 입장을 유
리하게 선전하는 것에 대해 적절치 않다는 태도를 견지하면서도 적극적
으로 제지하지 않았다. 오히려 미국은 애초부터 일본의 역청구권 주장
이 사유재산 반환을 목표로 한 것이 아니라, 한국의 '과도한' 대일청구권
과의 상쇄를 목표로 한 것이라는 점을 분명하게 인지하고 있었다.[18] 그
런데 여기서 주목할 것은 현지 주재 미국 외교관들의 인식과 대응이다.

주일미국대사관은 미국이 한국정부에 회신한 청구권 해석 각서에 대
해 일본이 반발하자 현 단계에서 한일교섭에 대한 미국의 직접적이고

---

16) John M. Allison to 양유찬, 1952. 4. 29, RG 84, Korea-Seoul Embassy, Classified
General Records, 1953-55, Box. 4, JAP-ROK Relations, 1952-1953.

17) Secretary of State to Tokyo Embassy, 1952. 5. 9, RG 84, Japan, Tokyo Embassy,
Classified General Records, 1952, Box. 1.

18) Tokyo Embassy to Department of State, Pusan Embassy, 1952. 5. 12, 위와 같음.

공식적 코멘트는 바람직하지 않다는 의견을 피력하였다.[19] 주일미국대사관은 이 각서는 현명하지 못한 접근책으로, 일본은 과도한 간섭과 편파로 생각하는 반면 한국은 미국이 자신들의 입장을 인정한 것으로 받아들이고 있다고 비판했다. 또한 일본의 역청구권 주장을 바꾸도록 비공식적으로 노력을 지속할 것이지만, 한일교섭에 미국의 직접적인 개입은 적절치 않다고 강조했다. 일본의 역청구권 주장이 궁극적으로는 대일평화조약 4조 a항에 의거한 한국의 청구권 주장을 상쇄시키기 위한 것이라는 점도 정확히 지적하였다. 이는 한국이 미국 각서를 이용해 한일협상에서 '전승국'처럼 행동하고, '한국의 강력한 무기'로 이용되고 있다는 일본의 비난을 감안한 것이었다.[20] 한일회담 과정에서 주일미국대사관의 일본 편향적 입장 표명은 일견 현지 공관이라는 점에서 이해할 수 있으나, 기본적으로 한일회담을 바라보는 미 국무부와 한일 양국의 미국대사관의 인식을 보여주는 것이라 할 수 있다. 이 같은 인식은 한일 간 과거사에 대한 인식과 성찰을 전제로 하지 않는 것이었다. 문제는 이 같은 편향된 인식이 한일회담 전 과정을 통해 지속적으로 표출되고 있다는 점이다.

급기야 일본은 미국의 청구권 해석 각서는 한일협상에 대한 미국의 부당한 간섭으로 해석될 수 있다며 강력한 유감의 뜻을 표명하고, 향후 일본의 역청구권에 대한 미국의 입장 표명을 자제해 줄 것을 요청하기에 이르렀다. 일본은 여기서 더 나아가 첫째, 미국정부는 한일협상에서 제기된 모든 현안문제는 양국이 해결해야 한다는 입장을 시종일관 견지해야 하며, 둘째 미국은 대일평화조약 4조에 의거해 한일협상에 대해 편견을 줄 어떤 행동도 취해선 안 되며, 셋째 미국은 조만간 만족한 결과

---

19) Tokyo Embassy to Department of State, Pusan Embassy, 1952. 5. 12, 위와 같음.
20) Murphy to Department of State, 1952. 5. 16, 위와 같음.

에 도달하기를 희망한다는 정도에서 공식 입장 표명을 자제해야 한다고 촉구하였다.[21] 일본이 한일회담에 대한 미국의 직접적이고 공식적인 개입을 자제할 것을 요청한 것은 일관된 입장은 아니었다. 뒤에서 살펴보듯 평화선과 어업문제로 한일 간 갈등이 고조되자 일본은 미국의 적극적인 개입을 끊임없이 요청하였다. 결국 자국에 불리한 청구권 협상에서는 미국의 자제를, 평화선과 어업문제에서는 평화선 선포에 반대한 미국에 편승하고자 개입을 요청하는 이중적 태도를 보였다.

한국이 일본의 역청구권 요구는 '팽창주의' 부활에 대한 명백한 증표라고 비난한 반면, 일본은 어떠한 경우에도 사유재산권은 보호되어야 한다는 주장을 내세웠다.[22] 청구권을 둘러싼 갈등의 핵심은 식민지배의 정당성 문제에 본질이 닿아있었다. 식민지배의 불법성을 주장하는 한국에게 대일 배상요구는 정당한 것인 반면, 식민지배의 합법성을 주장하는 일본은 배상의 책임이 없기 때문에 한국의 대일 배상요구는 과도한 것으로 최대한 축소시켜야 한다고 생각했다. 청구권 문제는 한일 간 과거사에 대한 인식과 청산을 전제로 해결해야 한다고 생각한 한국과 '액수'의 문제로 과거사 문제의 본질을 회피하려한 일본의 입장이 극명하게 드러난 사례이다.

미국은 1947년부터 냉전 논리에 따라 대일배상문제 대해 완화된 입장으로 선회하기 시작했고, 최종적으로 대일 배상 요구를 포기했다. 이에 따라 대일평화조약은 한국의 대일배상 요구를 수용하지 않은 채 한국 소재 일본(인) 재산에 대한 미군정의 몰수와 한국 정부로의 이양 조치만을 추인했다. 미국의 동북아시아 정책과 대일정책의 변화는 대일강화과정에서 한국의 연합국 지위 불인정 과정, 조약 서명국 자격 배제 과정에

---

21) Murphy to Department of State, 1952. 5. 17, 위와 같음.
22) Muccio to Department of State, 1952. 6. 16, 위와 같음.

중대한 영향을 주었고, 대일배상 요구 권한의 배제로 이어졌다고 볼 수 있다. 반면 일본은 한국의 대일배상요구와 관련해 두 가지 주장을 지속했다. 하나는 대일평화조약에 규정된 청구권 조항은 한국 소재 일본(인) 재산에 대한 미군정의 적산 몰수와 한국 정부에의 이양을 추인으로 한국의 대일청구권은 상쇄되었다는 주장이다. 다른 하나는 대일평화조약의 청구권 조항은 일본인 사유재산까지 포함하지 않기 때문에 한국은 이를 반환하라는 주장이다. 일본의 두 가지 주장이 1차 한일회담에서 이른바 일본의 '역청구권'의 논리적 근거이자 내용이다. 일본의 이 같은 주장이 한일병합은 합법적이었다는 역사인식을 전제로 한 것임은 두말할 필요도 없으며, 이 같은 인식은 3차 한일회담에서 청구권 문제를 둘러싼 구보타 망언으로 표출되었다.

　미국은 일본의 역청구권 주장이 근거가 없다는 입장을 표명했지만, 일본을 적극적으로 제어하지는 않았다. 미국은 일본이 한일관계 개선의 필요성을 크게 느끼지 않고 있다는 점을 알고 있었다. 미국은 일본이 한일협상에 나선 것은 미국의 압력, 한국과 갈등이 경제 재건과 극동 국가들과의 관계 개선에 미칠 악영향, 한반도에 대한 전략적 중요성과 한국의 분단 상황 때문이라고 지적했다. 그러나 어느 것도 일본이 불리한 조건에서 한일관계를 개선하도록 강제할 요소는 되지 못한다고 강조했다.[23] 결국 한일회담으로 일본을 이끄는 가장 강력한 동인은 미국이었던 것이다. 따라서 한일회담을 시작부터 좌초하게 만든 일본의 역청구권 주장에 대해 법률적으로 적법하지 않다고까지 판정한 미국이 이 문제에 더 이상 적극적으로 개입하지 않은 것은 한일관계에서 미국의 구

---

23) Intelligence Report No. 6287, 1953. 7. 16, RG 84, Japan, Tokyo Embassy, Classified General Records, 1953-55, Box. 4, 320.1 JAP-ROK Relations, 1952-1953, Vol.1.

상과 역할을 보여준 것이었다.

이처럼 청구권 문제를 둘러싼 한국, 일본, 미국의 입장은 근본적인 차이가 있었다. 한국은 설사 일본의 대한청구권이 교섭 목적으로 제출된 것이라 하더라도 이 문제는 일본과 '협상'할 성질의 문제가 아니라는 견해였다. 한국은 청구권 문제는 상호협상의 문제가 아니라 '귀속재산 문제'라고 보았다.24) 미국은 일본의 역청구권은 근거가 없지만, 양국이 협의하여 상호 청구권이 상쇄되는 것이 바람직하다는 견해를 취했다. 반면 일본은 한국의 '과도한' 배상요구를 사전에 차단해 한국의 청구권을 최소화시키고자 역청구권을 주장하였다.

2) 평화선과 어업문제

한일회담 의제 중 가장 쟁점이 된 것은 평화선과 어업문제라고 할 수 있다. 청구권 문제가 1차 회담에서 일본의 역청구권 주장이 제출된 후 별다른 교섭 진전이 없었던데 반해, 평화선과 어업문제에서는 회담 기간 동안 뿐 아니라 결렬 기간 동안에도 양국 간 갈등과 대립이 지속되었다. 한국은 1952년 1월 18일 어업자원을 보호하고, 한일 간 어업분쟁을 방지하며, 국제적 추세를 반영해 영해와 대륙붕의 자연자원에 대한 보호와 주권행사, 한일어업협정 체결 등을 목적으로 '인접해양에 대한 주권선언', 즉 '평화선'을 선포하였다. 일본은 평화선이 선포되자 평화선이 공해상의 항해 자유원칙을 위배한 것이라며 즉각 반발했다. 또한 한국이 평화선 수역 내에 독도를 편입시킴으로써 일본 영토를 침범했다고 주장했다.25) 이에 대해 한국은 평화선 선포는 주권국가인 한국의 특권

---

24) Secretary of State to Tokyo Embassy, 1952. 6. 3, RG 84, Japan, Tokyo Embassy, Classified General Records, 1952, Box. 1.

이며, 양국 간 어업문제를 해결할 목적임을 재차 강조하였다. 또한 독도
는 한국 영토이므로 일본의 주장은 일고의 가치가 없다고 반박했다.[26]
이로써 한일회담 기간 동안 가장 뜨거운 설전이 벌어졌던 평화선과 어
업문제가 본격적으로 시작되었다.

　미국은 평화선이 선포되자 일본과 마찬가지로 공해상의 자유 항해 원
칙에 어긋난다며 반대의사를 표명했다. 그러나 평화선은 2차 대전 후
새로운 해양질서로 대두한 미국을 비롯한 각국이 어족 자원 보호를 위
해 공해상의 일정 수역에 대해 관할권을 선포한 것과 동일한 목적을 가
진 것이었다. 특히 미국의 어업 정책에 영향을 받은바 컸다. 미국은
1945년 9월 28일 '대륙붕에 관한 선언'과 '미국 주변 공해의 일정수역에
있어 어업에 관한 정책'을 선언하였다. 전자는 미국 연안의 대륙붕의 천
연자원을 미국에 귀속시키고, 타국과 공유되어 있는 경우 관계국과 협
의하여 경계선을 설정하며, 공해 자유항행원칙을 방해하지 않는다는 내
용이다. 후자는 어족자원을 보호해 공해상 어업의 지속적인 생산성을
유지하기 위해 공해의 일정수역에 어업보존수역을 설정한다는 것이다.
미국의 선언을 시작으로 칠레, 페루, 코스타리카 등 중남미 각국도 해양
주권선언과 대륙붕의 관할권을 주장하는 선언을 잇달아 내놓았다.[27] 한
국은 평화선 선포에 앞서 이 같은 국제적 선례를 면밀히 검토했고, 평화
선 전문에서 '확정된 국제적 선례에 의거'했다고 밝혔듯이 미국의 트루
먼 선언과 각국의 사례를 검토, 반영하였다. 그런데 미국은 평화선이 공
해상의 자유 항해 원칙을 위배한 것이라며 반박한 것이다. 그러나 최근

---

25) 石丸和人·松本博一·山本剛士, 1983, 298쪽.

26) 외무부,「我側 口述書」(1952. 2. 12),『독도관계자료집(Ⅰ)－왕복외교문서(1952~
　　76)』, 1977, 3~6쪽.

27) 박진희,「한국의 對日정책과 제1차~제3차 韓日會談」,『사림』25호, 2006b, 95쪽.

한 연구에서 지적하듯이 미국의 트루먼 선언은 중남미 각국과 한국에 영향을 미쳤고, 어족 자원 보호를 위한 관할권의 확대라는 개념으로 확산되었으며, 평화선도 산물 중의 하나였다.[28] 미국이 평화선 선포에 반대한 가장 큰 이유는 당시 영해 3해리설, 공해 자유항행원칙 등 기존의 해양질서가 국제적으로 새롭게 변화하는 시기에 자국의 이해관계를 고수하기 위해서였다. 평화선은 미국의 어업정책에서 시사 받아 어족자원 보존의 필요성과 이를 위해 공해상의 일정 수역에 관할권적 권리를 적극적으로 행사하려 한 것이었다. 특히 1950년대 들어 공해의 자유라는 권리를 남용해서는 안 되며 어업을 보호할 목적으로 접속 수역 설정을 인정해줘야 한다는 새로운 해양법상의 주장이 점차 강력해졌다. 따라서 미국은 새로운 국제적 해양질서를 주도적으로 만들어가는 한편, 자국의 이해관계를 위해서 때론 기존의 해양법을 근거로 타국의 이해관계 확장을 경계하였다. 미국의 평화선에 대한 반대 입장은 이 같은 맥락에서도 이해해볼 수 있다.

일본은 평화선은 미국의 트루먼 선언과 달리 타국의 어업 기득권을 무시하고 일방적으로 폐쇄적인 어업수역을 설정했다고 비판했다. 또한 칠레·페루·코스타리카 3국은 미국의 선언에 자극받아 200해리 공해상까지 주권을 확장했지만, 이는 트루먼 선언을 부당하게 확대한 것으로 국제법상 용인될 수 없다고 주장했다.[29] 그러나 미국과 일본처럼 평화선 선포를 반대한 나라도 있었지만, 호주와 노르웨이처럼 관심을 표명한 나라도 있었다. 특히 당시 일본과 어업협상 중이었던 호주는 평화선에 대해 큰 관심을 표명해 주일대표부에 선포문 사본을 요청하기도

---

28) Stuart kaye, 김하양 역, 「해양법의 발전에서 평화선이 지니는 의의」, 『영토해양연구』 4, 2012.

29) 參議院 法制局, 『李承晚ラインと朝鮮防衛水域』, 1952, 6~7쪽.

하였다. 호주는 일본과의 어업협상이 결렬되자, 1953년 9월 11일 인접
대륙붕에 대한 주권을 선언하고 어업관할구역을 설정해 선포하였다. 이
에 일본은 즉각 반발하며 공해상의 자유 항해 원칙에 어긋난다며 국제
사법재판소에 제소할 것을 요구했다.[30] 또한 미국과 일본은 평화선이
공해 자유 항해 원칙을 위반한 것이라고 비판했지만, 1952년 5월 9일에
체결된 미국·일본·캐나다 3국 어업협정은 공해 자유의 원칙이 관철되
었다고 보기 어렵다는 비판에 직면했다. 3국 협정에서 일본은 '5년간 일
정한 魚種에 관하여 자발적으로 어업활동을 억제한다'는 데 합의했다.
'자발적 억제' 조항은 일본이 미국과 캐나다의 어업관할권을 인정해준다
는 의미였다. 당시 이 어업협정에 대해 일본이 공해자유의 원칙과 자발
적 억제, 인접수역에서 인접국의 우선권을 인정해놓고 공해자유의 원칙
이 관철되었다고 주장할 수 있는가에 대한 비판이 미국에서 제기된 것
이다.[31] 따라서 한일 간 평화선 논쟁은 국제적 적법성과 일본의 어업협
정에 대한 이중적 태도에 대한 논쟁이기도 했다.[32] RG 84 한일회담 관
련 문서에는 평화선에 관한 미국의 입장은 상세히 나타나 있지 않다. 오
히려 가장 많이 언급된 문제는 한국에 의한 일본 어선 나포와 어부 억
류, 일본의 무력 사용 위협에 관한 것이다.

 1953~1955년은 한일 양국이 평화선 문제로 무력 충돌 직전까지 이르
는 등 갈등이 최고조에 이른 시기이다. 한국은 불법적으로 평화선을 침
범한 일본 어선에 대해 나포와 어부 억류조치를 취하는 한편 법률 제정
을 통해 평화선 침범행위에 대응해나갔다. 반면 일본은 평화선의 불법

---

30) 박진희, 2006b, 141쪽.

31) 지철근, 「어업관할수역(평화선)과 최근 각국 어업조약의 국제적 동향」, 『국제
   법학회논총』 Vol. 2, 1957, 120쪽.

32) 박진희, 「제1공화국 시기 '평화선'과 한일회담」, 『한국민족운동사연구』 47, 2006a,
   305쪽.

성을 선전하고, 對美 압박을 통한 한국 압박, 무력 사용 위협 등으로 대응해나갔다.[33] 이 시기 한국 해군에 의해 나포된 일본 어선은 한일협정이 체결될 때까지 나포된 총 어선 수의 1/3에 달했다. 맥아더선 설정 이래 꾸준히 불법조업을 해오던 일본 어선들은 1951년 대일평화조약 체결을 앞두고 맥아더선 폐지가 기정사실화되자 대거 월선하기 시작했다. 클라크선 선포로 1952년에 잠시 소강상태를 보이다 클라크선이 폐지된 1953년에는 최고조에 달해 1955년까지 약 100여 척이 나포되었다. 그러나 일본 어선들은 매월 평균 300여 척이 월선했고 평화선 선포 이래 연평균 대략 25척 정도가 나포되었기 때문에 나포 비율은 0.7%를 밑도는 수준이었다. 가장 큰 이유는 한국 경비정이 일본 어선의 성능을 따라잡을 수 없었기 때문이었다.[34] 이 같은 수치는 평화선 수역에서 일본 어선들의 불법 조업이 성행했음을 보여주며, 영세성을 면치 못하던 한국의 연안 어업이 막대한 타격을 입고 있었음을 반증해주고 있다. 따라서 한국이 평화선을 선포하며 조속한 한일어업협정 체결을 요구한 이유를 알수 있다. 하지만 일본은 미국·캐나다와의 어업협정 교섭을 진행 중이라는 이유로 한국의 요구에 제대로 응하지 않았다. 그리고 자국 어선의 나포에 대해 강경하게 대응했지만, 나포되지 않은 수많은 어선의 불법조업으로 평화선 수역 내에서 남획이 횡행하고 한국의 영세 어업에 심각한 타격을 주고 있다는 사실은 외면하였다.

　일본은 자국 어선 나포와 어부 억류로 국내 여론이 악화되자 미국을 통해 한국을 압박하고 나섰다. 미국이 평화선의 불법성을 적극적으로 지적하고, 한국 해군의 나포행위를 통제할 것을 강력히 요청했다. 또한 일본은 평화선 수역에 무장함을 파견하고, 나포 문제가 해결되지 않는

---

33) 박진희, 2006a, 313~314쪽.
34) 박진희, 위의 논문, 315~316쪽.

다면 주일대표를 추방하겠다며 비판의 수위를 높였다.[35] 이에 엘리슨
(John Allison) 주일 미 대사는 일본정부와 여론을 진정시켜 미일관계가
악화되지 않도록 미국이 대책을 마련해야 한다고 촉구하고 나섰다.[36]

미국은 평화선을 둘러싼 한일 간 갈등이 고조되자 중재 방안을 모색
하기 시작했다. 그리고 어업전문가를 옵서버로 파견해 평화선 문제를
중재할 것을 고려하기 시작했다. 옵서버는 한일 어업협상에 참가해 협
의가 진전되어야 할 구체적 문제를 다루는데 유용하도록 기술적 문제에
대한 제안으로 역할을 한정할 계획이었다. 그러나 미 국무부는 옵서버
파견 전 주한미국대사관에 일본 어선과 선원에 대한 나포를 중지하는
것이 성공적인 협상 지점임을 한국 정부에 통고할 것을 지시했다. 주일
미국대사관에는 일본 정부에게 여론을 가라앉히도록 모든 방법을 강구
토록 통고하도록 지시했다. 특히 일본 정부가 평화선 수역으로 들어가
려는 일본 선박들을 자제시킨다면 문제 해결에 도움이 될 것이라고 강
조하도록 지시했다.[37] 이에 따라 브리그스(Ellis O. Briggs) 주한대사는
이승만 대통령을 만나 이 같은 미국의 뜻을 전하였다. 엘리슨 주일대사
도 일본 정부에 미국의 의사를 전달하는 한편, 한일회담 재개 전에 회담
의제에 대한 미국의 입장 정리가 필요하다고 제안했다. 그는 한국 어부
들에게 독점적 어로를 위한 제한적 수역에 대한 보호조치를 제공하고,
일본 어선들의 비율을 제한하도록 중재하되 평화선은 인정하지 않는다
는 입장을 견지하도록 제안했다.[38]

---

35) Allison to Secretary of State, 1953.10.20, RG 84, Japan, Tokyo Embassy, Classified
    General Records, 1952, Box. 23.
36) Allison to Secretary of State, 1953.10.21, 위와 같음.
37) Secretary of State to Tokyo AmEmb, 1953.10.27, 위와 같음.
38) Briggs to Secretary of State, 1953.10.29, Allison to Secretary of State, 1953.10.29,
    RG 84, Japan, Tokyo Embassy, Classified General Records, 1953-55, Box. 4, 320.1

그러나 일본의 요시다 수상은 한국에 대한 보복 조치를 강구하며 강경한 입장을 천명했다. 주일대표부 공사와 수행원을 추방하고, 해상자위대에 일본 선박 보호명령을 내리며, 약 500명의 일본 어부들이 석방될 때까지 동일 숫자의 재일조선인을 구금한다는 등의 방안이었다. 결국 릿지웨이 장군이 요시다 수상을 만나 설득한 끝에 일본 정부가 극단적 행동을 하지 않겠다는 약속을 받아냈다.[39] 미국은 옵서버 파견을 통해 평화선과 어업문제를 중재하고자 노력하였으나 쉽사리 성과를 얻어내지 못했다. 일본 내 강경 여론이 진정되지 않았기 때문이다. 엘리슨 주일대사는 일본의 자유당 강경파 의원들이 한국 해군의 나포행위를 제어하지 않는 미국을 강력히 비판하고 나섰다고 국무부에 보고했다. 특히 그는 한일 간 갈등의 초점은 한국인들이 아닌 이승만 대통령에게 달려 있다고 지적하였다.[40] 엘리슨 주일대사는 한일협상이 진전되지 못하는 이유로 이승만 대통령의 태도를 자주 지적하였다. 이때도 그는 주일대표부와의 협의과정이나 이전 회담에서 느낀 바로는 한국인 대다수는 일본과의 관계 개선에 합리적인 태도를 지녔음에도 불구하고 이승만의 태도 때문에 이 같은 입장 표명을 주저하고 있다고 지적하였다. 그의 이승만 비판은 이승만보다 덜 완고하고 극단적인 지도자로 교체된다면 한일협상에서 한국의 강경한 태도가 감소할 것이라고 지적한 미 국무부 정보보고서와 맥락을 같이 하고 있다.[41] 엘리슨 주일대사는 일본 내 강경여론을 근거로 일본 선박에 대한 나포가 중단되지 않는다면 요시다 수상은 한국에 대한 보복책을 실행에 옮길 것이며, 미국의 일본 내 입장은

JAP-ROK Relations, 1952-1953, Vol.1.

39) Allison to Secretary of State, 1953.10.30., 1953. 10. 31, 위와 같음.

40) Allison to Secretary of State, 1953.11. 17, 위와 같음.

41) Intelligence Report No. 6287, 1953. 7. 16, 위와 같음.

심각한 손상을 입을 것이라며 평화선에 대한 미국의 입장 표명을 강력히 촉구하기에 이르렀다.[42] 이처럼 일본 정부는 강경 보복조치 천명을 통해 일본 내 여론을 고조시키는 한편 미국을 압박하였다. 결국 핵심은 평화선 존폐였다. 이에 대해 한국 정부는 평화선 유지는 한국의 '최소한의 요구'로 입장 변화는 있을 수 없다고 단언했다. 미국은 옵서버 임명 철회와 평화선에 대한 미국의 입장 공표가 필요하게 되는 경우 즉각적으로 평화선 수역에서 활동 중인 한국 해군 등에 대한 미국의 병참 지원은 중단된다는 점을 들어 한국 정부를 압박했다.[43] 그러나 한국의 입장은 변하지 않았다.

이렇듯 일본 내 강경 여론을 근거로 일본의 무력사용 위협과 대미 압박, 엘리슨 주일대사가 제안한 평화선의 정당성을 부인하는 미국의 입장 표명을 통한 문제 해결 등 미국이 한국을 제어해 평화선 문제를 해결하라는 요구에 대해 미국은 다음과 같은 방침을 결정했다. 덜레스 미 국무장관은 한국에 대한 '최후통첩' 대신 협상을 통한 해결 방안 모색을 지시하였다. 그는 엘리슨에게 한일어업분쟁이 숲속의 커다란 한 그루 나무처럼 근심거리로 보이겠지만, 우리는 많은 나무들이 있는 미묘한 문제들을 가진 하나의 숲을 가지고 있다는 비유를 통해 한일 간 문제에 깊숙이 개입하는 것을 자제하도록 경고하였다. 덜레스는 이승만에게 최후통첩을 할 필요가 있거나 하게 되면, 이는 한일문제라기보다는 기본적으로 한미관계라는 점도 분명하게 지적했다.[44] 그리고 다른 한편으로 덜레스 국무장관은 이승만 대통령에게 서한을 보내 미국 정부는 1952년 2월 11

---

42) Allison to Department of State, 1953.11.18, 위와 같음.

43) Briggs to Secretary of State, 1953.11.18., Allison to Department of State, 1953.11. 30, 위와 같음.

44) Dulles to Allison, 1953. 12. 2, 위와 같음.

일 각서에서 말했듯이 일방적으로 공해상에 그어진 어업경계선을 인정
할 수 없다는 입장을 전달함으로써 한국에 대한 경고도 잊지 않았다. 덧
붙여 미국은 한국의 어업력 발전을 지원할 용의가 있으며, 국제적으로
인정하는 한국의 영해 3마일 이내의 보전과 안보 보장도 지원할 용의가
있다는 입장도 전달했다.[45] 이로써 미국의 입장은 분명해졌다. 평화선
은 인정하지 않되, 미국이 이 문제에 대해 직접 개입하지는 않겠다는 입
장을 표명한 것이다. 또한 미국은 평화선과 어업문제는 한일회담이 재
개되면 협상을 통해 해결해야 한다는 것도 분명히 제시하였다. 이를 위
해 현지의 미국대사관은 개입을 최대한 자제하고, 한국의 이승만 대통
령과 일본의 요시다 수상으로 대표되는 강경파들을 제어해 협상 재개에
나서도록 촉구할 것을 지시함으로써 한일문제에 적극적인 개입을 금하
였다.

3) '구보타' 망언과 한일회담의 결렬

1953년 4월 15일 2차 한일회담이 시작되었으나 성과 없이 끝났다. 2차
회담 휴회 이후 3차 회담이 재개되기 전까지 한일 간 어업분쟁은 점점
고조되는 양상을 보였다. 특히 그동안 임시적으로 한일 어업분쟁의 경
계선 역할을 해오던 클라크선이 휴전협정 체결 후인 1953년 8월 27일 해
제되었고, 가을 어획기를 앞두고 양국의 분쟁이 고조되었다. 이에 일본
은 먼저 나서 회담 전반에 대한 준비가 없더라도 우선 어업문제만이라
도 협의하기 위해 회담을 재개할 것을 요청했다. 한국은 '일본의 성의를
기대하며' 회담 재개에 동의했다. 이렇게 해서 1953년 10월 6일 3차 한일
회담이 개최되었다. 그러나 불과 보름여 만인 10월 21일 3차 한일회담은

---

45) Department of State to Seoul AmEmbassy, 1953.12. 4, 위와 같음.

결렬되었다. 일본 측 수석대표 구보타 간이치로(久保田貫一郞) 망언 때문이었다.

3차 한일회담이 재개되자 한국 측 수석대표 양유찬은 '개인자격'으로 회담 성공을 위한 전제조건은 일본의 역청구권 철회라는 입장을 밝혔다. 이에 대해 일본 측 수석대표 구보타는 역청구권은 철회하지 않을 것이며, 일본은 전쟁 중 동남아시아에서 약탈하고 파괴한 것에 대해 배상할 계획이지만, 한국에서는 그런 일을 한 사실이 없다고 주장했다. 또한 한반도의 유일 합법정부이기 때문에 북한 소재 일본 재산에 대한 청구권을 주장한 한국의 입장에 대해 38선 이북에는 미군정 법령 33호가 적용되지 않으며 유엔 결의의 취지는 유엔 감시하 선거가 실시된 지역에서만 대한민국이 유일한 합법정부라는 의미라고 반박했다.46) 구보타 망언은 이미 이렇게 시작되고 있었다.

앞서 살펴보았듯이 한일 간 청구권 문제는 본질적으로 과거사 인식의 문제였다. 청구권 문제를 둘러싼 한일 간 논쟁이 결국 구보타의 망언으로 귀결된 것은 예견된 결말이기도 했다. 3차 한일회담에서 한국은 일본의 청구권 상호포기 제안을 거절하고, 다만 일본 점령으로 입은 손해에 대한 배상만은 철회할 용의가 있으나 다른 합법적 청구권은 지급할 것을 요구했다. 이에 구보타는 일본 점령으로 한국은 많은 측면에서 득을 보았다고 응수하였다. 구보타는 한국이 강화조약 발효 전에 독립한 것은 국제법상 '이례'에 속하며, 한국 내 일본 인 사유재산 몰수는 국제법 위반이라고 주장했다. 이 과정에서 구보타는 일본이 한국을 '합병'하지 않았다면 다른 나라가 한국을 점령하여 한민족은 더욱 비참한 상태에 놓였을 것이라고 발언했다.47) 한국 측의 발언 철회 요청에도 불구하

---

46) 박진희, 2008, 179~180쪽.
47) 「주일대표부 보고서」, 1953. 10. 23, RG 84, Korea-Seoul Embassy, Classified

고 구보타는 자신의 발언은 정부의 훈령을 받은 것은 아니지만 일본 측 수석대표라는 공적 자격으로 말한 것이라고 물러서지 않았다. 결국 3차 한일회담은 본격적인 협상에 돌입하기도 전에 구보타 망언으로 결렬되었다. 일본 외무성은 한국이 고의로 일본 대표의 '사소한' 말 몇 마디로 회담을 결렬시켰다고 비난하였다. 심지어 한국은 애초부터 회담을 결렬시킬 계획을 갖고 있었다고 주장했다.[48] 구보타 망언의 핵심은 과거사에 대한 인식과 평가 문제였다. 한국에 대한 식민지배는 국제법상 합법적이었기 때문에 일본은 한국에 배상할 필요가 없다는 것이다.

그런데 구보타 망언에 대한 미국의 반응은 거의 없었다. 회담 결렬 경위, 한일 양 정부의 비난 성명 등을 보고서에 담고 있을 뿐 이에 대한 논평은 거의 드러나지 않는다. 일본의 역청구권의 정당성을 둘러싸고 한일회담이 교착되었을 때 미국은 공식적으로 이 문제에 대한 입장을 표명한 바 있었다. 즉, 일본의 역청구권 주장은 근거가 없다는 것이었다. 하지만 일본의 반발에 직면한 미국은 곤욕을 치른 바 있었다. 구보타 망언 중에는 미국이 입장을 표명한 미군정 법령 33호에 대한 해석문제도 포함되어 있었지만 미국은 특별한 입장을 표명하지 않았다. 따라서 최소한 3차 한일회담이 구보타 망언으로 결렬되던 시기에 미국은 한일 간 관계 개선이 당초 미국이 예상한 만큼 쉬운 문제가 아니라고 인식하였을 것으로 생각된다. 특히 한일 간 과거사에 대한 인식과 평가 문제는 한일관계 개선의 가장 큰 장애물이라는 점도 인식하고 있었기 때문에 구보타 망언에 대한 상세한 논평이 없었을 것으로 추측된다.

일본은 한국의 반발에도 불구하고 구보타 망언을 지지했을 뿐 아니라

General Records, 1953~1955, Box. 4.

48) Tokyo Embassy(Berger) to Department of State, 1953. 10. 28, RG 84, Korea-Seoul Embassy, Classified General Records, 1953~1955, Box. 4.

한국의 철회 요구도 단호히 거절했다. 그러나 한일회담이 결렬된 후 장기간 중단상태가 지속되자 한발 물러나 구보타 망언은 개인적 의견일 뿐 일본정부의 공식입장은 아니라고 언급했다.[49] 일본정부가 구보타 망언을 개인적 의견으로 축소시키며 공식적으로 언급한 것은 처음이었다. 그러나 구보타 망언은 일본의 한국에 대한 우월 의식, 과거사에 대한 정당화에서 비롯된 것이었다. 그리고 이 같은 태도는 한일회담 과정에서 일본의 협상 태도에서도 나타났다. 미 국무부 정보조사국도 이 같은 태도를 지적하였다. 일본의 협상태도는 한국에 대한 우월감에서 부분적으로 기인하며, 40여 년의 식민지 지배, 재일조선인에 대한 뿌리 깊은 편견, 기술력과 생활수준, 잠재적 군사력, 국제적 지위 등에서의 실질적 우월감의 산물이라는 것이다.[50] 구보타 망언과 유사한 발언이 한일회담 과정을 통해 되풀이 되었다는 점에서 일본의 한국에 대한 우월의식과 식민지 지배에 대한 무반성은 일본의 협상태도의 특징이기도 했다.

일본의 한일회담 대표단 또는 협상 태도에 대해 다음과 같은 지적들을 보면 구보타의 망언이 단지 개인적인 의견이 아니라는 것을 확인할 수 있다. "조선 문제에 관한 일본의 교섭담당자 중에는 고집불통의 무반성적인 타입의 사람도 있었다. 초기에 특히 그랬다."라거나, 일본인 대부분도 한국인을 "자주적인 대등자로 보는 것은 거의 불가능하다."라는 인식이 보면 알 수 있다. 따라서 1950년대 "일본정부는 정치적으로나 경제적으로도 양보할 의무를 거의 느끼지 않았다."라고 하듯 일본은 한일관계 개선에 필요성을 느끼지 않았다고 보는 것이 정확할 것이다.[51]

49) 김용식, 『새벽의 약속: 김용식외교 33년』, 김영사, 1994, 208~209쪽.

50) Intelligence Report No. 6287, 1953. 7. 16, RG 84, Japan, Tokyo Embassy, Classified General Records, 1953-55, Box. 4, 320.1 JAP-ROK Relations, 1952-1953, Vol.1.

51) 石丸和人・松本博一・山本剛士, 1983, 304쪽.

4차 한일회담의 일본 측 수석대표 사와다 렌조(澤田廉三)가 1958년 6월 11일 동경에서 열린 '朝鮮懇話會'에서 발언한 내용도 같은 기조이다. 사와다는 청일전쟁과 러일전쟁은 모두 제국주의 열강 간의 패권다툼이 아니라 일본을 위협하는 세력을 압록강 밖으로 쫓아낸 전쟁이었다고 주장했다. 또한 일본 외교의 임무는 한국의 운명선이자 일본의 운명선인 38도선을 지켜내는 것이라고 하였다.[52] 그의 발언대로라면 38선은 압록강까지 밀어 붙여져야 선조가 벌인 청일전쟁과 러일전쟁의 참뜻을 이어받을 수 있게 된다. 사와다의 발언은 일본 국회에서조차 문제가 되었다. 사와다는 자신의 38선 북진 발언은 단지 유엔의 해결책이 시행된다면 38선이 소멸할 것이라는 의미였다고 한발 물러섰고, 결국 철회하기에 이르렀다.[53] 그러나 그는 또 다른 구보타였고, '구보타'는 한일회담 기간 내내 쉼 없이 등장했다. 1965년 1월 7일 7차 회담 수석대표 다카스기 신이치(高杉晋一)의 발언은 이전의 '망언'들을 무색케 할 정도였다. 그는 한일회담 대표 취임 초 외무성 기자회견 석상에서 20년 만 더 한국을 식민지 지배했더라면 좋았을 것이라고 말했다.[54] 구보타, 사와다, 다카스기는 모두 한일회담 일본 측 수석대표들이었다. 구보타 망언 이래 일련의 '망언'들은 일본의 식민지지배에 대한 인식을 극명하게 보여주는 것이었다. 반성할 것이 없는 과거, 그리고 한국을 공산주의 방파제로 보는 인식은 실언이 아닌 한일교섭에 임하는 일본정부의 기본입장이었다. 그리고 미국은 구보타 망언 뿐 아니라 사와다, 다카스기 등 일본 측 수석대표들의 망언에 대해 침묵하였다.

---

52) 石丸和人・松本博一・山本剛士, 위의 책, 306쪽.
53) 「김유택이 이승만 대통령에게 보낸 보고서」(1958. 6. 30), 『제4차 한일회담 교섭 및 훈령, 1958~60』, 외교사료관.
54) 『동아일보』 1965. 1. 19.

4) 한일회담 재개와 재일조선인 북송문제

1957년 12월 31일 한국과 일본은 한일회담 재개 합의서에 서명했다. 일본은 구보타 망언과 역청구권을 철회하고, 양국은 억류자 상호 석방에 합의하며, 한일회담을 재개한다는 내용이었다.[55] 그 결과 1958년 4월 15일 4차 한일회담이 개최되었다. 그러나 4차 회담의 진로도 결코 순탄하지 못했다. 일본과 북한이 재일조선인들의 북한 송환을 추진하기로 합의하였기 때문이다. 1959년 8월 일본과 북한은 인도 캘커타에서 북송협정에 정식 조인하였다. 일본은 북송은 거주이전의 자유라는 인도주의적 조치라고 주장했고, 미국은 이 문제에 개입하지 말 것을 요청했다. 반면 한국은 '솔로몬' 같은 심판관으로서의 미국의 개입 없이 한일 양국의 문제가 해결책을 찾기는 곤란하다는 비유를 통해 미국의 지지와 개입을 요청했다.[56] 그러나 미국은 휴전협상 당시 전쟁포로의 강제송환을 반대한 미국의 정책과 기조가 일치함을 인정하는 선에서 북송 문제에 간섭하지 않을 것을 천명했다.[57] 결국 한국의 적극적인 반대에도 불구하고 1959년 12월 14일 첫 번째 북송선이 일본의 니가타 항을 출발했다.

미국은 북송문제에 있어서도 일본의 입장에 동의했다. 이에 대해 테사 모리스는 미국을 '침묵의 파트너'로 지칭한다. 미국은 미일동맹을 중시하고 미일안전보장조약 개정을 추진하며, 광범위한 개정 반대론에 직면해있던 기시 수상을 적극 지원하지 위해 일본의 좌·우파 모두가 찬성하고 있던 북송문제에 대해 '침묵'해주기로 한 것이다.[58] 그의 지적처

---

55) MacArthur to Department of State, 1957. 12. 31, RG 84, Korea-Seoul Embassy, Classified General Records, 1956~1958, Box. 1.

56) Memorandum of Conversation, 1959. 5. 5, RG 84, Korea-Seoul Embassy, Classified General Records, 1956~1963, Box. 8.

57) Memorandum of Conversation : 'Korean-Japanese Relations', 1959. 2. 13, 위와 같음,

럼 미국은 일본과의 반공동맹 강화를 위해 일본이 북송은 '거주 이전의 자유원칙'을 실현하는 자유진영의 관용이라는 선전에 동의한 것이다. 결국 미국의 동의가 일본의 재일조선인 북송을 적극적으로 실행에 옮기는 결정적 동인이 되었다고 해도 과언이 아닐 것이다.

일본이 북송을 추진하면서 가장 신경을 쓴 것도 미국이었고, 한국이 북송 저지를 강력하게 호소한 대상도 미국이었다. 한국은 재일조선인은 한국인이며, 북송은 북한 체제를 사실상 인정하는 것이라며 미국이 북송을 저지해줄 것을 요청했다. 그러나 미국은 한국의 입장을 지지하지 않는다는 점을 분명하게 밝혔다. 미국은 한국이 국가보안법 개정을 둘러싼 논쟁을 겪으면서 왜 공산주의자들인 재일조선인의 한국 입국을 원하는지 이해할 수 없으며, 미국은 휴전회담에서 포로들의 자발송환원칙을 지지했다는 사실을 들어 북송에 찬성한다는 뜻을 표명하였다.[59] 그럼에도 한국의 북송반대가 강력히 지속되자 1959년 9월 허터 미 국무장관은 이승만 대통령에게 한국이 계속 북송을 방해하면 한미관계는 '파멸적인 결과'를 초래할 것이라는 경고성 서한을 보내 한국의 반발을 강력하게 제지하였다.[60] 북송문제에서 미국의 역할이 얼마나 중요했는지 알 수 있다. 미국은 한국전쟁 휴전 당시 포로들이 자유송환원칙에 따라 처리되었음을 상기시키며 재일조선인의 북송에서도 '자발적인 선택'을 강조했다. 그러나 한편으로 북송 논쟁이 세계적으로 알려지게 되면 공산진영에 좋은 선전거리가 될 것이라는 점을 우려했다. 또한 재일한국

---

58) 테사 모리스-스즈키 지음, 한철호 옮김, 『북한행 엑서더스—그들은 왜 '북송선'을 타야만 했는가?』, 책과함께, 2008.

59) Memorandum of Conversation : Korean-Japanese Relations, 1959. 2. 14, RG 84, Korea-Seoul Embassy, Classified General Records, 1956~1963, Box. 8.

60) Secretary of State to Syngman Rhee, 1959. 9. 24, Foreign Relations of the United States, 1958-1960, Volume XVIII.

인 문제가 이슈가 되면 일본의 공공연한 차별정책이 비난받게 되고, 인도주의적 측면에서 국제적 이슈가 될 것을 우려했을 것이다. 재일조선인은 대일평화조약 발효 후 일본국적을 박탈당해 무국적 상태에 놓였고, 생활보호 수급 이외에는 정치적, 경제적으로 아무런 권리를 갖지 못했다. 북한은 전후 경제복구와 사회주의 국가건설을 통한 체제 정통성을 강화하기 위한 일환으로 재일조선인을 '해외공민'으로 규정하고 귀국을 장려했다. 일본 정부와 적십자사는 거주지 선택의 자유라는 인도주의를 내세워 재일조선인의 '귀환사업'을 선전하고 추진함으로써 역사적 책임을 회피하였다. 일본의 적극적인 요청에 따라 이 문제에 개입하게 된 국제적십자위원회는 인도적 차원에서 재일조선인의 북한행을 지지했으나, 일본의 재일조선인 차별정책과 정치적 의도에 대해서는 외면했다. 미국은 이 문제에 개입하기를 꺼렸고, 침묵으로써 동의해주었다. 한국은 재일조선인을 강제로 북한으로 보내는 것은 공산주의 진영을 강화시키는 행위라며 비난했지만, 재일조선인에 대한 대책은 수립하지 않았다. 재일조선인은 한일 간 과거사로부터 연원해 한반도 분단과 냉전의 심화로 끊임없이 불안한 삶을 살아야했다. 그리고 1959년 자본주의진영에서 공산주의진영으로의 대규모 이동이라는 현실을 만들어냈다. 인도주의로 포장되었지만, 누구도 이들의 '인권'에는 관심을 기울이지 않았다.

4. 맺음말

한일회담 과정에서 나타난 미국의 방침은 구보타 망언으로 3차 한일회담 결렬을 계기로 적극적 개입과 중재에서 소극적 중재와 현 상태의 묵인으로 변화했다. 미국은 청구권 문제에 대한 유권 해석을 요청받고 일본의 역청구권 주장이 근거가 없다는 입장을 표명하였다. 그러나 일본을 적극적으로 제지하지 않음으로써 오히려 일본의 입장을 암묵적으로 지지하는 효과가 나타나게 하였다. 이후 미국은 한동안 일본의 주장대로 청구권을 상호 포기하도록 한국에 촉구하기도 하였다. 이 같은 미국의 입장은 청구권 문제에 한일 간 역사문제가 내재되어 있음을 간과한 것이었다. 미국은 동북아시아정책의 중심을 일본에 두고 있었기 때문에 일본의 역청구권 주장이 근거가 없음에도 불구하고 일본의 입장을 지지했다. 반면 일본은 한국에 대한 식민지배가 국제법상 정당하였기 때문에 한국이 대일배상을 요구하는 것은 불합리하다는 견해를 견지하고 있었다. 설사 한국에 배상을 할 만한 사유가 있다 하더라도 패전 직전에 한국에 남기고 온 일본의 공·사유재산에 대한 귀속조치로 배상은 충분히 했다는 입장이었다. 미국의 기본 목표는 일본을 부활시켜 아시아 동맹국들을 반공진영으로 결속시키는 것이었다. 일본의 외교정책은 미국의 이 같은 대외정책의 목표와 의도에 충실하게 부합하되 자국의 정치체제 안정과 경제재건에 영향을 주지 않는 범위에서 한국과의 관계를 도모하겠다는 것이었다. 그러나 이 시점에서 한국과의 관계개선은 정치적 안정과 경제적 재건에 도움이 되지 않았다. 오히려 한국의 과거사에 대한 '과도한' 반성과 배상 요구는 패전에 대한 충격과 혼란을 받아들이지 못하고 있던 일본을 더욱 자극하는 요소로 인식되었다. 따라서 한국이 대일정책의 목표를 과거사 청산과 이를 위한 배상 청구, 관계 개선 등으로 삼고 있었던 것과 비교하면 한일회담을 통해 양국 간 합의가 도출되는 것은 거의 불가능한 상황이었다.

구보타 망언이 나오고 이를 둘러싼 한일 간 갈등이 최고조에 달했을 때도 미국은 공식적으로 입장을 표명하지 않았다. 청구권 문제와 마찬가지로 구보타 망언도 본질적으로 한일 간 역사문제에 연원하고 있었기 때문이다. 2차 세계대전 전후 처리과정에서 미국의 대일정책은 식민지배에 대한 청산을 포기 또는 배제하는 것으로 최종 귀결되었다. 따라서 일본의 한국에 대한 식민지배에 대한 역사적 평가문제를 내재한 구보타 망언에 대해 미국은 입장을 표명하지 않은 채 이 문제도 한일 간에 정치적으로 타협하기를 기대했다. 제4차 한일회담이 일본의 역청구권 철회와 구보타 망언 철회를 전제로 재개된 것은 결코 일본의 역사인식의 변화 때문이 아니라 미국이 기대한대로 정치적 타협의 산물이었다.

반면 평화선문제에 대한 미국의 입장은 일본의 입장과 동일하였다. 즉, 평화선 선포는 공해상의 항해 자유의 원칙에 위배되는 국제법상 위법이라는 것이다. 또한 미국은 북송문제에 있어서도 일본의 입장에 동의했다. 그러나 재일조선인 북송문제에는 한일 간 과거사로부터 연원한 일본의 재일조선인 차별정책을 은폐하고, 이들을 국외로 추방하고자 오랫동안 노력해온 일본의 정치적 의도가 강하게 내재되어 있었다. 그러나 미국은 인도주의라는 명분하에 이 문제에 개입하기를 꺼렸고, 침묵으로써 동의해주었다. 결국 미국이 한일회담과 한일관계를 바라보는 인식의 기초는 국익이었다. 미국은 동북아시아의 반공전략 속에서 한일회담에 대한 개입의 형태와 강도를 조정했다.

▌참고문헌

1. 논저

김민석, 「박정희 정권의 한일어업회담」, 충남대학교 석사학위논문, 2009.
류미나, 「한일회담 외교문서로 본 한일 간 문화재 반환 교섭」, 『일본역사 연구』 30, 2009.
박진희, 「제1공화국 시기 '평화선'과 한일회담」, 『한국민족운동사연구』 47, 2006a.
박진희, 「한국의 對日정책과 제1차~제3차 韓日會談」, 『사림』 25호, 2006b.
박진희, 『한일회담-제1공화국의 대일정책과 한일회담 전개과정』, 선인, 2008.
박진희, 「한·일협정에 대한 비판적 검토-평화선과 어업문제를 중심으로-」, 『한국 현대 정치외교의 주요 쟁점과 논의』, 선인, 2009.
박진희, 「한국의 대일강화회담 참가와 대일평화조약 서명 자격 논쟁」, 『한국 근·현대 정치와 일본 Ⅱ』, 선인, 2010.
오오타 오사무, 『한일교섭: 청구권문제 연구』, 선인, 2008.
유영구, 「한일·북일관계의 고정화과정 小考: '55년체제'에서 1965년 한일 국교정상화까지」, 『중소연구』 76호, 1997.
이성, 「한일회담에서의 재일조선인의 법적지위 교섭(1951-1965년)」, 성균관 대학교 박사학위논문, 2013.
이양수, 「일본 외무성의 엉터리 문서 '공개'」, 『역사와 책임』 창간호, 2011.
이현진, 「한일회담 외교문서를 통해서 본 재일한국인의 북한 송환」, 『일본 공간』 Vol.4, 2008.
장박진, 『식민지 관계 청산은 왜 이루어질 수 없었는가』, 논형, 2009.
정병준, 「미 국립문서기록관리청 소장 RG 84(국무부 재외공관문서) 내 한국 관련 문서」, 『미국소재 한국사 자료 조사보고 Ⅰ-NARA 소장 RG 59·RG 84 외-』, 국사편찬위원회, 2002.
지철근, 「어업관할수역(평화선)과 최근 각국 어업조약의 국제적 동향」, 『국제법학회논총』, Vol. 2, 1957.

테사 모리스-스즈키 지음, 한철호 옮김, 『북한행 엑서더스 – 그들은 왜 '북송선'을 타야만 했는가?』, 책과함께, 2008.

Stuart kaye, 김하양 역, 「해양법의 발전에서 평화선이 지니는 의의」, 『영토해양연구』 4, 2012.

石丸和人・松本博一・山本剛士, 『戰後日本外交史 2: 動きだした日本外交』, 三省堂, 1983.

鹿島平和研究所 編, 吉澤清次郎 監修, 『日本外交史』 28, 鹿島平和研究所, 1973.

2. 1차 자료

국사편찬위원회, 『한일회담 관계 미 국무부 문서』 1~7, 2007~2010.

외무부, 「我側 口述書」(1952. 2. 12), 『독도관계자료집(I) – 왕복외교문서(1952~76)』, 1977.

외무부 정무국, 『한일회담약기』, 1960.

RG 84, Foreign Service Posts of the Department of State, Entry 2846, Korea, Seoul Embassy, Classified General Records 1953~1955, Box. 1~19.

RG 84, Foreign Service Posts of the Department of State, Entry 2846A, Korea, Seoul Embassy, Classified General Records 1956~1963, Box. 1~49.

RG 84, Foreign Service Posts of the Department of State, Entry 2848, Korea, Seoul Embassy, Top Secret Records, 1950~1956, Box. 1.

RG 84, Foreign Service Posts of the Department of State, Entry 2829, Office of U. S. Political Advisor(POLAD) For Top Secret Records, 1945~1949

RG 84, Foreign Service Posts of the Department of State, Entry 2827, Office of U. S. Political Advisor For Japan, General Records 1950~52, Box. 1~15.

RG 84, Foreign Service Posts of the Department of State, Japan, Tokyo Embassy, Classified General Correspondence, 1945~1949, 1950~ 1952, Box. 1~60.

RG 84, Foreign Service Posts of the Department of State, Entry 2828A, Japan, Tokyo Embassy, Classified General Records, 1952~1963, Box. 1~115.

2장

연합국 최고사령관 총사령부(GHQ/SCAP) 문서와 '점령기 한일관계' 연구

안소영

안소영 安昭榮

경희대학교 한국현대사연구원 연구교수
한일관계, 현대 동아시아국제관계 전공
주요저작으로「태평양전쟁기 미국의 전후 대일·대한정책 및 점령
통치 구상: 이중적 대립축과 그 전환」(2010),『歴史としての日韓国
交正常化Ⅰ: 東アジア冷戦編』(공저, 2011)

1. 머리말

태평양전쟁에서 연합국이 승리한 결과, 한국과 일본은 거의 비슷한 시기에 미국이 주도하는 점령통치를 받게 된다. 그런데 역설적이게도, 두 지역에서의 점령 통치는 '패전국 일본에서의 민주화 개혁과 해방된 식민지 조선에서의 억압통치'라는 대조적 양상으로 전개되었다. 일견 모순되는 듯이 보이는 이러한 현상은 우선 미국의 대일 · 대조선 점령정책이 전후 미국의 동아시아정책 구상이라는 큰 틀 속에서 고려되고 상호 연동하는 가운데 형성되었다는 사실에서 그 기원을 찾을 수 있다.

전시기의 정책입안과정에서 이미 그 단초를 마련한 '역설'의 계기는 한국과 일본에서의 점령통치의 실시 과정에서 구체화되었고 점령당국과 현지의 정부 또는 주민 간의 협조와 대립이라는 상호작용을 통해 조정되거나 확대 · 가속화되었다. 바로 이 후자의 국면에, 전후 일본과 남한의 국가형성을 주도한, 그리고 그 과정에서 한일 관계를 매개한 액터(actor)로서 GHQ/SCAP(General Headquarters Supreme Commander for the Allied Powers, 연합국 최고사령관 총사령부)가 존재한다.

이와 같이 '점령기 또는 미군정기 한일관계'는, 비록 그것이 독립된 주권국가 간의 정식 외교관계는 아니었지만, 한국과 일본의 전후체제 형성과 관련된 특수한 조건, 즉 GHQ/SCAP을 매개로 한 미국의 점령통치와 대일 전후처리문제를 둘러싼 교섭과 더불어 가동되기 시작했다. 전후로부터 오늘날에 이르기까지 한일관계의 성격과 방향을 규정하게 될 '원형으로서의 한일관계'가 형성되기 시작한 것이다. 이 점이 바로 GHQ/SCAP에 주목하게 되는 이유이다. 본 논문은 이러한 문제의식 위에서 전후

---

* 이 연구는 『일본공간』 2011년 제10호에 실린 "연구노트"를 수정 보완한 것임.

한일관계의 원형으로서의 '점령기' 이해의 관건이 될 'GHQ 자료'의 활용 문제를 검토하려는 것이다.

2. 일본의 점령연구와 GHQ/SCAP 문서

GHQ 시기 한일관계의 이해에 앞서 일본의 점령연구에 주목하는 것은 7년여에 걸친 '점령기'(1945~1952)를 망라한 GHQ 자료의 활용 문제와 관련되어 있다. 일본에서 연합국, 실질적으로는 미국의 점령통치와 관련된 연구가 시작된 것은 샌프란시스코강화조약이 발효된 1952년 무렵부터이다.[1] 당시 일본의 점령연구는 '주권' 회복 직후라고 하는 시대적 분위기로 말미암아 '점령통치' 그 자체에 대한 반발과 그 연장선상에서 점령은 '미국 제국주의'에 의해 실시된 개혁이므로 그다지 대단한 것이 아니라는 인식이 은연중에 퍼져 있었다. 따라서 연구 내용도 주로 점령 관계자나 저널리스트의 저작 중에 체험담이나 내막 폭로물을 번역·출간한 것이 많았다.

전후 20년이 되는 1965년경에 이르면, '점령'을 어느 정도 객관적으로 조망할 수 있게 되었으나, 외국에 의한 점령이 일본인으로서는 굴욕적인 체험이었다는 사실을 의식하여, '점령에 의한 민주화' 대신 '점령개혁'이라는 용어를 사용하는가 하면 점령개혁은 어디까지나 자력으로 실시한 것이라는 점을 부각시키려는 경향이 있었다.

---

1) 이하 일본 점령사연구의 흐름은 다케마에 에이지(竹前栄治), 「점령연구40년」, 『現代法學』 제8호(2005.1.20)의 내용에 의거하여 정리한 것임을 밝혀둔다. 이 논문은 일본 점령사연구의 개척자로 잘 알려진 저자의 東京經濟大學 최종강의(2004.1.5) 원고를 보완한 것이다. 번역 원고가 다케마에 에이지 지음, 송병권 옮김, 『GHQ』, 평사리, 2011, 261~293쪽에 '부록'으로 수록되어 있다.

'점령' 사실을 한층 구체적이고 객관적으로 분석하려는 본격적 점령연구는 1970년대에 와서 비로소 시작되었다. 이 무렵 일본에서는 전후개혁을 바탕으로 한 고도경제성장이 두 차례의 석유파동으로 인해 주춤하게 되는 상황을 맞게 되자 전후사를 재검토해야 한다는 분위기가 확산되고 있었다. 때마침, 미국에서 정보공개 '25년 원칙'에 따라 국무부의 비밀문서가 공개되고 그 영향으로 일본의 외교사료관이 외교문서를 대거 공개한 것도 점령연구에 박차를 가하는 요인이 되었다.

실증적 자료에 입각한 점령연구 풍조의 확산을 배경으로, 미국과 일본에서 각각 점령연구의 종합적 문헌목록이 출판되는 한편2) 공동연구의 움직임도 활발해지기 시작했다.3). 특히 1972년 11월, 아마카와 아키라(天川晃), 후쿠시마 주로(福島鑄郞), 다케마에 에이지(竹前栄治) 등, 초창기의 1세대 점령연구자들의 주도로 발족한 '일본점령사연구회(日本占領史研究會)'는 아카데미즘과 민간, 좌우의 사상적 경향을 불문하고 점령에 관한 자유로운 토론을 전개하였고 향후 20여 년간 점령연구를 주도해 나갔다. 그 가운데서도 가장 특기할 사실은 이 시기에 일본국회도서관이 미국에 소장되어 있는 일본점령에 관한 마이크로필름 자료 및 문헌자료의 수집에 착수했다는 사실이다.

국회도서관이 일본점령관계 자료를 본격적으로 수집하게 된 것은 1978년의 이른바 'GHQ/SCAP프로젝트'의 발족에 의해서이다. 'GHQ/SCAP 프로젝트'는 미국 국립공문서관(The U.S. National Archives and Records

---

2) 日本学術振興会 編, 『日本占領文献目録』(1972); Robert Ward (ed.) *Allied Occupation of Japan-Annotated Bibliography of Western Language* (American Library Association, 1974)이 여기에 해당한다.

3) 사상의과학연구회 점령써클, 『共同研究・日本占領』(1972), 『共同研究・日本占領軍－その光と影』上・下(1978), 東京大学社会科学研究所, 『戦後改革』全8卷(1974), 大蔵省, 『昭和財政史－終戦から講和まで』全20卷(東洋經濟新報社, 1974-1988) 등이 있다.

Administration, 이하 NARA)이 소장하고 있는 연합국최고사령관 총사령부(GHQ/SCAP)문서를 통째로 마이크로필름으로 제작하여 가져옴으로써 미국에 직접 가지 않고서도 도쿄(東京)에서 열람이 가능하도록 한다는 계획이었다. 1945년부터 1952년까지 7년간, 일본점령통치를 수행한 GHQ/SCAP가 남긴 문서는 약 1만 상자, 3천만 페이지 가량으로 추산되는 방대한 분량의 자료로, 당초 약 10여 년, 10억여 엔의 예산이 소요될 것으로 예상되는 대규모사업으로 추진되었다.

이 GHQ/SCAP 자료를 중심으로 한 일본점령관계자료의 데이터베이스 구축은 일본의 점령연구에 획기적 진전을 가져왔다. GHQ를 중심으로 한 점령통치의 메카니즘과 점령정책의 실시과정 등을 구체적으로 분석했을 뿐 아니라, 점령통치가 일본의 전후체제 형성에 미친 영향, 전후 일본국가의 성격 등에 대한 해명을 시도할 수 있게 되었다, 이러한 성과를 바탕으로 1980년대에는 점령연구의 세계화 및 비교연구가 촉진되었고, 1990년대에는 '지방'의 시점에 선 점령개혁 연구, 피점령지의 점령체험의 발굴 등 연구영역과 연구대상이 확대되고 연구방법론도 다양화·심화되었다.

미국 자료의 수집과 발간은 한국에서도 1980년대 후반의 '해방 3년사' 또는 '미군정기 한국현대사' 연구의 기폭제가 되었다. 그러나 대학이나 국내의 연구기관에 방대한 양의 자료가 수집되어 있음에도 불구하고 연구에 활용될 수 있는 데이터베이스의 구축 수준은 여전히 미흡한 형편이다. 일본의 점령연구가 1970년대 이후 GHQ/SCAP 문서 등의 데이터베이스 구축과 같은 사료적 기반 정비를 계기로 획기적인 성과를 거두었음에 비해, 한국의 경우는 연구 성과도 그다지 풍부한 편이라고는 할 수 없다. 그런 만큼 일본의 점령연구의 성과는 일차적으로는 기본 사료의 수집과 활용의 문제를 비롯하여, 그러한 사료적 기반을 풍부한 연구성과로 연결시킨 연구방법론이나 연구시각의 문제 등, 다양한 시사를 제공하기에 충분하다. 이와 같은 사실에 주목하여 아래에서는 일본 국회 헌정자료실의 수집 자료를 참고하여 GHQ/SCAP 문서의 현황과 활용방안을 검토하고자 한다.

3. 일본 국회도서관 헌정자료실 소장 GHQ/SCAP 자료

일본 국회도서관이 미국 국립공문서관(NARA)에서 수집해 온 GHQ/SCAP 문서는 NARA의 문서자료 그룹(Record Group; 이하 RG) 331 속에 포함되어 있다. RG는 NARA의 모든 자료를 대상으로 한 가장 큰 분류개념으로, 현재 1번부터 584번까지 총 584개의 그룹으로 분류되어 있다. 예컨대 잘 알려진 RG59(General Records of the Department of State) 자료의 경우 미 국무부와 관련된 모든 공문서를 망라하고 있다.

본 연구의 대상인 RG331 문서는 '제2차 세계대전 연합국 작전 및 점령 사령부 문서'(Records of Allied Operational and Occupation Head quarters, World War II, 1907-1966)가 그 정식 명칭이며, 바로 이 RG 331 문서 속에 GHQ/SCAP 문서 즉 '연합국 최고사령관 총사령부 문서'(Records of General Headquarters/Supreme Commander for the Allied Powers)가 포함되어 있다.[4]

---

4) Record Group(RG) 및 문서의 검색은 NARA의 검색화면 http://www.archives.gov/ research/arc 참조.

1) 연합국 총사령관 최고사령부(GHQ/SCAP)

GHQ/SCAP(이하 GHQ로 약칭) 문서의 성격과 소재를 파악하기 위해서는 간략하게나마 GHQ의 구조를 이해할 필요가 있다. 일본점령과 관련하여 GHQ라는 용어가 처음 등장한 것은 제2차 세계대전 당시 태평양 전시구역에 점재하는 지휘부를 구상하면서부터이다. 즉 1942년 4월 18일, 호주의 멜버른에서 대일반격을 위한 연합군(남서태평양군)이 조직되었고 당시 극동 미군사령관이던 맥아더 장군이 미국, 영국, 호주, 네덜란드 4개국으로 구성되는 '남서태평양군총사령부'(GHQ/SWPA; General Headquarters, Southwest Pacific Area) 사령관에 취임했다. GHQ/SWPA가 멜버른에서 마닐라로 옮겨가고 일본의 패색이 짙어진 1945년 4월 3일, 전역(戰域)이 재편성됨에 따라 '미태평양육군총사령부'(GHQ/USAFPAC; General Headquarters, United States Army Forces, Pacific)가 창설되었고 맥아더는 총사령관을 맡아 일본 항복 후의 평화적 진주(점령)에 대비한 '블랙리스트 작전 계획'을 추진했다.

한편, 몬트레이의 '민사요원주둔소'(CASA)에서는 군정(민사행정)을 담당할 참모 제5부(G-5) 조직이 검토되는 가운데, 8월 5일, 미태평양육군총사령부(GHQ/USAFPAC) 내에 민정 실시에 대비한 군정국(MGS)이 설치됐다. 그러나 비서양적인 일본사회와 국민을 통치하기에는 군정국(軍政局)이나 G-5체제만으로는 충분하지 않다는 판단에 따라 육군총사령부(GHQ/USAFPAC)와는 별도로 일본의 행정조직에 대응하는 형태의 전문 부국(막료부·특별참모부)을 관장하는 총사령부를 따로 설치할 필요성이 제기되고 있었다.

이 무렵, 일본이 포츠담선언을 수락하자 트루먼 대통령은 1945년 8월 14일을 기해 미태평양육군 총사령관 맥아더 원수를 점령통치를 담당할 연합국 최고사령관(Supreme Commander for the Allied Powers=SCAP)에 임명했다. 9월 2일 항복문서의 조인으로 일본 정부 및 일본군대는 연합국최고사령관의 관리 하에 놓이게 되고 이어서 9월 15일 경제과학국(ESS)이, 9월 22일에는 민간정보교육국(CIE)이 각각 군정국에서 독립했다. 이어서 10월 2일, 군정국은 발전적으로 해소되고 맥아더의「일반명령1호」에 의해 연합국최고사령관총사령부(GHQ/SCAP)가 설치되었다. 이렇게 해서 통상 GHQ로 알려진 일본 점령기구의 탄생한 것이다.

당시 맥아더사령부는 '미(美) 태평양육군사령관'과 '연합국 최고사령관 총사령부'를 겸하고 있었으므로 GHQ는 이 양자를 동시에 지칭하는 용어가 되었다. 이에 따라 GHQ조직은 연합국최고사령관(SCAP) 겸 미(米)태평양육군사령관(CINC,AFPAC) 휘하에 참모장과 2명의 부참모장을 두었으며 이들 부참모장이 각각 미 태평양육군과 연합국 최고사령부 계통의 두 개의 막료부를 관장하게 하는 2원적 체제로 편성되었다. 그리고 막료부의 어떤 부서는 하나의 조직이 그 기능을 겸하기도 하였다.

구체적으로는 아래의 그림에서 보는 것처럼, 연합국 최고사령관 총사령부(GHQ/SCAP)는 참모장 밑에 참모부와 막료부를 두었으며, 참모부에는 통상의 군(軍)사령부의 참모업무를 담당하는 참모 제1부~제4부가, 막료부에는 점령 실시를 위한 행정, 경제, 공중위생, 교육, 운수, 통신, 자원 등의 전문분야별 부국이 설치되었다. 통상 'GHQ/SCAP 자료'란 바로 이들 GHQ/SCAP 산하의 각 기관에서 발생한 점령통치 관련문서들을 말하는 것이다.

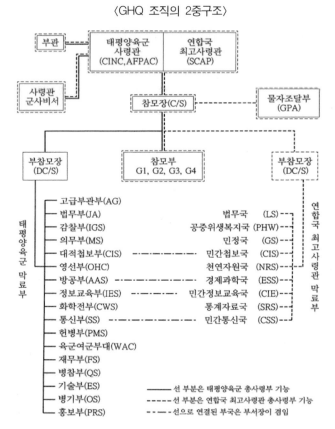

〈GHQ 조직의 2중구조〉

출전: 竹前榮治 지음, 송병권 옮김,『GHQ』, 평사리, 2011, 13쪽.

2) 일본국회도서관 헌정자료실 소장 GHQ/SCAP 자료

일본 국회도서관 헌정자료실의 GHQ/SCAP 자료는 미국의 점령 종료 직전인 1951년 8월에서 1952년 1월에 걸쳐 본국으로 우송되어 NARA에 보존되어 온 것으로, 1974년에 비밀해제된 문서들을 가리킨다. 1978년부터 1990년경에 걸쳐 워싱턴에 있는 것과 똑같은 문서로 옮겨 온 헌정자료실 GHQ/SCAP 자료는(추후 1998년에서 2000년 사이에 일부 누락된 문서를 다시 수집하여 보완) 마이크로필름 1,539권, 열람용 마이크로시트 320,227매 정도에 해당하는 분량이다.

자료의 내용은 왕복문서, 무선전신, 기록용 또는 상사에 대한 설명용으로 작성된 교섭내용이나 문제의 배경·경위 등을 잘 정리한 각서, 부국 간의 의사결정이나 연락에 사용된 체크 시트(Check Sheet), 시책(施策)에 대한 의견서, 각종 보고서, 집무 참고자료, 각 부서에 배부된 간행자료, 법규 등으로 구성되어 있다.

일본국회도서관 헌정자료실에는 이들 자료의 검색을 위한 내용목록이 NARA에서 소장되어 있는 상자 내의 폴더 단위로 작성되어 있다. 내용목록에는 상자 번호, 폴더번호, 타이틀, 작성날짜, 분류번호, 자료형태, 주기, 마이크로필름 번호, 마이크로피시 번호 등이 수록되어있다. 분류번호는 GHQ/SCAP 문서를 위해 국회도서관이 독자적으로 작성한 분류표에 따른 것으로, 가령 '111 조선', '230 배상' 등과 같이 사항별로 번호와 키워드가 부여되어 있다. 내용목록카드는 산하 부국(部局) 단위별로 이 분류번호순에 따라 정리된 것을 열람용으로 비치한 것으로 그 숫자는 20만 매가 넘는다. 이 내용목록카드가 작성됨으로써 검색능력이 개선되었지만, 목록이 폴더단위로 작성되어 있기 때문에 그 안에 있는 파일은 실물을 일일이 확인하지 않으면 어떤 것이 있는지 파악할 수 없다는 한계가 있다.

현재 국회도서관 헌정자료실이 소장하고 있는 GHQ '일본점령관계자료' 관련 자료의 문서군은 아래와 같으며, 일본국회도서관 장서검색시스템(NDL-OPAC)을 통해 검색이 가능하다(괄호 안의 영문기호는 헌정자료실의 분류명이다).[5]

• 최고기밀파일(Top Secret Records of Various Sections. Administrative Division, TS)

: 탑시크릿 문서란 안전보장상 최고의 기밀을 요하는 문서로, 함부로 공개될 경우 국가에 지극히 심각한 손해를 끼칠 수 있다고 판단되는 모종의 기밀문서, 정보 및 자료를 지칭한다. 구체적으로는 장래의 전쟁계획 및 군의 작전계획, 부대의 중요한 배치나 이동, 동맹교섭과 같은 사항을 취급하는 고도로 중요한 정치적 문서, 첩보나 방첩 분야에서 사용되고 있는 방법이나 취득한 성과에 관한 정보, 예컨대 일본본토 상륙작전인 블랙리스트작전에 관한 자료가 여기에 해당한다. GHQ/SCAP 각 부국(部局)에서 탑 시크릿(Top Secret)으로 분류된 문서를 모두 모아 놓은 것이다. 이들 문서들은『GHQトップ・シークレット文書集成』(柏書房, 1993-1998)로 복각되었으며 제I기: AG (고급부관부)문서, 제2기: 행정 법률관계문서, 제3기: 경제관계문서, 제4기: 원폭과 일본의 과학기술관계문서로 나눠서 출판되었다.

• 고급부관부 문서(GHQ/SCAP Records Adjutant General's Section, AG)

: 고급부관부(AG)란 미 태평양육군총사령부(GHQ/AFPAC)와 그 후신인 극동군총사령부(GHQ/FEC)의 고급부관을 겸직한 것으로 양 총사령부에서 총무를 담당했다. 일본정부 등 외부로 발신된 문서의 처리와 인증, 통신 및 전신의 처리와 배부, 총사령부 간행물의 편집과 인쇄 등과 같은 문서업무와 인사업무를 담당했다.

---

5) 이하의 내용은 일본국회도서관 홈페이지 헌정자료실 소장 일본점령관계연구자료 소개 사이트와 다케마에 에이지(竹前栄治),「総合解説:占領とGHQ」, 竹前栄治・今泉真理 訳,『GHQ日本占領史 第1卷 GHQ日本占領史序説』, 日本図書センター, 1996, 38~71쪽; 荒敬,『『GHQ日本占領史』底本概説」, 竹前栄治・今泉真理 訳,『GHQ日本占領史: 第1卷 GHQ日本占領史序説』, 日本図書センター, 1996, 65~69쪽 참조.

• 참모 제1부 문서(Assistant Chief of Staff, G-1)

: 참모 제1부는 군인 및 민간인 직원의 인사 및 점령에 관계된 총무적 사항을 담당했다. 총사령부에 근무한 인물들의 임용 관계 등을 확인할 수 있다.

• 참모 제2부 문서(Assistant Chief of Staff, G-2)

: 참모 제2부는 첩보를 담당했으며 점령군을 위한 일본어문서의 번역, 정보 수집 등이 주임무였으며 1946년 6월부터는 외국사절과 SCAP의 각 부서 간, 그리고 일본정부와 점령군 간의 공식연락을 담당했다. 민간첩보국(CIS) 공안과의 문서가 포함되어 있다. G-2는 민주화개혁에 적극적인 민정국이나 경제과학국과 대립하는 경우가 많았고 부장 윌로비 Charles A. Willoughby)는 독일 태생의 반공주의자로 민정국의 캐디스 차장을 비롯한 GHQ 내의 진보파인 뉴딜러나 리버럴 관료, 일본의 공산주의자나 리버럴리스트의 행동을 감시하거나 조사했다.

• 참모 제3부 문서(Records, Assistant Chief of Staff, G-3)

: 참모 제3부는 점령군의 작전행동에 관한 시책을 담당했다. 해외에서 돌아오는 대규모의 일본인의 귀환에 관한 시책도 담당했다. 귀환(引揚, Repatriation)관계 연구에 유용한 자료로 활용할 수 있다.

• 참모 제4부 문서(Assistant Chief of Staff, G-4)

: 참모 제4부는 보급을 담당했다. 국제민간항공기나 일본의 민수용 석유 수입 등에 관한 시책, 그리고 점령에 소요되는 일본 측 부담금(종전처리비용)에 관한 예산작성에 관한 자료를 볼 수 있다.

• 회계검사국 문서(Office of Comptroller, OOC)

: 회계검사국은 재무·예산·감사업무, 기업경영기법의 도입, 비용보고 및 분석에 사용되는 지침이나 방법의 개발에 관해 최고사령관에 조언하고 보좌하는 임무를 맡았다. 1949년 10월부터 참모4부로부터 점령에 필요한 일본인 노무자나 역무의 조달 및 감독, 그리고 일본 측 점령부담금을 포함한 예산 작성에 관한 임무가 이관되었다.

• 민정국 문서(Government Section, GS)

: 민정국은 1945년 10월 2일에 설치되었다. 일본의 통치기구에 관해 조사연구하고 통치기구의 비군사화, 봉건적·전체주의적인 관행의 근절에 관해 최고사령관에 제언하는 임무를 맡았다. 맥아더의 분신이라 불리는 휘트니(Courtney Whitney) 국장은 하버드 로스쿨 출신의 뉴딜러(New Dealer)로[6] 캐디스(Charles Louis Kades) 차장과 함께 일본국 헌법개정, 재벌해체, 내무성 해체, 경찰법 개정, 공직추방 등, 초기 민주화개혁을 추진하였으며, 그로 인해 요시다 시게루(吉田茂) 등 일본정부에게는 두려운 존재가 되었고 GHQ 내의 매파로 알려진 G-2의 윌로비로부터는 경원시된 인물이었다.

당초 민정국에는 2개 과가 설치되어 일본에 관한 것은 행정과(Public Administration Division)가 담당하였으며 한국의 군정에 관한 시책은 조선과(1946년 2월 13일 폐지)의 소관사항이었다. 따라서 일본의 정치행정, 경제, 사회, 문화 전반의 비군사화 민주화 정책에 관한 연구자료로서 뿐만이 아니라 GHQ의 초기 대한정책과 관련해서도 중요하게 검토

---

6) 루즈벨트 대통령의 뉴딜정책을 경험한 사회민주주의적 경향의 개혁사상을 가진 사람들로 미국의 대일점령 초기에 민정국을 중심으로 한 일본 '민주화개혁'의 주축을 이룬다.

될 필요가 있다.

• 경제과학국 문서(Economic and Scientific Section, ESS)

: 경제과학국은 최고사령관에 대해 포츠담선언의 제 조항을 이행시키기 위해 일본 및 조선에서의 경제, 산업, 재정, 과학 관계의 정책에 관해 조언하는 임무를 맡고 있었다. 재벌해체, 노동조합의 결성 원조, 경제부흥, 엔과 달러의 환율 결정, 배상, 세제개혁, 일본경제의 자립화(닷지 플랜) 등 일련의 경제민주화정책을 추진했다. 배상 및 일본경제의 재편과 관련하여 한국과 관련 있는 문서들이 포함되어 있다.

• 천연자원국 문서(Natural Resources Section, NRS)

: 천연자원국은 일본과 한국(1948년 3월까지)의 농업, 임업, 어업, 광업에 관한 시책과 활동에 관해 최고사령관에게 보고하고 조언하는 임무를 맡은 부서이다. 뿐만 아니라 과거 일본의 점령지역의 농림수산, 광업 활동의 일본국내의 정보정비 임무도 포함되었다. 농지개혁 지령초안을 기초한 것으로 알려져 있다.

• 민간통신국 문서(Civil Communication Section, CCS)

: 민간통신국은 일본과 한국(1948년 3월까지)의 민간전기통신과 우편의 활동 및 복구에 관한 시책에 관해 최고사령관에게 조언하는 임무를 담당했다. 통신 우편관계의 국제회의의 기록을 포함하여 통신 및 우편에 관한 각서, 전신문, 보고서, 회의록 등이 있다.

• 민간운수국 문서(Civil Transportation Section, CTS)

: 민간운수국은 민간 수상 및 육상 운송의 활용 및 부흥에 관한 시책

에 관해 최고사령관에게 조언하기 위해 설치되었다. 운수성의 기구개혁, 국유철도의 재정개혁 등에 관한 문서가 포함되어 있다.

• 민간정보교육국 문서(Civil Information and Education Section, CIE)

: 민간정보교육국은 일본과 한국의 홍보, 교육, 종교 기타 사회문제에 관한 시책에 관한 업무를 담당했다. 교육전반, 교육관계자의 적격 심사, 각종 미디어, 예술, 종교, 여론조사, 문화재보호 등 교육 및 문화 전반의 광범위한 개혁에 관련된 문서를 포함하고 있다.

• 공중위생국 문서(Public Health and Welfare Section, PHW)

: 공중위생국은 방역, 보건, 복지, 위생행정을 담당하였고 후생성 재편이나 보건소 제도 강화, 의술이나 치과, 간호 등의 분야의 개혁, 아동복지, 사회보장, 전염병 예방 등을 담당했다. 문서 가운데는 원폭이 인체에 미치는 영향을 연구하는 것을 목적으로 한 '원폭상해조사위원회' 관련 문서도 들어있다.

• 민간재산관리국 문서(Civil Property Custodian, CPC)

: 민간재산관리국은 일본에 있는 연합국 및 중립국 재산의 보전, 해산된 초국가주의 단체나 전범용의자의 재산, 일본 국내의 추축국 재산의 봉쇄와 관리 및 처분, 일본의 재외재산의 탐색과 관리 등을 임무로 하고 있었다. 1948년 배상국이 폐지되고 나서 배상에 충당할 일본의 산업시설 반출의 임무를 이관 받았다.

• 민간사료국 문서(Civil Historical Section, CHS)

: 민간사료국은 GHQ 발족 당시 통계자료국(Statistical Reports Section)으로 설치되었으며 1950년 1월 16일, 민간사료국으로 개칭했으며 비군사 방면의 자료수집 및 보고서 작성 임무를 맡았다. 통계자료국은 월간

으로 *GHQ, SCAP, Summation of Non-Military Activities in Japan and Korea* (『일본과 조선에서의 비군사활동의 개요』)를 편찬·출판한 것을 비롯하여 1948년부터 1951년에 걸쳐 *History of the Non-Military Activities of the Occupation of Japan, 1945-1951* (『일본점령기의 비군사활동사』, 통칭 『GHQ 正史』)를 완성했다. 이 기록의 복각판이 『日本占領GHQ正史』 Vols.1-55(日本図書センター, 1990)로 출판되었으며, 번역본으로 『GHQ日本占領史』 第1-55巻(日本図書センター, 1996-2000)이 간행되어있다.

- 민사국 문서(Civil Affairs Section, CAS)
: 민사국은 SCAP 지령을 실시하는 지방 현장에서의 감시·보고활동의 지도감독, 지방민정관구로부터 올라오는 정보를 총사령부관계 부처에 전달하는 임무를 맡았다. 월간 민정활동보고(Monthly Military Government Activity Report), 민사활동보고(Civil Affairs Activity Report) 일본의 각 도도부현 단위의 정치, 공중위생, 노동, 경제, 교육 등에 관한 상황 보고도 포함되어 있다.

- 민간첩보국 문서(Civil Intelligence Section, CIS)
: 민간첩보국은 일본의 치안기관에 관한 시책에 관해 최고사령관에게 조언하고 일본정부에 대한 사령부의 지령이 지시대로 준수되고 있는지를 조사하는 임무를 맡았다. 신문, 방송, 영화, 통신, 민간인의 편지류를 검열하여 일본인의 사상동향이나 여론 동향을 조사하는 한편 일본의 치안기관을 관리감독하고 일본경찰의 협력을 얻어 점령에 방해되는 행위를 단속하고 보안상 필요한 정보를 수집했다. 1946년 5월 3일에 G-2에 흡수되었다.

- 외교국 문서(Diplomatic Section, DS)

: 외교국은 1946년 4월 18일, 정치고문부(Office of Political Advisor, POLAD)를 대신하여 GHQ의 외교담당부국으로 설치됐다. 재일각국대표 부사무소 및 사절단의 수용 창구였고 '대일이사회'(對日理事會) 대책을 강구했다. 말기에는 대일강화조약교섭의 GHQ 측 담당 부국으로서의 역 할을 담당했다. 독도문제로 잘 알려진 시볼트(William. J. Sebald)가 1847 년 8월에 국장으로 취임했다. 정치고문부에는 대적첩보부의 노먼(E. H. Norman)의 협력을 얻어 정치범 석방, 정당자유화의 추진에 활약한 에머 슨(J. K. Emerson), GHQ 농지개혁안을 기초한 피어리(R. A. Fearey) 등이 소속되어 있었다.

- 법무국 문서(Legal Section, LS)

: 법무국의 임무는 점령에 관한 법률문제나 전쟁범죄에 관한 정책이 나 절차에 관해 최고사령관에게 조언하고 전쟁범죄인의 수사·체포를 지휘하는 일이었다. 구체적으로는 극동국제군사재판에 대비하여 국제 검찰국(International Prosecution Section, IPS)과 함께 이른바 'A급 전범'과 'BC급 전범'에 관한 조사 및 자료수집, 군사점령재판소가 의거해야 할 법규 및 절차에 관한 제언을 담당했다.

다음은 위의 발생기관별 분류에 소개된 문서군들 가운데 특정 문서를 별개로 묶어서 NARA가 시판하고 있는 마이크로필름 자료들이다.

- 대일지령집(Supreme Commander for the Allied Powers Directives to the Japanese Government, SCAPINs)
- 일본점령의 비군사적 활동사(History of the Non-Military Activities of the Occupation of Japan, 1945-1951)
- 민간정보교육국 여론사회학적조사과의 공표보고서(Published Reports of

the Public Opinion and Sociological Research Division)

- 민간정보교육국 광보(Civil Information and Education Bulletins)
- 천연자원국 예비연구(GHQ/SCAP, Natural Resources Section Preliminary Studies 1 through 73)
- 천연자원국 보고(Natural Resources Section Reports 1 through 155)
- 일본의 천연자원에 관한 조사(Report on Japanese Natural Resources)

4. GHQ/SCAP 문서의 검색과 활용

9월 8일, 남한에 진주한 하지의 제24군은 지휘계통상 도쿄의 미 태평양 육군총사령부, 즉 맥아더 사령부 휘하에 소속되어 군사 및 미군정 업무에 관한 지시를 받았다. 뿐만 아니라 도쿄의 연합국총사령관 최고사령부(GHQ/SCAP) 막료부에는 일본 및 조선(남한)의 민정관련 업무에 관한 시책을 담당하는 전문부서가 설치되어 두 지역의 점령업무를 동시에 관할하고 있었다.

1945년 9월 15일, 미 태평양 육군총사령부(GHQ/USAFPAC)에서 일본 및 남한의 노동, 재정, 산업 등에 관해 연합국최고사령관(SCAP)에 조언하는 임무를 담당하는 부서로 출발한 후에 1945년 10월 2일, 연합국 최고사령부(GHQ/SCAP)가 설치되자 그대로 막료부의 부서를 겸하게 된 경제국(ESS), 남한의 군정 실시에 관한 시책을 담당한 민정국(民政局) '조선과'(朝鮮課), 민간통신국(CCS), 민간정보교육국(CIE), 민간사료국(CHS) 등이 그러한 부서들이다. 그러므로 이들 부서들의 활동에 관한 기록의 분석을 통해 한국의 미군정 점령통치에 관한 미국의 정책이 도쿄에 있는 GHQ 내의 조선정책 담당 부국을 통해 시달되고 대일정책과 연동하는 형태로 조정·실시되고 있음을 확인할 수 있을 것이다. 따라서 이들 GHQ 부국 (部局)들에 관한 문서는 GHQ와 미군정을 매개로 한 점령기 한일관계의 구조와 성격, 다이내미즘의 해명에 중요한 실마리를 제공할 것이다.

일본 국회도서관 헌정자료실에 소장되어 있는 한국관련, 또는 한일관계 문서는 일본국회도서관의 'NDL-OPAC 일본점령관계자료' 데이터베이스 검색시스템을 통해 관련 자료의 정보를 얻을 수 있다. 구체적으로 살펴보면 먼저 NDL-OPAC 일본점령관계자료 검색화면에서 주제어(keyword)를 입력하면 해당 문서의 건명이 일괄 표시된다. 가령 'korea'를 입력할 경우 3천여 건에 가까운 한국관련 문서의 건명(件名)을 볼 수 있다. 거기서 다시 개개의 건명을 클릭하면 파일 레벨에 해당하는 한국관련 문서의 서지정보를 확인할 수 있다. 서지정보에는 'GHQ/SCAP 자료분류표'에 따른 문서 제목(타이틀), 문서의 발생기관, 자료형태, 참조 타이틀 등이 표기되어 있다(아래의 표 참조). 이 서지정보를 참고하여 자료 수집 여부가 결정되면 인터넷상으로 직접 자료제공을 신청할 수 있다.

한일회담 핵심의제(agenda)와 관련된 점령기 한일관계의 쟁점들, 예컨대 재일조선인의 귀환(引揚)문제나 경제정책 및 배상문제, 문화재 관계, 독도문제, 샌프란시스코 강화조약 관계 등에 관해서도 위에서 설명한 것과 마찬가지 방법으로 발생기관별 또는 주제별 자료 목록을 작성하고 희망하는 원문 자료를 수집하는 것이 가능하다. 무엇보다 헌정자료실을 직접 방문하지 않고서도 목록의 열람을 통한 일차 조사와 자료 신청까지의 전 과정이 가능하다는 점에서 유용한 검색도구라 하겠다. 아래에서는 주제별 및 발생기관별로 각각 문서 검색의 실제를 살펴본다.

첫째, 아래의 표는 헌정도서실 일본점령관계자료 검색 화면에서 '한국'(Korea)'과 관련이 있는 '배상문제'(GHQ/SCAP자료 분류상의 숫자 230)를 주제로 하여 검색한 결과 추출된 문서파일 13건의 목록이다. 한 건의 천연자원국(Natural Resources Section, NRS) 파일을 제외한 나머지 모든 문서파일이 경제과학국(Economic and Scientific Section, ESS)에서 작성된 것이다. 배상문제가 주로 경제과학국 소관이었고 한국관련 사항에 대해서도 마찬가지임을 알 수 있다.

〈검색 예: korea+230(배상)〉

	No.	タイトル ⬆️⬇️	資料作成年月	レベル	請求記号	所蔵·申込み
☐	1	Pauley: Mission - Korea and Man churia	?/?-?/?.	文書名:GHQ/SCAP Records, Natural Resources Section = 連合国最高司令官総司令部天然資源局文書	NRS 1387 6	全館の所蔵 東京:憲政資料室(1/ 0)
☑	2	602 A: Disposition of Property (General, Korea, Germany & Japan) Vol. 1	1945/09-1946/07.	文書名:GHQ/SCAP Records, Economic and Scientific Section = 連合国最高司令官総司令部経済科学局文書	ESS(A) 00 107-00110	全館の所蔵 東京:憲政資料室(1/ 0)
☐	3	091 A: Countries Other Than Japan, Korea, and Germany	1947/01-1947/12.	文書名:GHQ/SCAP Records, Economic and Scientific Section = 連合国最高司令官総司令部経済科学局文書	ESS(C) 00 180-00181	全館の所蔵 東京:憲政資料室(1/ 0)
☐	4	0612.1: P.H. Johnston Report - Secretary of the Army's Committee to Inquire into Economic Problems of Japan and Korea. Report on the Economic Position and Prospects of Japan and Korea. Measures Required to Improve Them	1948/04-1948/04.	文書名:GHQ/SCAP Records, Economic and Scientific Section = 連合国最高司令官総司令部経済科学局文書	ESS(E) 03 956	全館の所蔵 東京:憲政資料室(1/ 0)
☐	5	312: Johnston Report - Economic Position Prospects of Japan & Korea	1948/04-1948/04.	文書名:GHQ/SCAP Records, Economic and Scientific Section = 連合国最高司令官総司令部経済科学局文書		
☐	6	Johnston Report	1948/04-1948/05.	文書名:GHQ/SCAP Records, Economic and Scientific Section = 連合国最高司令官総司令部経済科学局文書	ESS(C) 00 115	全館の所蔵 東京:憲政資料室(1/ 0)
☐	7	Report on the Economic Position and Prospects of Japan and Korea/Measures Required to Improve Them	1948/04-1948/04.	文書名:GHQ/SCAP Records, Economic and Scientific Section = 連合国最高司令官総司令部経済科学局文書		
☐	8	Report on the Economic Position and Prospects of Japan and Korea/Measures Required to Improve Them	1948/04-1948/04.	文書名:GHQ/SCAP Records, Economic and Scientific Section = 連合国最高司令官総司令部経済科学局文書	ESS(J) 00 063	全館の所蔵 東京:憲政資料室(1/ 0)
☐	9	Report on the Economic Position and Prospects of Japan and Korea/Measures Required to Improve Them	1948/04-1948/04.	文書名:GHQ/SCAP Records, Economic and Scientific Section = 連合国最高司令官総司令部経済科学局文書	ESS(F) 06 316	全館の所蔵 東京:憲政資料室(1/ 0)
☐	10	Report on the Economic Position and Prospects of Japan and Korea, Measures Required to Improve Them	1948/04-1948/04.	文書名:GHQ/SCAP Records, Economic and Scientific Section = 連合国最高司令官総司令部経済科学局文書		

☐	11	Report on the Economic Position and Prospects of Japan and Kore a and Measures Required to Imp rove Them, Apr. 26, 1948	1948/04-1948/04.	文書名:GHQ/SCAP Rec ords, Economic and Sci entific Section = 連合 国最高司令官総司令部 経済科学局文書	
☐	12	Report on the Economic Position and Prospects of Japan and Kore a Measures Required to Improve Them	1948/04-1948/04.	文書名:GHQ/SCAP Rec ords, Economic and Sci entific Section = 連合 国最高司令官総司令部 経済科学局文書	
☐	13	Report on the Economic Position s and Prospects of Japan and Ko rea, Measures Required to Impro ve Them	1948/04-1948/04.	文書名:GHQ/SCAP Rec ords, Economic and Sci entific Section = 連合 国最高司令官総司令部 経済科学局文書	

아래의 표는 위의 13건의 파일목록 중에서 두 번째 문서, "602 A: Disposition of Property(General, Korea, Germany & Japan) Vol 1"을 클릭한 상세서지정보이다. 타이틀(제목)로 보아 '일본의 해외 재산 처분'에 관한 내용으로 총사령부(SCAP) 내부의 각서 형태로 작성된 문서이다. 자료수집 여부를 판단할 수 있는 최소한의 적절한 내용을 포함하는 정보라 할 수 있다.

〈상세 서지정보의 예: 한국-배상 관련 GHQ/SCAP 내부각서〉

※일본 국회도서관 장서검색시스템(NDL-OPAC)에서 검색(2016.1.28)

아래의 두 번째 사례는 SWNCC(국무·육군·해군 삼부조정위원회)에서 검토된 한국관련 문서를 검색해 본 것이다. 검색 결과 탑시크릿(Top Secret) 문서로 분류된 파일이 5개, 민간재산관리국(Civil Property Custodian) 문서로 분류된 파일이 2개인 것으로 확인된다.

	No.	タイトル ⊞ ⊟	資料作成年月	レベル	請求記号	所蔵・申込み
☐	1	SWNCC 79/1: Structure and Composition of Civil Affairs Administration in Korea	1945/09-1945/09.	文書名:GHQ/SCAP Records, Top Secret Records of Various Sections. Administrative Division = 連合国最高司令官総司令部最高機密ファイル(各部局)	TS 00349	全館の所蔵 東京:憲政資料室(1/ 0)
☐	2	SWNCC 101/4: A Temporary International Authority in Korea	1945/10-1945/10.	文書名:GHQ/SCAP Records, Top Secret Records of Various Sections. Administrative Division = 連合国最高司令官総司令部最高機密ファイル(各部局)	TS 00349	全館の所蔵 東京:憲政資料室(1/ 0)
☑	3	SWNCC 176/8 (File #2)	1945/10-1946/05.	文書名:GHQ/SCAP Records, Top Secret Records of Various Sections. Administrative Division = 連合国最高司令官総司令部最高機密ファイル(各部局)	TS 00142-00144	全館の所蔵 東京:憲政資料室(1/ 0)
☐	4	SWNCC 176/20: Guidance for Initial Meetings of Joint Commission	1946/02-1946/03.	文書名:GHQ/SCAP Records, Top Secret Records of Various Sections. Administrative Division = 連合国最高司令官総司令部最高機密ファイル(各部局)	TS 00123	全館の所蔵 東京:憲政資料室(1/ 0)
☐	5	SWNCC 176/21: Guidance for Initial Meetings of Joint Commission	1946/02-1946/02.	文書名:GHQ/SCAP Records, Top Secret Records of Various Sections. Administrative Division = 連合国最高司令官総司令部最高機密ファイル(各部局)	TS 00123	全館の所蔵 東京:憲政資料室(1/ 0)
☐	6	SWNCC 265 - Disposal of Japanese Property in Korea	1946/02-1946/03.	文書名:GHQ/SCAP Records, Office of Civil Property Custodian = 連合国最高司令官総司令部民間財産管理局文書	CPC 0552 3-05524	全館の所蔵 東京:憲政資料室(1/ 0)
☐	7	SWNCC 265/1 - Disposal of Japanese Property in Japan	1947/01-1947/03.	文書名:GHQ/SCAP Records, Office of Civil Property Custodian = 連合国最高司令官総司令部民間財産管理局文書	CPC 0552 4	全館の所蔵 東京:憲政資料室(1/ 0)

위의 전체 7개의 문서 가운데서 클릭한 세 번째 문서(SWNCC 176/8 File#2)의 상세 서지정보가 아래의 표이다.

```
所蔵確認／各種申込み ▣   全ての資料を表示する
  -所蔵場所ごと  東京: 憲政資料室 ℹ

       請求記号  TS 00142-00144
      資料種別  文書類 [マイクロ資料]
       タイトル  SWNCC 176/8 (File #2)
     記述レベル  File.
   資料作成年月  1945/10-1946/05.
     参照タイトル  Basic Initial Directive for Civil Affairs in Korea
         レベル  文書名 GHQ/SCAP Records, Top Secret Records of Various Sections, Administrative Division = 連合国最高司令官
              総司令部最高機密ファイル(各部局).
              課係名等 [Economic and Scientific Section] ; [Administrative Division]
              シリーズ名 Economic-Scientific Division, Subject Correspondence, 1945-50
              ボックス番号 ESD-1 ; フォルダ番号 3
      資料類型  Memoranda within SCAP.
              Letters (Incl. Check-Sheets)
              SCAP内部の覚書.
              書簡 (含: 内部連絡票)
         注記  原所蔵機関: 米国国立公文書館 (RG331)
              コレクションタイトル: 日本占領関係資料.
              コレクションタイトル: General Headquarters/Supreme Commander for Allied Powers.
  GHQ/SCAP分類  020
              020.2
              111
         形態  マイクロフィッシュ ;
       書誌ID  000006845719
```

서지정보에 나타나 있는 바와 같이, 이 자료는 원래 경제과학국에서 작성된 문서로(series 명칭: Economic-Scientific Division, Subject Corrispondence 1945-50/Box No. ESD-1, Folder No. 3), GHQ 산하의 각 부국 문서들 가운데 최고기밀파일들을 모은 탑시크릿(Top Secret) 문서로 분류되었고 SWNCC(국무·육군·해군 삼부조정위원회)로 보내져서 검토된 것이다. 이 문서의 구체적 내용은 아래 서지정보의 '참조 타이틀(제목)' 항목의 "한국 민정에 관한 기본 지령"(Basic Initial Directive for Civil Affairs in Korea, 1945.10.13.)에서 짐작되는 바와 같이 전후 초기 한국의 점령정책 일반에 관한 것이다. 서지정보상의 ESD는 경제과학국(ESS) 자료를 보관하고 있는 Box의 하나이고 그 중 Folder 3과 6에 전후 초기 한국의 점령정책 일반에 관한 자료가 보관되어 있다. 참고로 Box ESD-1의 Folder 7~10은 "Radiograms Miscellaneous" 라는 타이틀이 붙여져 있고 1945년 9월부터 1952년 2월 사이의 잡다한 전문(Outgoing Radio, Incoming Radio)들로 구성되어 있다. 이 중 한국 관련 사항으로는 배상문제, 한국의 행정, 한국의 경제부흥, 맥아더 라인, 한국전쟁 중의 어선의 관리 문제 등이 포함되어 있다. 또 Box 2의 Folder 4에는 앞의 "한국의 민정에 관한 기본적 지령"(SWNCC 176/8 File#2)을 보충하는 "한국의 수출입 수속에 관한 지령"(1946.3.28.)이 들어있다.[7]

이처럼 경제과학국(ESS) 문서 가운데 한국관련 자료가 포함되어 있는 것은 GHQ 산하의 경제과학국이 1945년 10월부터 1948년 3월까지 '일본 및 한국에서 수행해야 할 경제, 산업, 재정 및 과학정책에 관해 최고사령관에게 조언'해야 할 임무를 겸하고 있었다는 사실에 기인하는 것이다.[8]

5. 맺음말

이상에서 '점령기 또는 미군정기 한일관계' 연구의 기초자료로서, 일본 국회도서관 헌정자료실에 소장되어 있는 '연합국총사령관최고사령부(GHQ/SCAP) 문서'를 중심으로 한 '일본점령관계자료'의 현황과 검색방법 등을 알아보았다.

일본 국회 헌정자료실의 자료는 어디까지나 일본점령관계 연구를 위한 목적의 컬렉션이기 때문에 기본적으로 미군정기의 한국이나 한일관계, 한미일 관계 연구를 위해서는 양적으로나 내용면으로나 충분하지

---

7) 浅井良夫, "解說", 浅井良夫 編集, 『GHQ トップ・シークレット文書集成=GHQ/SCAP top secret records 第3期』, 柏書房, 1997, 8쪽.
8) 浅井良夫, 1997, 5쪽.

못하다는 한계를 지닐 수밖에 없다. 그럼에도 불구하고 일본 국회도서관 헌정자료실의 GHQ 자료는 국립공문서관(NARA)에 소장되어 있는 RG 331문서 특히 GHQ/SCAP 문서를 거의 모두 수집해 놓았을 뿐 아니라 한걸음 더 나아가 이들 문서를 체계적으로 분류·정리하고 이를 데이터베이스(DB)화하여 인터넷 검색시스템(NDL-OPAC)을 통하여 발생기관별·주제별 검색을 가능하게 함으로써 자료의 접근성과 활용도를 높였다는 데에 장점이 있다. 또한 앞에서 살펴보았듯이 일본과 한국에 대한 임무를 겸하고 있던 경제국(ESS), 민정국(GS) '조선과', 민간통신국(CCS), 민간정보교육국(CIE), 민간사료국(CHS) 등의 GHQ 문서는 점령당국에 의해 미국의 대일·대한정책이 서로 연동하고 조정되는 메카니즘을 구체적으로 보여줌으로써 점령기 혹은 미군정기 연구가 '일국(一國)적' 관점에서의 전후 일본·한국 국가형성의 기원에 관한 연구에 국한되지 않고, 전후 한일관계의 원형으로서의 '점령기' 연구로 확장될 수 있는 의의를 지닌 것임을 알게 한다.

여기에 자료 활용의 방법적 고민이 더해질 때 공개된 지 이미 수십년이 지난 이 방대한 자료는 우리의 관심과 필요에 따라 요컨대 배상 및 청구권, 어업문제, 독도 및 영토문제, 재일한국인문제 등 한일회담의 핵심쟁점의 전사(前史)로서, 점령기 한일관계 연구의 기초자료로서 그 가치를 극대화하게 될 것이다.

참고문헌

다케마에 에이지(竹前栄治), 「점령연구40년」, 『現代法學』 제8호, 2005.
다케마에 에이지 지음, 송병권 옮김, 『GHQ』, 평사리, 2011.

浅井良夫, 「解說」, 浅井良夫 編, 『GHQトップ・シークレット文書集成=GHQ/
    SCAP top secret records 第3期』, 柏書房, 1997.
荒敬, 「『GHQ日本占領史』底本概説」, 竹前栄治・今泉真理 訳, 『GHQ日本占領
    史: 第1卷 GHQ日本占領史序説』, 日本図書センター, 1996.
大蔵省, 『昭和財政史-終戦から講和まで』全20卷, 東洋經濟新報社, 1974~1988.
竹前栄治, 「総合解説:占領とGHQ」, 竹前栄治・今泉真理 訳, 『GHQ日本占領史
    第1卷 GHQ日本占領史序説』, 日本図書センター, 1996.
日本学術振興会 編, 『日本占領文献目録』, 1972.

Robert Ward (ed.), *Allied Occupation of Japan- Annotated Bibliography of
    Western Language*. American Library Association, 1974.

| 3장 |

미국의 대일점령정책과
재일한인의 경제적 권리

김태기

김태기 金太基

서울대학교 일본연구소 연구교수
국제관계, 일본정치외교, 재일한인문제 전공
주요저작으로『戦後日本政治と在日朝鮮人問題』(1997)

1. 머리말

미국의 대일점령정책과 재일한인과의 관계는 역사적, 정치적, 사회적, 경제적, 법적인 관점 등 다양한 관점에서의 접근이 가능하다. 우선 역사적인 관점에서의 접근이라고 한다면 식민지국민이었던 재일한인에 대한 탈식지화 과정을 주요 연구과제로 생각할 수 있다. 정치적인 관점에서의 접근이라고 한다면 동북아 국제관계와 미국의 동아시아정책이 재일한인 및 단체에 미친 영향, 특히 미 점령군의 재일한인에 대한 반공정책 등이 중요한 연구 과제가 될 것이다. 셋째, 사회적인 관점에서의 접근이라고 한다면 재일한인이라는 소수민족에 대한 미 점령군의 인식과 정책, 특히 교육문제나 언론에 대한 통제 등이 중심적인 테마가 될 수 있다. 그리고 법적인 관점에서의 접근이라고 한다면 재일한인의 국적, 법적 지위에 대한 미 점령군의 정책 문제가 중심이 될 것이다. 마지막으로 경제적인 관점에서의 접근이라고 한다면 일본 점령기 재일한인의 경제생활(직업, 수입 등)에 대한 인식과 재산세 결정 등 경제적 이슈에 대한 정책을 중요한 연구테마로 생각할 수 있다.

이 연구는 SCAP(General Headquarters of the Supreme Commander for the Allied Powers, 연합국군최고사령관총사령부)의 재일한인의 경제적 권리에 대한 정책에 초점을 맞추고자 한다. 이 문제를 다루고자 하는 이유는 재일한인의 법적 지위문제 등과 같이 해방 후 재일한인 경제생활의 시발점이 일본점령기였기 때문이며, 당시의 경제생활이 이후의 경제생활의 연장선상에 있기 때문이다. 그리고 경제적 관점에서 SCAP과 재일한인의 관계를 다룬 연구가 많이 부족하기 때문이다.

---

* 이 연구는『한일민족문화학회』2013년 제23호에 게재된 논문을 단행본 체제에 따라 재구성한 것임.

일본 점령기 동안 재일한인의 생계는 많은 어려움이 있었고, 미군에 의한 점령통치가 끝난 이후에도 여전히 생계유지가 어려웠다. 결국 일본에서 안정적인 생계 수단을 찾지 못한 재일한인들은 1950년대 말부터 새로운 삶의 희망을 찾기 위해 자신들의 고향이 아닌 북한으로 건너갔다. 10만 명에 이르는 재일한인들은 희망을 안고 북한으로 건너갔는데, 북한에서의 그들의 삶은 이미 알려진 바와 같이 비참했다.

재일한인들이 자발적으로 북한으로 건너갔다고 하여, 그들의 비참한 현실을 그들의 책임으로만 돌릴 수 없다. 조선총련(재일본조선인총연합회)의 관계자이거나 열렬한 북한 지지자가 아닌 보통의 재일한인들이 북한으로 건너간 것은 조국 발전의 일익을 담당한다는 의식도 물론 가지고 있었겠지만, 근본적인 원인은 일본에서의 생활고 때문이었다. 1950년의 한국전쟁으로 1차 경제 특수를 맞은 일본경제는 이후 급격히 좋아지기 시작하였다. 하지만 재일한인들의 생활은 좋아지지 않았고, 일본사회의 재일한인에 대한 차별은 변함이 없었다. 많은 재일한인들은 일본이라는 현실 속에서 내일의 비전을 찾을 수 없었고, 결국 유일한 탈출구인 북한으로 건너간 것이다.[1] 〈표 1〉을 보면 당시 북한으로 귀환한 대부분의 재일한인들이 일용직의 단순노동 등 변변치 못한 직업이거나 무직인 것을 확인할 수 있다.

〈표 1〉 북한에 귀환한 조선인(남자)의 직업

(1963년 말 현재)

토목, 인부, 일용직 등	4,149	유희장, 음식점 등	259
직공	1,716	농림, 수산업 등	572
운전수	763	학생	197
회사원, 점원 등	684	기타	1,001
행상인, 넝마장수	289	무직(무기입 포함)	7,805
상공업	1,125	합계	19,344
고물상, 폐품업자	784		

法務省入国監理局, 『出入国管理とその實態』, 1964, 55쪽에서 재구성.

---

1) 金賛汀, 『朝鮮総連』, 新潮社, 2004, 73~87쪽.

재일한인의 생활고와 북한으로의 귀환 혹은 북송의 책임을 미군에 의한 일본점령기에서, 특히 미 점령군의 재일한인에 대한 정책에 모두 돌리자는 것이 아니다. 해방된 재일한인의 처우에 대한 1차적인 책임은 당연히 일본정부에 있고, 재일한인의 북한으로의 귀환 문제도 당연히 일본정부의 무책임한 정책에서부터 그 원인을 찾아야 한다. 하지만, 일본 패전 이후 혼란된 경제상황 속에서 해방된 재일한인에 대하여 절대권력을 가진 미 점령군이 어떠한 정책을 시행했느냐에 따라, 재일한인의 경제생활은 크게 좌우될 수 있었다.

이상과 같은 문제의식을 가지고, 이 논문에서는 미국정부의 해방된 재일한인의 경제생활 특히 경제적 권리에 대한 기본적인 인식과 정책을 알아보고, 점령과정에서 SCAP이 재일한인의 경제적 권리와 관련된 여러 정책들을 어떠한 입장에서 어떠한 과정을 거쳐 결정하였는지에 대하여 살펴보고자 한다.

여기서 말하는 경제적 권리는 간단히 말해 생존권과 생활권으로 구분할 수 있을 것이다. 생존권이라는 것은 그야말로 생존을 위한 기본적인 권리이고 생활권은 사회적, 문화적 그리고 경제적으로 일정한 생활을 할 수 있는 권리를 의미한다.

이 논문에서는 재일한인의 생존권과 생활권과 관련된 모든 경제적인 권리에 대한 SCAP의 정책을 다룰 수 없다. 특히 생활권의 경우 경제적인 권리만이 아니라 교육에 대한 권리, 차별 문제 등 다양한 포괄적인 의미를 함축하고 있기 때문에, 이 연구에서는 특별히 당시 사회적으로 이슈화 되었던 주제에 초점을 맞추고자 한다. 따라서 생존권과 관련해서는 귀환 시의 지참금, 고용, 특별배급 그리고 생활보호 문제를 다루고 생활권과 관련해서는 재산세 문제에 초점을 맞추어 다루고자 한다.

재일한인의 경제적 권리문제는 미군에 의한 일본점령기에 국한되는 것이 아니고, 조선의 일본식민지기 시기에도 사회적으로 중요한 이슈였다. 임금차별, 노동조건, 주거 임대, 의료, 실업, 빈곤, 도항 제한 등 다양한 문제가 발생하고 있었다. 재일한인들은 자신들의 경제적 권리를 획득하기 위해 일본정부와 관련 기업에 처우 개선을 요구하거나 항의하고, 또한 정치적인 노동조직을 결성하는 등 '생활권투쟁'을 전개하였다.[2]

재일한인의 노동 운동 전개와 일본정부의 탄압 정책에 대해서는 박경식(朴慶植), 이와무라 토시오(岩村登志夫) 그리고 호리우치 미노루(堀内稔)의 연구를 비롯해 최근의 도노무라 마사루(外村大) 연구 등에 의해 비교적 많이 알려졌기 때문에 선행연구에 대한 설명은 생략한다. 하지만 일본정부의 재일한인에 대한 생활보호 정책 등, 경제사적인 입장에서의 실증적인 연구는 여전히 부족한데, 허광무의『일본제국주의 구빈정책사 연구-조선인 보호 · 구제를 중심으로-』는 재일한인 빈곤자에 대한 일본정부의 구빈제도에 초점을 맞추어 재일한인에 대한 차별적인 보호정책을 밝혀낸 실증적인 연구이다.[3] 관련 선행연구에 대한 소개도 있으니 참조 바란다.

한편 일본점령기의 재일한인의 경제적 권리와 관련해 미 점령군과 일본정부의 정책에 대한 체계적인 연구는 지극히 부족한 상황이다. 오가와 마사아키(小川政亮)나 요시오카 마스오(吉岡益雄)의 연구 등은 일본 패전 후 생활보호법을 중심으로 일본정부의 재일한인 생활보호정책에 대해서 소개하고 있다.[4]

---

2) 外村大, 『在日朝鮮人社会の歴史学的研究—形成 · 構造 · 変容』, 緑蔭書房, 2004, 224~ 244 · 273~285쪽.

3) 허광무, 『일본제국주의 구빈정책사 연구-조선인 보호 · 구제를 중심으로-』, 선인, 2011.

4) 小川政亮, 『家族 · 国籍 · 社會保障』, 勁草書房, 1964; 吉岡益雄 編著, 『在日朝鮮人の生活と人権』, 社会評論社, 1980.

그리고 재일한인 민족단체의 활동과 생활보호법과 관련해서는 김경해·호리우치 미노루(金慶海·堀內捻), 히구치 유이치(樋口雄一), 허광무 등의 선행연구를 볼 수 있다.[5] 또한 허광무는 생활보호법의 형성과정과 민생위원제도의 성립과정을 재일한인문제에 초점을 맞추어 고찰하였다.[6]

나아가 오규상(吳圭祥)은 1949년 2월 발표된 「외국인의 재산취득에 관한 정령」(이하 취득령) 안(案)을 둘러싼 조련의 활동을 소개하고 있다.[7] 즉 이 취득령은 외국인이 금융자산, 부동산 및 동산, 임차권 등의 재산을 취득할 경우에는 일본 외자위원회의 허가를 받아야 한다고 규정하고 있는데, 이 외국인의 범주에 재일한인도 포함된다는 것이다. 애당초 이 취득령은 미국정부와 일본정부의 재일한인단체 등에 대한 경제적 탄압이 목적이었으며, 이에 대하여 조련이 조직적으로 대항하였고, 그 결과 3월 15일 공포(시행)된 취득령에 재일한인(1945년 9월 2일에 일본국적을 갖고 있고, 이후에도 계속하여 이 정령의 시행지역에 거주하는 자)들은 이 외국인의 범주에서 제외되었다는 내용이다.[8]

즉 지금까지 생활보호법과 재산 취득령 등과 관련된 선행연구는 있으나, 재일한인의 경제적 권리와 관련해서 미국정부와 SCAP의 정책에 대하여 체계적인 접근을 시도한 연구는 아직 보이지 않는다. 이러한 의미에서 이 연구는 선행연구로서의 의미가 크다고 생각한다.

---

5) 金慶海·堀內捻 編著, 『在日朝鮮人·生活養護の闘い』, 神戶学生青年センター出版部, 1991; 樋口雄一, 「在日朝鮮人生活保護打切り政策について」, 『在日朝鮮人史研究』第11号, 1983; 허광무, 「패전 직후 민족단체의 생존권옹호투쟁과 재일조선인」, 김광열·박진우·윤명숙·임성모·허광무, 『패전 전후 일본의 마이너리티와 냉전』, 제이앤씨, 2006.

6) 허광무, 「일본공적부조체제의 재편과 재일조선인」, 김광열·박진우·윤명숙·임성모·허광무, 2006.

7) 吳圭祥, 『在日朝鮮人企業活動形成史』, 雄山閣, 1992.

8) 위의 책, 57~64쪽.

이 연구에서 다루는 재일한인의 경제적 권리와 관련된 여러 가지 이슈에 대한 사실 관계는 본인의 선행연구를 참조하였다.[9] 이 저서가 재일한인의 법적지위가 해방민족이냐 아니면 적국민(일본국민)이냐를 둘러싼 재일한인의 다양한 문제를 다루었다고 한다면, 이 연구는 새로운 사실의 발견보다는 재일한인의 경제적 권리라는 새로운 관점에서 과거의 사실을 다시 구성하고 새로운 해석을 부여하는데 그 의의를 두고 있다.

2. 재일한인 보호 및 생활에 대한 미국정부의 정책

1) 「재일난민」(SWNCC 205/1)

미국정부의 재일한인에 대한 기본적인 점령정책은 다른 정책과 마찬가지로 '국무·육군·해군 3부 조정 위원회'(State-War-Navy Coordinating Committee, SWNCC)와 통합참모본부(Joint Chief of Staff, JCS)의 협의하에 결정되었다.

재일한인에 대한 정책의 경우 SWNCC가 전체적인 틀을 작성하고, JCS가 자신들의 의견을 반영시키는 형태로 진행되었다. SWNCC의 경우는 당연히 그 하부기관인 '국무·육군·해군 3부 조정 극동소위원회'(State-War-Navy Coordinating Subcommittee for the Far East, SFE)가 정책안을 만들었으며, 재일외국인문제의 정책 초안을 담당한 것은 국무부 전쟁난민국 소속의 케어리(Jane C. Carey)였다.

케어리의 재일한인에 대한 기본적인 생각은 재일한인의 대부분은 노

---

9) 金太基, 『戦後日本政治と在日朝鮮人問題』, 勁草書房, 1997.

동자이며 이들은 일본 경제에 부담이 되고, 사회 불안의 요소이므로 그들의 의사에 관계없이 가능한 한 빨리 귀환시켜야 한다는 것이었다. 일본에 장기간 거주한 재일한인도 일본 경제에 도움이 되지 않으니, 일본 국적을 선택한 사람에게만 일본 잔류를 허락해야 된다고 생각하고 있었다.

SFE의 정책안은 결국 일본의 식민지국민이었던 재일한인이라는 존재에 대한 특별한 배려와 보호보다도 일본경제를 우선하는 입장에 서서, 일본을 점령한 미군은 재일한인을 본인의 의사와 관계없이 귀환시키고, 귀환하는 동안 임시방편적인 보호정책을 강구한다는 정책안이 구상되고 있었다. 상부기관인 SWNCC의 정책안은 SFE의 정책안이 그대로 반영되었다.

한편 대일점령정책의 기본 방향을 제시한 「초기의 기본 지령」(일본 점령 및 관리를 위한 연합국총사령관에 대한 항복 후의 초기의 기본 지령, 1945년 11월 1일)은 재일점령과 관련된 모든 정책을 포괄적으로 다루고 있는데, 국무부의 유연한 대일점령정책 입안에 맞서서 이 정책 입안을 주도한 것은 통합참모본부였다. 그리고 통합참모본부는 재일한인과 대만계 중국인 등 재일외국인의 귀환과 관련해 귀환에 대한 당사자들의 의사를 전제로 하는 정책안을 입안하였다. 결국 「초기의 기본 지령」은 재일외국인의 귀환과 관련해 당사자의 의사를 우선해야 한다고 명시하였고, 이것이 재일한인을 비롯한 재일외국인 관련 SWNCC의 정책안에도 반영되었다. 또한 당시 SFE 의장(John C. Vincent, 국무부 아시국장)도 귀환과 관련해 본인들의 의사를 중시하도록 SFE 회의석상에서 제안하였다.

이렇게 해서 재일외국인에 대한 미국정부의 기본정책인 「재일난민」(SWNCC 205/1, 1945년 11월 15일)이 만들어 졌다. 그 내용은 크게 3가지로 구성되어 있다. 첫째, 법적 지위와 관련해 대만계 중국인과 한인은 해방민족으로 취급하나, 필요한 경우에 따라서는 적국민으로 취급하고, 둘째, '본인이 원한다면' 귀환을 시키고, 세 번째, "대만계 중국인과 한인을 적의를 가지고 있는 일본인으로부터 보호해야 한다. 최고사령관은 일본의 행정기관이 대만계 중국인과 한인이 귀환할 때까지 실제로 그들의 보호, 안전 그리고 복지를 위해 적절한 조치를 취하도록 해야 한다"고 하는 것이었다.[10]

세 번째 내용에서 귀환을 거부하고 일본 잔류를 결정한 재일한인들의 처우에 대한 언급이 없는 것은 케어리의 초안을 중심으로 작성된 SWNCC의 정책안은 오로지 재일한인의 귀환을 정책 목표로 삼았기 때문이다. 즉 SWNCC는 재일한인의 귀환을 전제로 해서 세 번째 내용을 만들었는데, '초기의 기본 지령'은 귀환에 있어 재일한인 및 대만계 중국인의 개인 의사를 존중하도록 두 번째 내용을 수정하였으나, 세 번째 내용까지는 수정하지 않은 것 같다.[11]

일본에 잔류하는 재일한인에 대한 구체적인 언급이 없었다는 것은 정책으로서는 큰 결함이었다. 그러한 결함이 있었다고 하여도, SCAP에게 있어 이 지령은 재일한인의 귀환 희망 여부에 관계없이 재일한인을 일본사회에서 보호하고 복지 등 지원책을 강구해야 한다는 의미를 함축하고 있었다고 볼 수 있다. 귀환을 희망하는 재일한인과 그렇지 않은 재일한인을 구별해서 처우하는 것은 형평성에 어긋나기 때문이다.[12]

---

10) SWNCC는 SWNCC 205/1을 승인하였고 통합참모본부는 12월 8일, 이 SWNCC 205/1의 '결론' 부분을 통합참모본부의 지령(JCS 1550, 1945년 12월 7일)으로 맥아더 사령관에게 하달하였다. 김태기, 「미국무성의 대일점령정책안과 재일조선인 정책」, 『한국동북아논총』 33집, 2004 참조.

11) 재일외국인과 관련된 「재일난민」이라는 정책안이 일본 패전 후 3개월이나 지난 1945년 11월 15일에 완성되었다는 것을 보아도, 당시 미국정부는 정책입안에 정신이 없었다는 것을 짐작할 수 있다.

12) 이미 알려진 바와 같이, 1946년 SCAP은 재일한인의 귀환을 촉진시키기 위해

2) 「민정가이드: 재일외국인」

「재일난민」(SWNCC 205/1)은 미국정부의 재일외국인에 대한 기본정
책이지만, 「민정가이드: 재일외국인」(Civil Affairs Guide: Aliens in Japan,
1945년 6월 29일)은 일본을 점령한 미군이 점령통치를 하는데 활용하도
록 만들어진 참고서이다. 이 책자는 점령군의 모든 부국에 배치되어 있
었다. 이를 만든 것은 미육군부 전략국(Office of Strategic Services) 조사
분석과(Research and Analysis Branch)였다.

이 책자의 내용은 지령이 아니고 '가이드'이였기 때문에, 그리고 이 책자
는 직접 점령을 전제로 작성되었기 때문에, 간접점령의 대일점령군에게 미
친 영향이 컸다고 볼 수 없으나 결코 무시할 수도 없는 존재였다. 왜냐하면
재일한인에 대해 전혀 모르는 그들에게는 중요한 참고서였기 때문이다.

이 가이드는 '경제적 지위'와 관련해, 일본의 식민통치기에 단순 노동
자인 재일한인의 혹독한 노동조건과 저임금을 지적하고, 1940년대 초부
터 일본정부에 의한 노무관리가 강화되고, 노동력 확보를 위해 강제연
행(징용과 징병)이 이루어지고, 융화정책이 실시되었다고 서술하고 있
다. 그리고 재일한인은 수입의 상당 부분을 고향으로 송금하고 있으며,
재일한인의 비참한 경제생활의 한 요인으로 일본의 비싼 집세를 들었
다. 이와 같은 조사를 기초로 하여 일본 패전 후 재일외국인과 관련된
포괄적인 행동 지침으로는 다음과 같이 기술하였다.

(1) 일본인에 의한 폭력 혹은 사회적, 경제적 차별로부터 외국인을
　　보호할 것

서, 귀환을 희망하는 재일한인에 대하여 일본 사법부의 판결에 대해 재심을
청구할 수 있는 기회를 주었다. 사실 이것은 형평성에 어긋난 결정이었다.

(2) 전범용의자 및 추축국 협력자의 색출 및 구속
(3) 당사자가 희망하고 본국 정부가 승낙한 경우, 신속히 이들을 귀
환시키고 그리고 특별한 경우를 제외하고는 잔류를 희망하는
자에게는 이를 허락할 것
(4) 일본 잔류의 외국인에 대하여 고용과 원조를 제공할 것

그리고 재일한인에 대해서는 연합국민 이외의 외국인에 대해서 기술
하고 있는 'C 특수한 외국인'에서 언급하고 있는데, 이를 정리하면 다음
과 같다.

첫째, 일본인의 폭행으로부터 재일한인을 보호할 것, 둘째, "재일아시
아인에 대한 빈곤대책으로서의 고용과 구제도보다 중요한 과제가 될 것
이다. 만약 송환이 늦어지거나 긴급히 구제할 필요가 있다면 몇 개 지정
지역, 예를 들어 연합국군에게 석탄 생산의 필요가 있다면 탄광지역을
그리고 도로건설과 철도공사와 같은 노동력으로서 한인을 사용할 수 있
는 지역에 한인을 모아두는 것이 가장 바람직할 것이다. 정부는 군사적
인 목적으로 노동력을 필요로 할 것이므로 일하기를 원하는 한인 노동
자를 일본인에 우선하여 고용하는 것이 바람직하다." 셋째, "많은 사람
들이 조선으로 귀환하는 것을 원하지 않거나 그것이 불가능할 것이므
로", "한인과 그 외의 외국인에 대한 사회적, 경제적 그리고 정치적인 차
별을 없애도록 노력한다."

「민정가이드: 재일외국인」은 일본경제를 중시하는 관점에서 재일한인
정책을 제시한 「재일난민」과는 달리 보다 객관적인 입장에서 재일한인
정책을 망라하고 있었다. 「민정가이드: 재일외국인」은 재일한인의 일본
잔류 가능성이 높다고 보고, 재일한인에 대한 우선 고용의 기회를 부여
하고, 사회적, 경제적 그리고 경제적으로 차별 당하지 않도록 조치하라
는 등, 해방된 재일한인의 경제생활에 중요한 내용을 담고 있었다.[13]

하지만 이 책자는 미국정부의 공식적인 방침이 아니고 단순한 참고서
였다는 한계를 가지고 있었고, 그 한계는 재일한인에게 불행한 현실이
었다.

3. SCAP과 재일한인의 경제적 권리

1) 재일한인의 귀환과 지참금 제한

일본의 식민지배에서 풀려난 재일한인은 해방된 조국으로의 귀환을
대부분 희망하였다. 그리고 재일한인 중에서 생활 기반이 일본에 있던
사람들은 당연히 자신들의 재산을 가지고 귀환하지 않으면 안 되었다.
오랫동안 조국을 떠나 일본에서 자리를 잡은 그들에게 일본의 재산은
유일한 생계 수단이었다. 식민통치를 받으면서 힘들게 모은 재산을 가
지고 귀환할 권리가 재일한인에게는 분명히 있었다. 귀환하는 재일한인
을 통해 일본으로부터 유출되는 지참금이 일본 경제에 엄청난 타격을
주는 것이 아니었다면, 재일한인이 정당하게 축적한 재산에 대해서는
그 지참을 허용해야했다.

일본경제를 담당하고 있던 SCAP의 ESS(Division of Economic and Scientific
Section, 경제과학국) 재정과(Finance Division)는 점령 직후 대일점령통치
의 일환으로서, 일본의 무역, 외국환 및 금융거래를 통제하기 위해 9월
22자 지령으로 "금, 은, 증권 및 금융상의 제증서의 수출입통제"를 일본
정부에 지시하였다. 일본을 점령한 점령군으로서 경제시스템 전반에 대

---

13) 김태기, 2004, 147~151쪽.

한 통제가 필요했을 것이고, 그 자체는 필요한 조치였다.

이를 접수한 일본정부는 재일한인, 중국인 그리고 해외에서 일본으로 귀환하는 일본인에게 이를 어떻게 적용해야 할지 고심하였다. 당시 일본 후생성은 일본에서 조국으로 귀환하는 재일한인 및 중국인의 지참금을 제한하지 않을 방침이었다. 그들의 당연한 권리였다고 후생성도 생각했기 때문일 것이다. 하지만 이에 대하여 대장성은 2,000엔까지 지참금을 제한해야 한다고 제안하였다. 결국 일본정부는 대장성의 제안대로 재일한인의 지참금을 2,000엔으로 제한하고 민간일본인 귀환자는 1,000엔으로 제한한다는 방침을 ESS에 제시하였다.

그러나 ESS는 일본정부보다 엄격한 적용을 지시하여, 결국 재일한인 및 중국인 귀환자의 지참금은 1,000엔으로 제한되었다. 귀금속에 대한 유출도 당연히 제한하였다. 나머지 재산은 보관증서로 대체하되, 그에 대한 지불 시기는 전혀 불투명한 것이었다.[14]

식민지배 하에서 힘들게 모은 재산을 가지고 귀환할 수 없다는 것에 대해 재일한인은 납득할 수 없었다. 그야말로 그들의 생존권을 빼앗는 조치였다. 이에 대해서는 재일한인을 대표하는 조련(재일본조선인연맹)을 비롯해 많은 한인들이 거세게 항의하였지만 SCAP은 받아들이지 않았다.

1,000엔의 가치에 대해서는 이미 밝혀진 바와 같이 당시 한 가족이 수개월도 살기 힘든 금액이었다. 일본에 삶의 터전을 가지고 있던 재일한인이 자신의 재산을 가지고 귀환할 수 없다는 것은 치명적인 것이었으며, 식민지배하에서 힘들게 축적한 그들의 경제적 부에 대한 권리를 박탈하는 것이었다. 재일한인이 해방 이후 한반도로 귀환하지 않은 이유

---

14) 외국에서 일본으로 귀환하는 일본인에게도 국내에 반입하는 지참금의 제한이 있었지만, 과연 일본관리가 이를 얼마나 엄격하게 적용했는지는 의심스럽다.

는 다양하지만, 지참금의 제한은 그 중요한 원인의 하나였다.

한편 남조선미군정청은 다른 입장에서 이에 대해 심각하게 생각하고 있었다. 중국, 러시아, 일본 등에서 해방된 조국으로의 귀환자가 수백만 명으로 예상되는 속에서, 재정적으로 궁핍했던 남조선미군정청은 이에 대응할 능력이 없었다. 특히 재일한인과 관련해 남조선미군정청은 재일한인이 재정 궁핍에 시달리는 남조선미군정청에 도움이 되기는커녕 오히려 경제적인 부담을 주는 존재이고, 나아가 생활이 어려워진 이들이 점령통치에 반대하는 혁신세력에 가담하는 현상을 심각하게 우려하였다. 또한 이미 귀환한 재일한인들이 불만을 제기했을 수도 있었을 것이다. 그래서 남조선미군정청의 모체인 제24군단은 1946년 2월 지참금에 대한 시정을 상부기관인 SCAP에 요구하였다.[15]

이를 검토한 ESS 재정과 담당자는 제24군단의 요구를 일축하였다. 그는 여러 가지 이유를 들었지만, 가장 큰 이유는 "조선인을 통해 몰래, 조선 그리고 기타 국가가 배상이나 변제를 요구해 왔을 때 충당해야 할 일본의 외화가 일본으로부터 유출하는 것을 막기 위해서"[16] 제24군단의 요구를 거부한 것이다.

재일한인에게 지참금을 자유롭게 허용하면 재일한인을 통해 일본의 재화가 불법적으로 유출되니까, 재일한인의 지참금을 엄격히 제한해야 한다는 터무니없는 이유였다.

당시 재정과는 일본의 경제안정을 위해 일본 세수 확보에 가장 큰 관심을 가지고 있었다. 그들은 전승국으로서 패전국 일본을 점령하게 되

---

15) 金太基, 『戰後日本政治と在日朝鮮人問題』, 勁草書房, 1997, 236~240쪽.

16) Check Sheet from ESS/FI to GS, Subj: Korean Reparation, 5 March 1946, p.1, ESS-00639(일본국회도서관 헌정자료관 GHQ/SCAP 마이크로 휫슈 분류 번호. 이하 표기방법 동일).

었으나, 일본 점령을 시작하자 대장성의 대변인이 되어버렸다. 즉 일본 경제안정과 재일한인의 경제적 권리에 대한 고려가 적정히 균형을 이루면서 정책 결정이 이루어져야 하는데, 당시 ESS는 재일한인의 생존권이라는 경제적 권리보다 일본의 경제안정과 발전을 최우선 과제로 삼고 있었다. 달리 말하자면 재일한인을 보호하고 지원하라는 미국정부의 지시는 후순위로 밀린 것이다.

결국 조국으로의 귀환을 생각하고 있던 재일한인들 중에는 한반도의 불안한 정치 상황 등의 요인도 있었지만, 지참금 제한에 의하여 귀환을 포기하는 사람들이 많았다. 재일한인의 귀환이 주춤해지자 귀환업무를 총괄하는 SCAP의 G3(General Staff 3, 참모 3부)는 입장이 곤란해졌다. G3는 일본정부에 대하여 재일한인의 귀환을 촉진하라고 지시하였고, 일본 정부는 조련이 고의적으로 귀환을 방해한다고 G3에 보고하였다. 결국 사실 확인을 위해 정보 및 보안담당 부국이었던 G2(General Staff 2, 참모 2부)가 6월에 조사에 나섰으며, 9월에 조사 결과를 G3에 제출하였다. G2는 재일한인이 귀환하지 않고 일본에 잔류하게 된 가장 큰 원인은 지참금의 제한에 있다고 결론을 내리고 귀환을 촉진시키기 위해서는 지참금에 대한 제한을 완화해야 한다고 권유하였다. 그러나 G3는 이미 지참금 제한에 대한 집행이 진행되고 있다는 이유로 G2의 권유를 받아들이지 않았고, 굳이 지참금의 완화를 담당부국인 ESS에 제안하지 않았다.[17]

재일한인의 귀환과 관련된 실질적인 업무를 담당하고 있던 G3는 SCAP의 계획대로 재일한인의 귀환 업무를 완료하는 그 자체에만 관심이 있었지, 재일한인을 보다 많이 귀환시켜야 한다든가 재일한인의 경제적 권리를 보호해야 한다는 사명감까지는 가지고 있지 않았다. G2 또

---

17) 金太基, 1997, 252~254쪽.

한 정보관련 부국으로서 사실 관계에 입각하여, 재일한인의 귀환에 지참금이 저해요소이고, 재일한인을 보다 많이 귀환시키기 위해서는 지참금 제한을 완화해야 한다고 조사 결과를 보고했을 뿐, 재일한인의 지참금과 관련해 그 이상의 적극적인 움직임을 보이지 않았다.

결국 지참금 완화는 이루어지지 않았고, 한반도의 정세 불안 등의 이유로 재일한인 귀환자는 급격히 줄어들었다. 그리고 SCAP의 계획에 의한 공식적인 재일한인 귀환은 1946년 말에 마치게 되었다.

이후 지참금 문제가 SCAP 내부에서 다시 논의된 것은 1948년 하반기이며, 지참금에 대한 제한은 1949년 1월이 되어서야 크게 완화되었다. 그것조차 재일한인이 요구해서가 아니라, SCAP의 재일한인에 대한 정책적 판단에 의한 것이었다. SCAP 내에서 재일한인의 법적지위 등 외교문제를 담당하고 있던 DS(Diplomatic Section, 외교국)는 남한 정부 수립 후의 재일한인의 법적지위 등 정책을 입안하고 있었는데, 1948년 8월 담당자는 재일한인이라는 존재에 대하여 지극히 부정적인 인식을 제시하고 재인한인의 귀환을 촉진하는 정책안을 제시하였다.

즉 담당자는 재일한인은 분쟁의 불씨이고 공산당 세력의 영향을 받고 있고, 일본경제를 혼란시키며 일본인과 대립하는 그야말로 긍정적인 요인이라고는 찾아볼 수 없는 존재라고 평가하였다. 따라서 재일한인에 대한 공식적인 집단귀환을 재개하고 보다 많은 재일한인을 일본에서 내보내기 위해서는 지참금을 1인당 10만 엔까지 허용하고 지참 물품에 대한 제한도 대폭 완화해야 한다고 주장하였다. SCAP 참모장은 이를 받아들였고, 1949년 1월부터 재일한인의 지참금과 물품에 대한 대폭적인 완화가 이루어졌다.[18]

---

18) 金太基, 1997, 462~470쪽.

미국의 반공정책이 재일점령정책의 기조가 되고, 재일한인이 미국의 대일 반공점령정책에 저해가 된다는 판단하에, 그들의 귀환을 촉진하는 일환으로 지참금에 대한 완화조치가 이루어진 것이다. 하지만 한반도 정세의 불안 속에서 귀환을 하는 재일한인은 거의 없었다. 또한 10만 엔으로 지참금을 완화하였다고는 하나 그 가치는 많이 하락하여 이른바 어느 정도 재산을 가지고 있는 사람들에게는 사실 별로 의미 없는 조치였다.[19)]

아무튼 재일한인의 지참금을 결정하는데 있어 SCAP는 재일한인의 기본적인 생존권과 경제적 권리보다는 어떤 시기에는 일본의 경제안정이 그리고 또 어떤 시기에는 반공이라는 정치적인 목적이 정책결정의 주요 요인으로 삼았다는 것을 알 수 있다.

2) SCAP과 재일한인의 생존권(고용/특별배급/생활보호법)

(1) 고용

SCAP의 ESS 노동과(Labor Division)는 1945년 11월 28일, 미국정부의 "초기 기본지령"에 따라, 그리고 「민정가이드: 재일외국인」의 가이드라인에서 지시하고 있었던 것처럼, 다음과 같은 「고용정책」(SCAPIN 360: "Employment Policies")에 관한 지시를 일본정부에 내렸다.

1. 일본제국정부는 사적 또는 공적 사업의 어떤 노동자에 대해서도 국적, 주의 그리고 사회적인 지위를 이유로 임금, 노동시간 또는

---

19) 당시(1948년 말) 일본에 유학하고 있던 중국 유학생의 월 생활비를 보면, 2천 엔에서 5천 엔을 지출하는 학생이 많았고, 3만 엔까지 지출하는 학생도 있었다고 한다. 1,000엔에서 지참금을 100,000엔으로 대폭 완화했다고 하나 인플레이션에 의해 엔의 가치가 급락했다는 것도 감안해야 할 것이다.

조건에 대해 차별이 행해지는 것은 물론, 유리 혹은 불리한 일이 허용되는 것도 인정해서는 안 된다.

2. 귀환을 받아들이기보다 일본 잔류를 선택한 조선인, 대만인 그리고 중국인에게는 비슷한 상황의 일본인에게 확대 적용되는 것과 동등한 권리와 특권 그리고 기회가 보장되어야 한다.

3. 귀환을 기다리고 있는 조선인, 대만인 및 중국인은 차별 없이 점령군을 위해 일할 기회가 주어진다. 이들 모든 노동자들에게는 일본인 노동자와 동률로 일본제국정부에 의해 지불되고 또 점령군을 위해 일하는 일본인에게 부여되는 모든 혜택을 입는다.

4. 일본제국정부는 단지 군무에 종사했다는 이유만으로 복원군인에 대해 특혜적인 고용 및 교육상의 기회를 주는 등의 모든 법률, 명령, 규칙 또는 법규를 그 종류 또는 성질에 관계없이 폐지하도록 지령을 발한다.

5. 본 지령의 수령, 통지 및 이 지령을 기초로 해 취한 조치를 보고하도록 지령을 발한다.

당시 ESS 노동과장은 35세의 카르핀스키(William Karpinsky) 대위였으며, 노동과 스탭은 1946년 1월까지 2명밖에 없었다. 담당자인 카르핀스키는 점령 초기 상황에서 앞서 소개한 기본지령이나 민정가이드 등을 참조하면서 상기의 지령을 작성한 것이 아닌가 생각된다.[20]

일본 민주화의 하나의 축이었던 노동과의 지령은 재일한인에게 있어 지극히 중요한 의미를 가지고 있었다. 미점령군이 이와 같은 지령이 철저히 이행되도록 일본정부를 감독하고, 일본정부가 이와 같은 지시를 제대로 실행에 옮겼다고 한다면, 재일한인의 생활도 보다 안정적이 되었을 것이다. 또한 재일한인의 SCAP과 일본정부에 대한 반감도 줄어들어 양자 간의 갈등도 완화되었을 것이다.

---

20) 竹前栄治, 『戦後労働改革』, 東京大学出版会, 1982, 70~72쪽.

하지만 이러한 지령이 실천에 옮겨졌다고 증명할 수 있는 사료나 증언을 찾을 수 없었다. 이 지령의 담당자였던 카르빈스키 과장도 1946년 2월 제대를 하고 미국으로 귀국해버렸다.[21] 아무튼 재일한인에 대한 일본정부의 경제적 차별을 금지한 SCAP의 지령은 재일한인의 생계와 관련해 지극히 중요한 의미를 가지고 있었으나, 이것이 철저히 시행되도록 SCAP이 일본정부를 감독했는지에 대해서는 부정적인 결론을 내리지 않을 수 없다. 나아가 후술하는 바와 같이 이 지령을 발했을 당시와 그 이후의 재일한인에 대한 SCAP의 인식과 입장도 많이 바뀌었다.

일본인도 실업으로 어려운 상황에서 재일한인은 일본에서 취업할 수 있는 기회가 별로 없었다. "일용인부, 자유노동자, 분뇨처리, 항만노동자, 청소부, 토목인부 등에도 일본인 근로자가 몰려들어 조선인 노동자들은 대부분 이들 부문에서 쫓겨났다."[22]

보통의 재일한인이 일정한 직업이 없이 일본에서 생계를 유지하는 것은 결코 쉽지 않았다. 그리고 후술하는 바와 같이 일본정부는 재일한인에 대하여 특별배급을 주지 않았고, 생활보호법의 혜택을 받은 것은 전체 재일한인의 10% 정도였으며, SCAP도 이를 용인하였다. 해방되었다고는 하나 의지할 곳이 없는 많은 재일한인들은 고향 출신을 중심으로 기존 부락으로 들어가거나, 새롭게 부락을 형성하여 살면서 생계 수단을 찾을 수밖에 없었다. 그리고 패전 후의 혼란기에 생계 수단을 찾는 데는 한계가 있었고, 결국 많은 사람들이 생활물자를 중심으로 암시장에서 불법 상행위를 하거나 밀주를 만들어 파는 일에 관여하게 되었다. 현대

---

21) 위의 책, 74쪽 주 6.
22) 朴在一, 『在日朝鮮人に関する総合調査研究』, 新紀元社, 1957, 64~65쪽. 물론 해방 직후 민족적 감정과 개인적인 반감에 의해, 그리고 얼마 후에 귀환한다는 생각에서 일본 기업에 취업하려고 하지 않은 재일한인들도 많았을 것이고, 해방이라는 분위기에 빠져 흥청망청 하루하루 보내는 사람들도 있었을 것이다.

사회에서도 일어나고 있듯이 패전 이후 일본경제도 혼란기가 있었고, 그러한 기형적인 경제시스템 속에서 재일한인도 생계 수단을 모색한 것이다.

1946년 5월 입각한 요시다 내각은 사회질서 유지와 식량위기에 대한 대책을 내세웠다. 즉 식량배급을 요구하며 혁신세력이 전개하고 있던 대중운동을 단속하고, 암시장에 대한 근본적인 대책으로 식량 공출 및 수송 그리고 판매에 대한 감독과 단속을 강화하였다.

1946년 여름, 남한에서 콜레라가 발생하고 밀입국자를 통해 일본에 퍼질 위험이 있다는 소문이 퍼지고, 민족 단체 간의 분쟁과 일본경찰에 대항하는 재일한인과 대만인 등의 문제가 갑자기 부각되기 시작하였다. 미군에 의한 일본점령이 시작되자 정치적 발언을 삼가고 있던 일본 보수정치가들이 미 점령군의 친보수적인 성향과 재일한인에 대해 부정적인 시각을 가지게 되었다는 것을 확인하자, 일제히 반격에 나선 것이다. 일본 보수정치가들은 재일한인과 대만인들의 불법적인 상행위와 집단적인 폭력사태 등을 비난하였다.

암시장에 의존하지 않으면 생계가 어려웠던 당시 상황에서, 일본 경제의 모든 혼란이 이들에 의해 야기된 것이고 재일한인들이 엄청난 부를 축적한 것처럼 몰고 갔다. 그리고 가을 이후 일본정부는 식료 및 기본 생필품에 대한 대대적인 단속에 들어갔다.[23]

1946년 하반기 재일한인사회에서는 자신들의 경제생활이 큰 문제로 대두되었다. 한반도의 정치 경제 불안 속에서 귀환하려는 재일한인은 급격히 줄고, SCAP에 의한 재일한인의 공식 귀환이 거의 마무리 되어,

---

23) 金太基, 1997, 260~278쪽. 패전 직후 일본사회의 현상과 암거래의 현실적 의미에 대해서는 ジョン・ダワー,『増補版敗北を抱きしめて(上)』, 岩波書店, 2004, 102~106쪽 참조.

재일한인의 일본에서의 잠정적인 거주가 거의 확실해졌기 때문이다.

당시 재일한인 사회를 이끌고 있던 조련은 재일한인의 안정적인 생활을 가장 중요한 과제로 삼고, 크게 3가지 활동을 전개하였다. 업종별로 협동조합을 구성하는 활동, 과세에 대한 반대 운동, 인권 및 생활권옹호 투쟁 등의 궐기운동이었다.[24]

협동조합과 관련해 "오사카 조련은 미곡 및 주류 판매 허가를 취득, 의류품이나 비누 소매업자 등록 알선, 조련 지부 단위의 조선생활협동조합(생협, 대표는 지부위원장) 및 오사카 조선인 교통기술자 생협(대표 서명득) 등의 직능별 생협, 본부에는 생협연합회(대표 강차현)의 설립허가를 받아, 합법적으로 식료와 생활필수품 구입, 판매를 하였다."[25] 하지만 재일한인 설립한 이들 조합의 대부분은 일본정부의 정식 인가를 받은 것이 아니었고, 임의 조합이라는 제약이 있었다. 또한 모든 재일한인이 이른바 이들 조합의 일원이 될 수 있는 것이 아니었다.

암시장에서의 상행위가 어렵게 되자, 이후 부락에서 밀주를 제조하는 재일한인이 증가하게 되었다. 당시 많은 재일한인들이 생계를 위해 양돈업을 하고 있었는데, 소주나 막걸리 찌꺼기를 돼지 사료로 이용할 수 있어 양돈과 밀조를 겸하는 사람들이 많았다. 밀주 제조자 특히 재일한인 부락에 대한 일본정부의 전국적인 단속은 1947년 하순부터 강화되어 1948년에는 더욱더 엄격해졌다. 결국 재일한인의 생계를 큰 타격을 입게 되었다.[26]

재일한인 사회에서 좌우에 치우치지 않고 중립적인 입장에 서있던

---

24) 呉圭祥, 『在日朝鮮人企業活動形成史』, 43~50쪽. 당시의 조련의 경제활동에 대해서는 허광무, 「패전 직후 민족단체의 생존권옹호투쟁과 재일조선인」 참조.
25) 梁永厚, 『戰後・大坂の朝鮮人運動』, 未来社, 1994, 52쪽.
26) 金太基, 1997, 498~501쪽.

『신세계신문』(1948년 9월 8일)은 「재일조선인의 취직문제」라는 사설에서 다음과 같이 주장하였다.

　　사실, 일본이 패전하는 날까지 불만도 말하지 못하고 사정여하에 관계없이 아침 일찍부터 도시락을 껴안고 공장으로 토목공장으로 또는 어장으로 산으로 들로 나갔지만, 일본이 무조건 항복을 하자, 모든 직장에서 나와 갑자기 노동복을 벗어 던지고 신사복으로 갈아입고 과거의 아팠던 직장과는 전혀 관계없는 지역에 들어가, 더욱이 과거의 불유쾌한 직장에 대한 반동적인 정신이 더해져, 그 대부분이 일시에 무직상태에 빠지게 되었다. (중략)
　　한편, 일본정부당국이 재류조선인의 취직문제에 관해 어떠한 정책을 취하고 있는지에 대한 것도 간과할 수 없는 중대한 문제의 하나라고 말하지 않을 수 없다. (중략) 60만 재류조선인의 노동대책은 일본정부당국의 정책 중에서도 결코 소홀히 취급해야 하는 문제가 아니라는 것이 특히 강조하고 싶은 것이다. (중략)
　　해방 이후, 어쨌든 문제가 많은 조선인문제에 관해서는 대부분의 책임이 일본정부당국에 있다는 것을 솔직하게 인정함과 동시에 모든 재일조선인에게 직업을 주어야만 한다. 종업원 모집에 있어 일본제국시대의 "단지 내지인에 한함"이라는 간판을 바꾸어 "단지 일본인에 한함"이라는 방식으로 전환한다고 하면 문제는 결코 해결되지 않을 것이다.[27]

　　조련 기관지 해방신문은 1948년 11월 3일자 사설에서 일본정부가 재일한인의 생계에 대한 해결책을 제시하지 않고, 오로지 밀주 단속에만 혈안이 되어 있다고 비난하고, 재일한인에게 직장을 줄 것을 요구하였다. 당시 재일한인들은 부락에 대한 단속 강화에 반발하여 '불법탄압 절대반대' 대회를 개최하고 단속에 항의하였으며, 지방관청을 방문하여 생

27) 『新世界新聞』 1948年9月8日.

계를 보장하고 직장을 달라고 요구하였다.[28]

당시 지방에 따라서는 재일한인에 대하여 특별배급을 실시한 곳도 있었지만, 기본적으로 SCAP이나 일본정부나 재일한인의 기본 생활 유지에 대하여 무관심하였다.[29] 「재일본조선인의 실업자수는 1947년 7월에 20만 4987명(가족 포함)에 달했다고 한다(『해방신문』 1947년 7월 10일). 또한 당시의 청년단체였던 재일본조선민주청년동맹이 1948년 2월 현재 6,000명의 청년을 대상으로 조사한 바에 의하면 실업자가 82.8%에 이른다(「제5회중앙위원회회의록」 1948년 7월)」.[30] 이들 수치에는 오류나 과장도 있을 수 있겠지만, 재일한인의 실업이 심각한 상황에 있었다는 것은 누구도 부정할 수 없다.

물론 필자는 당시 SCAP이나 일본정부가 재일한인의 고용 대책만을 우선으로 삼았어야 한다고 주장하는 것은 아니다. 하지만 재일한인들의 생계에 대한 대책과 불법행위에 대한 단속은 병행되었어야 했다.

결국 암시장과 밀주에 대한 단속이 강화되었으나 안정적인 수입원이 없었던 많은 재일한인들은 점점 생계유지가 어려워졌다. 그리고 그와 비례하여 자신들을 방치하고 차별하는 일본정부와 미점령군에 대한 반감도 증폭하여, 결국 현실에 대한 타개책의 하나로 혁명을 주장하는 공산주의 세력에 동조하는 재일한인이 증가해갔다. 이러한 상황에 대해서는 미국정부도 점령군도 일본정부도 숙지하고 있었다.[31]

---

28) 金太基, 1997, 501~502쪽.
29) 점령군은 어쩌면 해방 초기 재일한인들이 강제노동에 대한 거부감으로 탄광 등에서 해방된 이후에도 노동을 계속하는 것에 대하여 거부감을 보인 것을 가지고, 재일한인에 대하여 더 이상 고용의 기회를 부여할 필요를 느끼지 못했다고 자신들을 정당화할지 모른다. 하지만 식민지배 체제와 동일한 조건에서의 노동연장과 해방 이후 안정적인 직업에 대한 차별 철폐는 차원이 다른 문제라고 할 수 있다.
30) 吳圭祥, 『在日朝鮮人企業活動形成史』, 44쪽.

재일한인에 대한 보호와 배려가 재일한인 공산주의 세력의 약화를 가져올 것이라고도 가정할 수 있었지만, SCAP이나 일본정부는 재일한인의 생존권과 경제적 권리에 대한 배려 즉 재일한인에 대한 유화책은 배제한 채 오로지 완력으로 재일한인을 제압하고, 공산주의 세력을 탄압하는 강경책만을 고집한 것이다.

(2) 특별배급

패전 후 일본정부는 서양인(occidental)과 동양인(oriental)을 구별하여 패전국인 독일국민에게도 특별배급(supplementary ration)을 하였으며, 한인이나 중국인에게는 특별 배급을 하지 않았다.[32]

일본정부 입장에서는 일본인과 재일한인을 동등하게 취급하니 문제가 없지 않느냐고 항변할지 모르지만, 단순 노동자가 많은 재일한인의 경우 해방 후 안정적인 직장이 없어졌으니 그들에 대한 구호대책은 중요 과제의 하나로 자리매김했어야 했다.

1945년 말 SCAP은 서양계 외국인(Occidental foreigners)이 5,000명, 동양계 외국인(Oriental foreigners)이 150만 명 정도가 일본에 있다고 추산하고 있었고, 이들의 배급 문제를 결정해야 했다. ESS의 '배급·가격통제과'(The Rationing and Price Control Division)는 특별배급의 기준을 마련하기 위해, 1945년 12월 13일 관련 부국(Section) 회의를 개최하였다.

이 회의에서는 PHW(Public Health and Welfare Section, 공중위생복지국)의 공중복지부(Public Welfare Sub-Section)는 체격적인 특성(physiological difference)을 고려하여 동양인과 서양인으로 나누어 배급해야 한다고 하

---

31) 金太基, 1997, 505쪽.
32) 終連管理部,「執務報告(第1号·1946年5月)」, 荒敬 編,『日本占領·外交関係資料集: 終戦連絡中央事務局·連絡調整中央事務局資料 第4巻』, 柏書房, 1991, 299쪽.

였다. 한편 G4(예산 및 후방 지원 담당)는 서양인과 동양인을 동등하게 배급해야 한다고 주장하였다. 그리고 G1(기획, 인사 및 서무 담당)은 연합국민(Allied nationals)과 적국민(Enemy nationals)을 구별해서 배급해야 한다는 등의 의견을 제시하였다. 이 회의에서는 결국 PHW의 의견이 받아들여져, 동양인에게는 하루 1,800칼로리, 서양인은 하루 2,400칼로리를 이상을 배급하기로 결정하였다.[33]

그러나 이 회의에 참석하지 않았던 GS(Government Section, 민정국)는 1946년 1월 서양인과 동양인의 구분에 따른 배급제도에 반대하였다. 연합국의 동양인보다 나치 독일국민과 같이 추축국 서양인에게 보다 많은 칼로리의 배급이 주어지기 때문이다. 그리고 GS는 SCAPIN 217에서 규정한 "연합국, 중립국, 전쟁 결과 지위가 변한 국가, 그리고 무국적국"(United Nations, Neutral Nations, Nations whose status has changed as a result of the war, and Stateless Nations)의 국민에게는 2,400칼로리를 그리고 적국민(nationals of Enemy Nations)에게는 일본인과 동일하게 배급하도록 제안하였다. 그리고 재일한인과 대만인도 일본인과 동등하게 대우할 것을 제안하였다.[34]

PHW와 GS의 의견이 충돌하는 상황에서 참모장(Chief of Staff)은 결정을 내리지 못하고 시간은 흘러갔다. 하지만 이후 또 다시 배급문제가 발생하자, PHW는 7월 19일 일본정부에 대하여 SCAPIN 217에 규정된 "연합국, 중립국, 전쟁 결과 지위가 변한 국가, 그리고 무국적국"의 목록(적국민은 제외)을 제시하고, 이들에 대한 특별배급 식품목록을 제출하도록 지시하였다. 하지만 PHW가 제시한 대상 국민에는 재일한인과 대만인은

---

33) Memorandum for Record by W. S. Egekvist/Chief of the Rationing and Price Control Division, 17 December 1945, PHW-02250.

34) 金太基, 1997, 191쪽.

포함되지 않았다. 즉 PHW는 GS의 제안을 받아들인 것이다.

일본정부는 PHW가 요구한 특별 배급 목록을 제출하였다. 그리고 재일한인의 배급에 대해서는 "조선인 등, 이전에 일본의 관리하에 있었던 제국의 국민(Imperial Subjects)은" "일본인과 동일한 기준으로 취급한다"는 기준을 제시하였다. 하지만 주일중국대표부는 자신들에 의해 중국인이라고 증명된 대만인은 중국인(연합국민)으로 취급하여 특별배급을 해야 한다고 주장하여, 중국 대표부가 인증한 대만인은 특별배급의 대상이 되었다.[35]

결국 이렇게 하여, 적국민을 제외한 모든 재일외국인이 특별배급을 받을 수 있었는데, 재일한인은 특별배급의 대상에서 제외되었다. 지방에 따라서는 임의로 재일한인에게 특별배급을 하는 곳도 있었지만, SCAP와 일본정부의 공식적인 입장은 재일한인에게는 특별배급을 하지 않는다는 것이었다.[36]

특별배급을 둘러싼 SCAP의 조치가 재일한인과 일본인을 동등하게 취급하였다고 하여 납득이 될 수 있는 것이 아니었다. 그렇게 정당화 될수 있다면, 일본에 거주하는 모든 사람에게 특별배급을 하지 말았어야했다. 특별배급의 대상에서 제외되는 적국민인 독일국민은 지극히 소수에 지나지 않지만, 60만 명이나 되는 재일한인이 그 대상에서 제외된 것이다.[37]

---

35) 위의 책, 193쪽.

36) 연합국민에 대한 특별배급은 1949년 3월까지 이어졌다. SCAPIN 1987(3 March 1949) PH, Subject: Ration for United Nations' Nationals, Neutral Nationals and Stateless Persons.

37) 한편, SCAP은 1945년 12월 19일 연합국의 적국이었던 국민의 구제에 관한 지령을 내려, 독일인(시민 및 군인)에 대하여 일본인의 3배에 달하는 부조금(1달 150엔)을 지급하도록 지시하였다. 즉 독일인들은 적국민이었다고는 하나 특별대우를 받고 있었던 것이다. 吉岡増雄編著, 『在日朝鮮人の生活と人権－社

SCAP은 미국정부가 재일한인이 귀환할 때까지 보호하라고 지시하였 듯이 식민지배에서 해방되어 그네들을 보호해줄 대상도 없는 재일한인 을 보호했어야 했다. 일본에 생활기반을 가지고 있는 일본인과 재일한 인의 처해있는 상황은 분명히 달랐다. 하지만 이러한 배려도 없이, 그리 고 자신들의 일방적 기준 설정에 대한 합리적인 설명도 없이, 재일한인 을 특별배급의 대상에서 제외한 것이다.[38]

단순노동자이고 자금이 없는 많은 보통의 재일한인들이 폐허가 된 일 본에서 생계를 유지할 수 있는 방법이 무엇이 있었을까? 앞서 기술했듯 이, 해방되었다고는 하나 결국 기초적인 생계유지도 어려웠던 재일한인 은 많은 일본인들처럼 암시장에서 불법매매를 했으며, 또한 밀주를 만 들어 팔기도 하였다. 자금이 있어 대규모로 불법 상행위를 한 사람들은 많은 수익을 올렸을 것이다. 하지만 보통의 재일한인들에게 그러한 상 행위가 엄청난 부를 가져왔다고 생각하지 않는다. 그야말로 생계유지의 수단이었을 것이다.

물론 SCAP과 일본정부가 재일한인에게 특별배급을 하지 않았다고 하 여 재일한인의 불법적인 상행위를 정당화하자고 하는 것은 아니다. 하 지만 재일한인들이 생계를 위해 어쩔 수 없이 불법을 저지르게 하는 하 나의 원인으로 작용했다는 것은 부정할 수 없다.

(3) 생활보호법

일본정부는 패전 직후 구호법, 모자보호법, 의료보호법 등을 시행하

会保障と民族差別 - 』, 社会評論社, 1980, 192쪽.

38) SCAP은 재일한인이 불법상행위를 하고 밀주 판매를 하여 생계에 전혀 문제 없다고 판단했을지도 모른다. 하지만 특별배급과 관련된 정책 결정과정에서 는 그러한 지적이 나오지 않았다.

여 그야말로 극빈자에 대한 원호조치를 취하였다. 하지만 65세 이상과 13세 이하라는 연령제한, 불구와 질병 등으로 노무하기 어려운 자에 한 정하는 등 그야말로 극빈자를 대상으로 한 것이었다.

이와 같은 상황에서 1945년 12월 8일 SCAP의 PHW(Public Health and Welfare Section, 공중위생복지국)은 「구제 및 복지 계획」(SCAPIN 404: "Relief and Welfare Plans")에 대한 지령을 일본정부에 하달하여, 실업자 및 기타 빈곤자에 대한 식량, 의료, 주택, 의료, 금융 지원, 후생조치 등 상세하고 포괄적인 계획을 제출하도록 지시하였다.

이에 일본정부는 12월 31일, 「생활곤궁자 긴급생활원호 요강(生活困窮者緊急生活援護要綱)」(1945년 12월 15일 각의결정)을 포함한 「구제복지에 관한 건(救濟福祉に関する件)」을 SCAP에 제출하였다. 이를 검토한 SCAP은 1946년 2월 27일 「공적부조」(SCAPIN 775: "Public Assistance")에 관한 지령을 다시 일본정부에 하달하였다.[39]

이 지령에서 SCAP은 일본정부의 구제복지에 관한 계획에 대해 승인하지만, 복지정책과 관련해 3가지 기본방향을 제시하였다. 즉 ① 일본정부가 책임을 지고 실시해야 한다는 국가 책임을 명확히 하고, ② 차별과 우선적 취급 없이 모든 빈곤자(all indigent persons without discrimination or preferential treatment)에 대하여 적당한 식량과 의료 및 의료조치를 취해야 한다는 무차별 평등주의, 그리고 ③ 생계 곤란을 방지(to prevent hardship)하는데 필요한 만큼의 원호 자금을 투여할 것, 즉 최저생활보장을 하도록 지시하였다.

이와 같은 SCAP의 의향이 반영된 것이 1946년 9월에 공포된 생활보호

---

39) 北場勉, 『戦後「措置制度」の成立と変容』, 法律文化社, 2005의 「第2章 社会救済 (SCAPIN775)の成立と国家責任・公私分離政策」 및 吉岡増雄 編著, 『在日朝鮮人の生活と人権－社会保障と民族差別－』, 188~197쪽.

법이다. 매월 약 200만 명이 대상이 되었으며, 재일한인들도 약 6만 명이 그 속에 포함되어 있었다.[40] 당시 일본거주 인구를 약 7,700만 명으로 본다면 전체인구의 2.6%가 그 대상이 되었으며, 재일한인의 인구를 약 60여만 명으로 본다면 약 10%가 그 대상이 되었다고 추측할 수 있다. 수혜자의 비율을 가지고 비교한다면 재일한인에게 많은 혜택이 부여되었다고 볼 수 있다. 하지만 이에 대해 허광무는 훨씬 많은 재일한인이 생활보호의 대상이 되었어야 하는데 일본인 민생위원들의 차별적인 적용에 의해 대상에서 제외되었다고 주장한다.[41]

무차별 평등주의를 중시하고 있던 SCAP이 이러한 일본정부의 차별적인 조치를 방치하게 된 원인과 관련해 허광무는 현장 감독 책임이 있던 현지점령군과 일본관료의 관계 속에서 일본관료가 자신들의 목적을 여러 가지 방법을 동원해 관철하였다고 한다.[42]

하지만 일본 민생위원들이 재일한인에 대하여 차별적인 조치를 관철할 수 있었던 배경에는 재일한인에 대한 점령당국의 인식과 정책도 고려해야 한다. 즉 일본 행정당국 관계자와 현지 점령군과의 '관계'만이 아니라, 근본적으로 미국정부의 재일한인에 대한 구체적 정책 부재 및 SCAP의 재일한인에 대한 부정적인 인식과 무관심도 중요한 원인이었다고 보아야 할 것이다.

---

40) 허광무, 「패전 직후 민족단체의 생존권옹호투쟁과 재일조선인」, 233쪽, 〈표 3〉에 의함. 1951년 당시 대상자가 일본인 1,974,124명 그리고 외국인은 61,838명이다. 여기서 외국인을 재일한인을 포함한 외국인으로 당시 대부분의 외국인이 재일한인이었다. 이 표는 1951년 데이터지만, 1946년 당시와 급격한 변화는 없었다고 생각한다. 일본정부는 1950년 5월 4일 새로운 생활보호법(법률 제144호)을 공포하고, 국적조항을 두었으나, 재일한인 및 대만인에 대해서는 임시로 이를 적용하였다.

41) 허광무, 2006, 202~203쪽.

42) 위의 책, 192~195쪽.

결국 일본정부의 차별적인 조치와 미점령군의 무관심 속에서 많은 재일한인이 생활보호를 받지 못했으며, 여전히 대부분의 재일한인들은 어렵게 생계 수단을 찾아야 했다.

3) 미점령군과 재일한인의 경제적 권리(재산세)

일본정부는 급격한 인플레이션과 지하경제를 통제하기 위하여, 1946년 2월 17일 예금봉쇄 및 화폐개혁을 단행하였다. 그와 동시에 임시재산조사령(칙령 제85호)을 내려, 1946년 3월 3일 시점에서 개인이 가지고 있는 재산(금융자산)을 강제로 신고하도록 하였다. 그리고 이들 재산에 대하여 과세하는 임시세법인 재산세법(Capital Levy, 1946년 11월 11일)을 공포하였다.

재산세법은 10만 엔 이하의 재산에 대해서는 비과세로 하고, 10만 엔 이상에 대해서는 재산의 90%까지 누진과세를 적용하는 강력한 세법이었다. 재산세법은 1947년 1월 31일까지 신고기한으로 하고, 납부기한은 신고 후 1개월 이내로 하였다.

이 재산세법은 ESS 재정과(Finance Division)가 1945년 11월 24일 내린 「전쟁 이득의 배제 및 국가재정의 재편성」에 관한 지령(SCAPIN 337: "Elimination of War Profits and Reorganization of National Finances")을 근거로 한 것이며, 개인이 전쟁 동안에 취한 이득을 몰수하기 위한 임시세법이었다. 일본정부는 이 자금을 일본기업에 지원하여 일본을 부흥시키려는 계획을 가지고 있었다.

재산세법을 공식적으로 공포하기에 앞서, ESS 재정과는 그 적용 기준을 두고 고민하였다. 일본정부는 모든 외국인에게도 이를 적용하려고 하였으나, 임시재산조사령이 발표되자, 연합국민인 중국인이 이에 거부하는 움직임을 거세게 보였기 때문이다.

이러한 상황 속에서 재산세법과 관련해 맥아더 사령관은 1946년 3월에 미국의 통합참모본부를 통해 미국정부의 입장을 요구하였다. 통합참모본부는 5월 12일 전신으로 맥아더사령관에게 답장을 보냈다.

그 내용은 SWNCC는 모든 외국인(non-Japanese Individual and Corporations)에게 이 임시세법을 적용하는 것에 반대하지 않고 있다는 것이었다. 그리고 다음과 같은 입장을 맥아더 사령관에게 전달하였다.

> 참고로 말하자면 이들 법이 기본적으로 배상자금으로 쓰려는 것
> 이 아니라 일본 국내 경제의 안정을 위해서 계획된 것으로, 일본에
> 이해관계를 가지고 있는 모든 개인과 회사에 이익을 가져온다는
> 것과 미국정부의 방침은 외국법의 차별적인 경우를 제외하고는 연
> 합국민에게 특별한 처우를 강요한 적이 없다는 견지에서, 국무부
> 는 이들 법을 외국인과 외국기업에 적용하는 것을 타당하다고 간
> 주하고 있다.[43]

즉 재산세를 거둬들여 일본경제가 안정되고 경제가 부흥되면 일본에 있는 모든 외국인과 외국인 기업도 혜택을 입을 것이니, 모든 재일외국인에게 재산세를 적용해도 좋다는 관대한 입장을 표명한 것이다.

하지만 FEC(Far Eastern Commission, 극동위원회) 내의 다른 연합국의 입장은 달랐다. 미국정부는 FEC의 회의석상에서도 일반세만이 아니라 재산세도 연합국민에게 적용되어야 한다는 입장을 취했지만, 호주 대표는 5월 1일, 연합국민은 재산세법에서 제외되어야 한다고 강력히 주장하였고 다른 연합국도 이를 받아들였다. 결국 FEC는 1946년 7월 18일,

---

[43] Incoming Message from Washington (from the Joint Chief of Staff) to CINCAPAC (to MacArthur), NR: WCL 87752, 12 May 1946, ESS-07883.

"일본정부는 일본 국내외에 있는 연합국민의 재산에 대하여 재산세를 부과해서는 안 된다"고 결정하였다.[44] 그리고 SCAP은 대만인들은 연합국민으로 간주되어야 하기 때문에 재산세에서 제외된다고 보고 있었다.

그 결과 일본정부는 11월에 공포된 재산세법에서 재일외국인 규정과 관련하여, "재산세는 명령으로 정하는 외국인에게는 이를 부과하지 않는다"(제2조)고 규정하고, 연합국민에 대하여 이를 면제하였다. 하지만 연합국민에 포함되지 않는 중립국 국민과 재일한인은 면제 대상에서 제외되었다.

이러한 조치에 대해 재일한인은 납득할 수 없었다. 많은 재일한인은 SCAP이 귀환 시의 지참금을 1,000엔으로 한정하였기 때문에 이들 재산을 가지고 조국으로 귀환할 수 없었다. 그런데 그 재산에 대하여 재산세를 물린다고 하니 재일한인들은 당연히 이에 반대하였다. 재산세법이 발표되자, 재일한인들은 반대 운동을 전개하였으며, 12월 20일에 열린 재일조선인생활권 옹호전국대회에서도 재산세 반대가 중요한 항목의 하나였다.

침략전쟁에 의해 폐허가 된 일본경제를 재건하기 위한 수단인 재산세법을 모든 재일외국인에게 적용하면 몰라도, 연합국민에게만 이를 면제하는 것은 징벌적 의미에서의 대일점령의 목적에서 볼 때 타당하지 않았다. 특히 일본의 식민통치를 받고, 침략전쟁의 희생자인 재일한인은 자신들에게 이를 부과하는 것에 대해 납득할 수 없었다.[45]

당시 SCAP은 재일한인이 약 561,000명이 있다고 보고 있었고, 이 중에

---

44) 金太基, 『戰後日本政治と在日朝鮮人問題』, 325쪽. U. S. Department of State, *Activities of the Far Eastern Commission, First Report by the Secretary General, Feb.26, 1946 – July 10, 1947*, Government Printing Office, Washington D.C. 1947, p.105.

45) 金太基, 1997, 345쪽.

서 약 40,000명이 재산세의 대상이 된다고 파악하고 있었다. 하지만 당시 남조선미군정청의 직원이었던 와그너(Edward W. Wagner)의 저서에 의하면 그 숫자는 1,000명 정도에 불과하였다. 즉, 재산세법을 적용을 받는 대상에 대해, SCAP와 미군정청의 통계치는 전혀 달랐다.[46]

아무튼 재일한인은 자신들의 입장에서 보았을 때 어처구니없는 재산세법의 적용에 반발하였다. DS는 재일한인 단체들의 항의를 받았고, 이를 국무부에 전달하였다. 그리고 국무부는 1947년 2월 11일자 전신(Telegram)을 DS에 보내 다음과 같이 지시하였다.

재일한인에 대한 재산세 적용에 대하여 SCAP 직원과 협의하도록 귀하에게 제안한다. 10만 엔 이하 면세에 해당하는 재일한인은 거의 없을 것이라는 전제이다. 실행 가능하다면 일본에서의 잔류를 희망하는 한인에게만 적용할 것을 고려하도록 제안한다. 만약 귀환할 의향을 가진 한인들이 제외된다면 대만인에 대한 제외도 고려해야 한다.[47]

국무부의 지시를 받은 DS는 이를 담당 부국인 ESS에 전달하였고, ESS 재정과 내에서 세금문제를 담당하고 있던 쉐벨(H. Shavell)은 재일한인에 대한 재산세의 적용과 관련해 자신의 생각을 우선 다음과 같이 정리하였다.

---

46) 위의 책, 333쪽. 이와 관련해서는 일본정부가 자료를 가지고 있었을 텐데, SCAP 회의석상에서 구체적인 자료가 제시되지 않았다. 4만 명이 정확한 데이터라고 한다면 근거 자료로 제시되었을 것이다. 그렇다고 1,000명 정도에 불과했다는 것도 어느 자료에 근거한 것인지는 알 수 없다.

47) Outgoing Telegram from Department of Stat to SCAP, for Political Adviser, dated Febuary 11, 1947, State Department Decimal File 894.512/2-1147.

약 3분의 2에 해당하는 재일한인은 즉시 귀환을 선택하였지만, 60만의 한인이 재류를 선택한 것은 일본에서의 한인의 경제적 동화가 확산되었다는 것을 보여준다. 전쟁 중 많은 한인은 경제적 이득을 취하기 위해 일본이름을 사용하고 일본인 처를 받아들여 군벌과 재벌에 협조하였다. 한인들은 성공적으로 동화하였고 굉장히 많은 재일한인이 일본산업과 무역의 엄청난 한 부분을 차지하고 있다. 하지만 조선 '해방'의 소식 이후 많은 '일본인'은 갑자기 그들의 조선인 성(姓)으로 돌아가 공공연히 자신들이 조선인이라고 표명하였다. 게다가 '해방된' 민족으로서의 그들의 불확실한 지위 탓에 일본경찰이 그들에 대한 처분을 주저하였기에, 전후 많은 재일한인들이 암시장에서 엄청난 규모로 세력을 키웠다. 잔류 한인들은 많은 단체를 조직하여 이에 관여하는 일본의 지방 경찰과 정부기관에 대하여 조직적인 공격을 가하였다.[48]

이들 내용을 보면, 1946년 여름 일본 의회에서 일본의 관료와 보수정치가들이 재일한인을 비난했던 발언 내용이 요약되어 있는 것 같다. 당시 ESS에서 재일한인의 경제문제를 담당하고 있던 점령군의 재일한인에 대한 왜곡된 인식을 여실히 보여주는 것이었다. 일본의 식민지 지배로 인한 재일한인의 고통이나 해방민족으로서의 재일한인의 권리에 대한 인식을 도저히 찾아볼 수 없다. 쉐벨이 직접 식민통치를 경험했을 리는 없고, 「민정가이드: 재일외국인」에서도 재일한인의 과거에 대하여 이렇게 설명하지 않았다. 결국 일본정부 관료에 의해 왜곡된 사실과 현상에 대한 인식이 점령군에게 이식되었다고밖에 달리 설명할 방법이 없다.

재일한인에 대해 편견에 찬 인식을 가진 쉐벨은 재산세의 기본적인 목적은 "(a) 과도하게 집중된 부를 재분배하고 (b) 일본의 재건을 위해

---

48) Henry Shavell, Memorandum for file, Subject: Capital Levy Exemption for Koreans and Formosans and Chinese in Japan, 20 February 1947, LS-00503.

세수를 늘리는 것"이라고 전제를 하고, 재일한인의 재산세와 관련해 다음과 같이 결론을 내리고 있다.

재일한인과 대만인은 세금의 목적상 일본국민과 같은 대우를 받아야 한다는 것이 우리들의 신념이다. 전쟁과 전후 기간을 통해 그들은 일본사회의 일원이었고 일본에서 사업을 했으며 일본에서 이득을 취했다. 따라서 그들은 일본의 재정 재건을 위해 그들의 짐을 져야 한다. 10만 엔 이하 제외 규정은 그들의 정상적인 수입을 적절히 보호할 것이다. 귀환하고 있지 않는 한인과 대만인을 제외하는 것은 공정한 처사로 보이지 않는다.

쉐벨의 의견을 검토한 DS는 국무부의 지시에 대하여 간접적으로 반대하는 의사를 표명하였다. 즉, 2월 20일 DS는 즉시 국무부에 답변을 보내, 지금 "FEC의 방침은 단지―반복하는데 단지―, 연합국민이 소유한 재산에 대해서만 제외하고 있으며",[49] 만약 국무부가 FEC의 방침을 바꿀 생각이라면, 국무부가 SCAP에 대하여 국무부의 의견을 신속하고 전적으로 참조하도록 요구해야 한다고 전했다.

이후 국무부의 재산세와 관련해 다른 움직임을 보이지 않았고, 재일한인에 대해 재산세도 그대로 적용되었다.

4. 맺음말

우선 SCAP의 재일한인 경제정책을 고찰하는 데 있어 역시 빼놓을 수

---

49) Radio from SCAP(DS) to WARCOS (Pass to SEC-STATE), 20 February 1947, Reference: Department's telegram 45, February 11, CIE-04143.

없는 것이 미국정부의 재일한인의 법적지위에 대한 애매한 결정이다. 즉 해방민족으로 취급하기는 하나 필요한 경우에는 적국민(=일본국민) 으로 취급한다는 미국정부의 정책은 SCAP이 원칙 없고 자의적인 결정 을 하게 하는 결정적인 원인을 제공하였다.

국무부를 중심으로 한 SWNCC의 해방 후 재일한인에 대한 기본적인 정책은 일본경제에 도움이 되지 않는 재일한인을 대부분 귀환시키는 것 을 전제로 하고 있었다. 따라서 SWNCC는 재일한인에 대한 경제정책과 관련해 장기적인 측면보다는 귀환할 때까지의 임시방편적인 보호와 지 원에 대한 대책만을 세웠다. 하지만 통합참모본부는 재일한인 등 난민 의 귀환에 있어 개개인의 의사를 우선하는 정책안을 입안하였으며, 결 국 재일한인의 귀환도 개개인의 의사를 우선하게 되었다.

하지만 이미 일본에 대한 미군의 점령이 진행되고 있는 상황에서, 미 국정부는 재일한인의 일본에서의 거주를 전제로 한 경제정책에 대한 언 급 없이, 귀환을 전제로 한 경제정책(SWNCC 205/1 재일난민)만을 SCAP 에 시달한 것이다. 미국정부의 지령은 재일한인에 대한 포괄적인 지원 과 복지대책을 함축하고 있었다고 볼 수 있지만, 구체적인 지시가 결여 된 상황에서, 현지에서 점령을 하는 SCAP의 입장에서는 자신들의 판단 에 의해서 재일한인에 대한 경제정책을 결정할 수 있는 폭이 훨씬 넓어 진 것이다.[50]

한편 「민정가이드: 재일외국인」은 재일한인의 일본에서의 거주를 예

---

50) 실질적으로 미국정부는 한국과의 관계보다는 일본과의 관계를 중시하고 있 었기 때문에, 재일한인문제는 후순위로 밀렸다. 미국무부는 DS를 통해 재일 한인문제에 관한 보고를 수시로 받았고, 관심을 보인 적도 있지만 자신들의 입장을 적극적으로 관철하려고 하지 않았다. 즉 미국정부는 재일한인을 방 치한 것이다. 물론 이러한 배경에는 이미 널리 알려졌듯이 DS의 친일적인 담 당자의 역할도 컸다.

상하고 이들에 대한 사회적, 경제적 그리고 정치적 차별 철폐를 지시하고 있었다. 하지만 이 가이드는 어디까지나 '참고서'라는 현실적인 한계를 가지고 있었고, 실질적으로 그 한계를 벗어나지 못했다.

이러한 미국정부의 기본정책 외에 SCAP의 재일한인에 대한 경제정책을 고찰하는데 있어 빼놓을 수 없는 것이 민주화에서 역코스로 가는 SCAP의 대일점령정책 변화라는 것이다. 이들 정책 변화가 재일한인 경제정책에도 영향을 미친 것이다.

그리고 SCAP의 군대식 구조와 부국주의라는 특성 또한 재일한인의 경제정책을 생각하는데 있어 빼놓을 수 없다. 주지하다시피, SCAP은 부국주의가 강해 담당부국의 영향력이 컸다. 관련 업무에 대해서는 관계 자회의를 통해 정책이 결정되어 나갔으나, 기본적으로 담당부국의 입장이 많이 반영되었다. 하지만 대일점령정책의 방향 설정에 중요한 위치를 차지하고 있던 GS의 경우 이 부국주의의 벽을 넘어 자신들의 의견을 관철하는 경우가 종종 있었다.

따라서 SCAP의 재일한인 경제정책의 경우도 주요 담당 부국인 ESS와 PHW가 중요한 위치에 있었다. 그리고 관련 정책 결정에 있어 GS의 입김이 반영되기도 하였다.

일본 사회에 정착한 일부 재일한인을 제외한 많은 재일한인은 해방되자마자 조국으로의 귀환을 원했다. 하지만 선행연구에서 밝혀졌듯이, 재일한인의 귀환에 대한 일본정부의 대응은 늦어져, 빠른 시기에 해방된 한반도로 귀환하지 못했다. 이후 한반도 정세의 불안에 의해 재일한인은 일본에 잔류하게 되었다.

재일한인이 귀환하지 못한 또 다른 큰 이유 중의 하나는 SCAP의 ESS에 의한 재일한인 귀환 시의 지참금과 지참물품 제한이었다. 일본 식민지시기에 어렵게 모은 재산이었지만, 일본경제 안정을 이유로 ESS는 재일한인의 지참금을 제한하였다. 즉 재일한인은 조국으로 돌아가서 생활해야 하는데, 지참금의 제한은 재일한인의 조국에서의 생존권을 빼앗은 것이다.

ESS는 점령 초기 일본정부에 대해 고용차별을 금지하도록 지시를 내렸지만, 일본 사회의 전후 혼란 속에서 재일한인이 취업하는 것은 쉽지 않았다. 해방 이후 불법 상행위를 통해 재일한인들이 많은 부를 쌓았다고 생각하고 있던 ESS 담당자의 입장에서 보면 재일한인에 대한 고용차별을 일본정부에 지시할 필요가 없다고 생각했을 수도 있다. 또한 일본기업에 취업하는 것을 바라지 않는 재일한인도 있었고 귀환을 생각하며 안정된 직업 없이 흥청망청 하루하루 세월을 보내는 사람도 있었다. 일본 패전 직후의 불안정한 경제상황 속에서, 이들에게 안정적인 생계 수단은 없었고 많은 재일한인은 암시장에 관여하였고, 불안정한 생계를 유지하였다.

그나마 단체 임원이나 능력 있는 사람들이야 상대적으로 생계를 유지하는데 문제가 없다고 하더라도, 그 하층에 속해 있던 보통 사람들의 생계가 일본인보다 어려웠을 것이라는 것은 상상하기 어렵지 않다. 생계 유지가 어려웠던 해방된 재일한인에게는 특별배급이 필요했지만, 일본정부는 물론 SCAP은 이에 대한 배려가 없었다. 동양인인과 서양인인가 혹은 연합국민인가 적국민인가에 대한 고려는 있어도, 일본 식민통치를 직접 받은 해방된 민족에 대한 고려는 없었다.

생활보호법의 적용에 있어서도 보다 많은 재일한인들이 혜택을 볼 수 있었지만, 민생위원들의 심사에 의해 전체 재일한인의 10% 정도가 대상이 되었고, 나머지는 배제되었다. 점령군은 이에 대해 보다 적극적으로 관여하여 차별 없이 생활보호법이 적용되도록 감시할 수 있었지만, 일본 관료와 민생위원의 수법에 넘어갔다고 선행연구는 지적한다.

재산세에 있어서도, 일본식민 통치의 희생자인 재일한인에 대한 배려 없이 일본인과 동등하게 취급하였다. 재일한인은 지참금 제한으로 자신들의 재산을 가지고 귀환할 수 없었고, 그 재산에 대하여 재산세를 납부해야 했다. 일본 재건을 위해, 일본의 식민지배 아래에서 힘들게 모은 재산에 대해 재산세를 부과하는 것에 대해 재일한인들은 이해하지 못했다. ESS 담당자는 재일한인은 침략전쟁의 협력자이고 전쟁을 통해 부를 축적하였고, 해방 이후에도 불법행위를 통해 엄청난 부를 축적하고 있다고 주장하였다. 그들에게 있어 재일한인에게 재산세법을 적용하는 것은 당연한 것이었다.

일본점령기에 있어 재일한인의 경제적 권리와 SCAP의 관계를 생각해 보면, 우선 미국정부의 대일점령정책에 있어, 일본식민지배의 희생자로서의 해방된 재일한인에 대한 경제적 배려를 찾아볼 수 없다. 미국정부의 정책적 입장이 명백했다면, 재일한인의 경제적 권리에 대한 SCAP의 태도 또한 달라졌을 것이다. 하지만 미국정부의 재일한인에 대한 경제정책은 재일한인에게 결코 우호적인 것이 아니었다.

결국 SCAP을 위시한 점령군이 재일한인을 어떻게 인식했느냐 하는 것이 문제인데, 가장 중요한 담당부국인 ESS의 직원은 재일한인의 식민지배에서의 해방이 어떠한 의미를 가지고 있었는지 이해하려고 하지 않았다. 오히려 재일한인은 일본의 침략전쟁에 적극적으로 협조하였고 부를 축적하였다는 인식을 가지고 있었고, 재일한인은 식민지배의 희생자가 아니라, 일본인과 동일한 침략자였으며, 해방된 이후 자신들의 입장을 갑자기 바꾼 변절자로 간주하였다. 해방 초기의 무질서한 상황 속에서 패전으로 실의에 빠져있는 일본인과는 대조적으로 해방을 기뻐하며 일본사회에서 해방된 민족으로서 자유롭게 행동하고, 경우에 따라서는 일본의 공권력조차 무시하는 재일한인을 SCAP의 담당자는 부정적으로 보고 있었다.

SCAP에게 재일한인은 일본경제에 있어 부담이 되는 존재이고, 경제적으로 특별히 배려할 가치가 없는 존재였다. 재일한인이라는 해방민족이 오랫동안 일본의 식민지배를 받아온 희생자라는 인식과 정책이 그들에게 완전히 결여되어 있었기 때문에, SCAP은 현실적인 입장에만 서서, 일본을 통치하는 통치자, 즉 일본을 대신하는 통치자의 입장에서 재일한인 문제를 바라도 보고, 경제적 권리에 대해서도 그러한 입장에서 대처하였다. 그들 정책의 기준은 일본의 정치, 경제, 사회 질서의 유지이고 반공이라는 정책이었다.

결국 재일한인의 경제적 권리는 무시되었고, 재일한인의 생활은 개선되지 않았다. 미국의 주도로 진행된 일본정부의 긴축재정정책에 의한 디플레이션의 영향을 재일한인도 받아 생활이 더욱 어려워졌다. 그리고 "조선전쟁의 특수 경기로 일본경제가 활기를 띠고 있었을 시기, 재일조선인은 민족배외주의 때문에 정직(定職)을 얻지도 못하고, '재일조선인의 실업율은 일본인과 비교하여 8배라는 고율…일본인의 생활보다 2배반 이상 어려웠다'".[51] 재일한인들은 "실업자와 극빈자에 대해 생활보호법을 적용하라" "직장을 달라" "생활을 보장하라" "부당과세를 철폐하라" "영업과 금융차별을 철폐하라" 등의 요구를 내걸고 이른바 '생활방위투쟁'을 전개하였다. "당시의 재일조선인은 취로한다고 해도 육체노동 또는 저임금의 일용노동 정도로, 그러한 일도 못하는 사람은 경제사범이 되는 밀주 제조, 곡류 밀매 등을 생업처럼 하고 있었다. 경제 사범에 대해서는 당국의 적발을 빈번히 당해, 밀주와 암미(闇米)는 압수당하고 벌금형에 처해졌다. 조선인 측은 이러한 적발을 생활탄압이라고 간주하고,

---

51) 日本赤十字社, 『在日朝鮮人の生活実態』, 1956.

당국의 적발에 저항하는 것이 생활방위투쟁인 것처럼 되어있었다."[52]

1952년 3월 일본경찰이 오사카(大阪) 타나가와쵸(多奈川町)에서 밀주를 제조하는 한인부락을 단속하는 과정에서 재일한인이 사망하는 사건이 발생하기도 하였다. 그리고 부락에 대한 일본경찰의 단속에 저항하며, 재일한인들은 1950년 11월의 고베시(神戸市) 나가타구청(長田区役所) 데모 사건,[53] 1951년 10월의 효고현(兵庫県) 시모자토촌 사무소(下里村役場) 데모 사건, 1952년 6월의 야마구치현(山口県) 우베시(宇部市)의 반라이쵸(万来町) 사건 등 이른바 '생활방위투쟁'을 전개하였다. 미점령군과 일본정부는 이들 운동을 오로지 폭력혁명의 일환으로 간주하고 제압하는 것에만 관심을 가졌지만, 이들 사건의 단초를 제공한 것은 재일한인의 생계를 방치한 미점령군과 일본정부였다고 보는 것이 타당할 것이다.

강상중 교수는 자신의 회고록에서 "내가 5살 때쯤이었을 때, 가끔 세무서의 일제 적발을 목격한 적이 있다. 막걸리 만드는 시설이 있는 허름한 오두막을 향해 여러 대의 트럭이 완만한 산길을 올라오는 장면을 왠지 나는 선명하게 기억하고 있다"[54]고 회상하였다. 강상중 교수가 1950년생이니까, 1955년경의 모습일 것이다. 강상중 교수가 자란 곳도 양돈업과 막걸리 제조를 하며 생계를 유지하는 100세대 정도의 부락이었다. 해방 이후부터 당시까지도 재일한인 사회의 경제생활은 전혀 변함이 없었다는 것을 의미한다.

---

52) 梁永厚, 『戰後・大坂の朝鮮人運動』, 117~118쪽

53) 金慶海・堀内捻 編著, 『在日朝鮮人・生活養護の闘い』, 神戸学生青年センター出版部, 1991은 이 사건을 상세히 소개하고 있다.

54) 姜尙中, 『在日』, 集英社, 2008, 27쪽.

▐참고문헌

1. 논저

김태기, 「미국무성의 대일점령정책안과 재일조선인 정책」, 『한국동북아논총』 33집, 2004.

허광무, 「패전 직후 민족단체의 생존권옹호투쟁과 재일조선인」, 김광열·박진우·윤명숙·임성모·허광무, 『패전 전후 일본의 마이너리티와 냉전』, 제이앤씨, 2006.

허광무, 「일본공적부조체제의 재편과 재일조선인」, 김광열·박진우·윤명숙·임성모·허광무, 『패전 전후 일본의 마이너리티와 냉전』, 제이앤씨, 2006.

허광무, 『일본제국주의 구빈정책사 연구－조선인 보호·구제를 중심으로－』, 선인, 2011.

小川政亮, 『家族·国籍·社會保障』, 勁草書房, 1964.

呉圭祥, 『在日朝鮮人企業活動形成史』, 雄山閣, 1992.

姜尙中, 『在日』, 集英社, 2008.

北場勉, 『戰後「措置制度」の成立と変容』, 法律文化社, 2005.

金慶海·堀内捻編著, 『在日朝鮮人·生活養護の闘い』, 神戸学生青年センター出版部, 1991.

金太基, 『戰後日本政治と在日朝鮮人問題』勁草書房, 1997.

ジョン·ダワー, 『増補版敗北を抱きしめて(上)』, 岩波書店, 2004.

吉岡益雄 編著, 『在日朝鮮人の生活と人権』, 社会評論社, 1980.

竹前栄治, 『戰後労働改革』, 東京大学出版会, 1982.

外村大, 『在日朝鮮人社会の歴史学的研究―形成·構造·変容』, 緑蔭書房, 2004.

樋口雄一, 「在日朝鮮人生活保護打切り政策について」, 『在日朝鮮人史研究』第

11号, 1983.

日本赤十字社, 『在日朝鮮人の生活実態』, 1956.

朴在一, 『在日朝鮮人に関する総合調査研究』, 新紀元社, 1957.

梁永厚, 『戦後・大坂の朝鮮人運動』, 未来社, 1994.

2. 1차 자료

『新世界新聞』 1948年9月8日.

県長官宛通牒, 「外国人に対する生活必需品特配の件」 1945年8月21日付(일본 국립공문서관 소장).

終連管理部, 「執務報告(第1号・1946年5月)」, 荒敬 編, 『日本占領・外交関係資料集: 終戦連絡中央事務局・連絡調整中央事務局資料 第4巻』, 柏書房, 1991.

Check Sheet from ESS/FI to GS, Subj: Korean Repariation, 5 March 1946, p.1, ESS-00639(일본국회도서관 GHQ/SCAP자료).

Henry Shavell, Memorandum for file, Subject: Capital Levy Exemption for Koreans and Formosans and Chinese in Japan, 20 February 1947, LS-00503 (일본국회도서관 GHQ/SCAP자료).

Incoming Message from Washington (from the Joint Chief of Staff) to CINCAPAC (to MacArthur), NR: WCL 87752, 12 May 1946, ESS-07883.

Memorandum for Record by W. S. Egekvist/Chief of the Rationing and Price Control Division, 17 December 1945, PHW-02250(일본국회도서관 GHQ/SCAP자료).

Outgoing Telegram from Department of Stat to SCAP, for Political Adviser, dated February 11, 1947, State Department Decimal File 894.512/2-1147.

Radio from SCAP(DS) to WARCOS (Pass to SEC-STATE), 20 February 1947, Reference: Department's telegram 45, February 11, CIE-04143(일본국회 도서관 GHQ/SCAP자료).

U. S. Department of State, Activities of the Far Eastern Commission, First Report by the Secretary General, Feb. 26, 1946 – July 10, 1947, Government Printing Office, Washington D.C. 1947, p.105.

| 4장 |

해방 이후 미국의
한일경제관계 구상

이현진

이현진 李眩珍

국사편찬위원회 편사연구사
한국현대사 전공
주요저작으로『미국의 대한경제원조정책, 1948-1960』(2009), 「1960
년대 후반 정세변화와 한일경제협력의 논리−한일정기각료회의
논의과정을 중심으로」(2011) 등

1. 머리말

한일국교정상화 이후 한일경제관계는 청구권 논의를 중심으로 한 경제협력논의에 영향을 받으며 구체적인 실체를 드러냈다. 수직적 분업구조 질서를 완성하고자 하는 한일 간 경제협력체제의 형성과정은 당시 청구권 명목과 차관원조라는 형태를 통해 이루어졌고, 이는 미국과 일본의 원조조정, 동아시아 지역에 대한 경제원조의 분담이라는 측면이 작용한 결과였다.

1960년대 한일협정의 타결과 한일경제협력체제의 형성과정은 이와 같이 미국의 대한원조계획의 조정과 한일경제관계 구상의 변화에서 기인하고 있는 것이다. 이러한 점은 1960년대라는 한국과 일본의 상황변화, 미국의 대외정책의 변화가 가져온 결과이지만, 원조조정의 문제가 한일경제관계형성에 주요한 논점이 되고 있는 이러한 논의의 특징은 해방 이후 형성되기 시작한 한·미·일의 관계에서 그 연원을 찾을 수 있다.

한일관계를 미국의 동북아시아정책 속에서 한미일 관계로 분석해야 한다는 인식은 이미 기존 연구들에서 제기되어온 바다.[1] 특히 한일국교 정상화 이전의 경우 한국과 일본이 직접적인 교류를 통해 관계를 형성할 수 없는 상황에서 미국의 개입과 동아시아를 지배하던 냉전적 질서는 새로운 한일관계를 모색하는데 주요한 요소일 수밖에 없기 때문이다. 이에 미국의 동북아시아 전략 및 미국의 대일정책, 대한정책을 이해하기 위한 관련 자료들이 활용되어 왔는데, 주로 RG 59 국무부 일반문

---

* 본 연구는『이화사학연구』2013년 47집에 실린 논문임.

1) 이종원,『東アヅア終戰と韓美日關係』, 東京: 東京大學出版會, 1996;「戰後米國の 極東政策と韓國の脫植民地化」,『近代日本と植民地:アヅアの冷戰と脫植民地化』8, 東京: 岩波講座, 1993; 허버트 빅스, 「지역통합전략과 미국의 아시아정책에서 의 한국과 일본」,『1960년대』, 서울: 거름, 1984.

서나 이를 편집한 FRUS(Foreign Relations of United states, 미국대외관계 문서) 문서 등이다.

또한 기존 연구에서는 미국의 대외정책과 대일정책에 초점을 맞추고 있기 때문에 한일관계에 주요 변수로 작용하는 한반도의 상황이 부차적으로 다루어지고 있다는 한계를 지니고 있다. 이는 이들 연구가 미국의 대외정책을 중심에 두는 사고에서 연유한 것으로, 추상적이고 개괄적인 미국의 대외정책이 한일 양국의 상황이라는 프리즘을 거치면서 어떻게 조정되어 가는지 그 구체성에 대한 분석이 소략하기 때문일 것이다.

이에 본고가 주목하는 것은 해방 이후라는 당시의 시대적 조건을 감안하여 한일 양국에 대한 미점령당국과 이들의 한국과 일본에 대한 인식, 점령당국에 각각 속해있는 해당 부서의 입장, 관련 부서들 간의 논의가 한일경제관계구상에 어떠한 영향을 미치는가 하는 점이다. 특히 본고는 그동안 소략하게 다루어졌던 한국적 상황에 보다 초점을 맞추고자 한다.

이는 대한민국정부수립을 전후한 시점에서 고려되었던 새로운 대한 원조계획의 논의에서 한일경제관계문제가 주요하게 논의되고 있다는 인식과, 이 과정에서 새로운 대한원조기구로 등장하는 주한 ECA(Economic Cooperation Administration in Korea, 주한경제협조처)에서 주요 역할을 담당하는 인사들이 미군정기 중도적인 개혁정책을 추진했던 인물들이며, 이들이 대한원조계획의 수립과 한일경제관계구상에서 주요한 영향을 미친다는 점들을 고려한 것이다.[2] 그리고 이러한 대한원조계획에 대한 논의는 결국 일본의 재건계획과 미국의 대일배상문제와도 연결되고 있다는 점에서 한일협정의 기원으로서 해방 이후 한일경제관계 구상논의의 중요성을 보여주는 것이다.

---

2) 미국의 대외정책의 경우는 상부의 고위정책, 워싱턴 정책결정자들의 인식, 대응과 하위정책 즉 점령당국자들의 인식, 대응을 분리시켜 볼 필요가 있다.

이러한 점을 염두에 둘 때 미국의 대한정책 자료, 미 점령당국과 이들이 생산한 각종 보고서, 맥아더 사령부의 일본 경제에 대한 입장 및 대한원조기구를 비롯한 각 관계부처의 한국 상황 인식 보고서, 원조 논의를 위한 모임 비망록 및 서한 등의 자료들은 해방 이후 한일경제관계 구상의 특징과 성격, 이것이 대일배상문제에 미치는 영향 등을 고찰하는데 매우 주요한 역할을 할 것이다.[3] 이하에서는 한일경제관계 구상과 관련한 자료들 중 주요 자료를 소개하고 각 내용을 정리함으로써 한일협정의 기원으로서 한일경제관계 구상논의의 변화과정을 좀 더 다양한 각도에서 살펴볼 필요가 있음을 제기하고자 한다.

2. 일본 경제재건계획과 배상문제

1) 한국과 일본의 경제적 지위와 전망

RG 331 문서군에는 경제과학국 문서에 한일경제관계 구상과 관련한 자료들이 다수 포함되어 있다. 본 문서군은 한일경제관계를 비롯하여 배상문제와 관련한 연합군 최고 사령부(일명 맥아더 사령부)의 입장을

3) RG 59, 895.50 시리즈는 미국의 대한정책을 살펴보는데 가장 기초적인 자료이다. 필자가 정리한 RG 59. Decimal File(십진분류 문서철)에는 경제관련 자료들이 다수 포함되어 있는데 특히 여기에는 ECA관련 논의, 미국무부와 ECA 간 합동 보고 형식을 둘러싼 논의. 조직관계, ECA 원조 보고. ECA에 의한 한국 상황보고 문서들이 다수 포함되어 있다. 또한 주요 관련인사들의 모임이나 인터뷰 자료도 수록되어 있어 대한원조계획의 작성 경과, 한국상황에 대한 인식, 정책에 대한 관련자들의 견해를 살펴볼 수 있다. ECA 상황 보고의 일부는 RG 469, ENtry 422, Office of Far Eastern Operations, Korea Subject Files, 1953~1959, Box 15에서도 확인할 수 있다. 한편 일본 맥아더 사령부 문서들은 RG 331 점령당국 문서들을 통해 확인해볼 수 있다.

살펴볼 수 있는 다양한 자료들이 포함되어 있다.

맥아더 사령부의 일본 재건계획과 한일경제관계구상에 대한 입장 및 이에 대한 육군부의 입장을 확인할 수 있는 자료로는 '일본과 한국의 경제적 지위와 전망 그리고 이를 향상시키는 조치들'이라는 제목의 존스톤 위원회(Johnston Committee)[4] 보고서가 대표적이다.[5] 또한 본 보고서는 일본의 재건계획과 배상문제를 직접적으로 연결하여 분석하고 있다는 점에서 흥미로운 자료라고 할 수 있다.

존스톤 보고서에서는 먼저 일본 상황에 대한 조사를 기반으로 현재 일본 재건계획의 문제점을 살펴보고 일본 재건계획의 추진을 위해 무엇이 필요한지를 제시하고 있다. 보고서에서는 또한 일본과 한국의 차이는 단독점령이냐 분할점령이냐에 있는 것으로 단독점령된 상태의 일본이 좀 더 나은 환경이라는 점을 지적하면서, 미국이 일본을 무장해제하고 평화산업으로 전환하고자 추진했던 정책은 일본인들의 헌신적인 노력을 통해 점차 그 결실을 보고 있다는 점을 강조하였다.

또한 보고서는 일본인들이 철저히 점령당국과 협조하고 있다는 사실

---

4) 존스톤 위원회는 육군부의 요청을 받아 일본과 한국의 경제사정을 조사하기 위해 구성된 것이다. 존스톤 위원회에는 존스톤(Percy H. Johnston, Chairman of the Executive Committee of the Chemical Bank & Trust Company), 호프만(Paul G. Hoffman, Administrator for the European Recovery Program), 로버트 로리(Robert F. Loree, Chairman of National Foreign Trade Council), 시드니 쉐어(Sidney H. Scheuer, senior partner of Scheuer and Company) 등이 참여하였다. 이들의 보고서는 1948년 4월 26일에 작성되었고, 육군부에 전달된 것은 5월 19일이었다.

5) 'Folder 16, Repot on the Economic Position and Prospects Japan and Korea and the measures Requird to Improve them. 1948. 4. 26', General Subject File, compiled 1945-1952, Entry UD 1710, RG 331: Records of Allied Operational and Occupation Headquarters, World War II, 1907-1966(국사편찬위원회 소장문서); 한편 일본 국회도서관에는 「占領下の對日賠償關係一件 ヂョストン報告書 關係」라는 제목의 문서로 소장되어 있다. 본 문서는 국민대학교 일본학연구소에서 수집하였다.

을 강조하면서 일본의 산업가동이 어려운 이유 중 하나는 천연자원의 부족에서 연유한 것이라고 분석하고 극동지역과 일본 경제의 편입 문제를 제기했는데, 일본의 산업생산은 극동을 위해 필요하며 극동지역의 국가들 또한 그들의 잠재적인 시장으로서 일본을 필요로 한다고 결론지었다. 그리고 미국은 이러한 일본의 재건을 적극적으로 도와야한다고 했으며, 극동의 생존과 일본의 경제활동이 미국의 부담을 줄이는 길이라고 주장했다.

한편 한국경제의 상황에 대해서는 인플레이션과 분단문제가 한국 경제의 주요문제라고 지적하고 경제통합과 생산을 증가시키는 것이 미래 한국 정부가 할 일이라고 규정하였다. 또한 일본과의 관계에서는 주요 기술자, 기술지도자를 채용하는 것을 고려해볼 수 있다고 지적하고 있는데 이는 ECA 원조계획에서 기술원조프로그램의 일환으로 제기된다.

또한 일본과의 관계에서는 주요 기술자, 기술지도자를 채용하는 것을 고려해볼 수 있다고 지적하고 있는데 이는 ECA 원조계획에서 기술원조프로그램의 일환으로 제기된다.

본 보고서에서는 한국과 일본의 경제적 지위와 전망이라는 주제로 내용을 서술하고는 있지만 구체적인 한일경제관계에 대해서는 전망을 제시하고 있지 않으며 일본의 자립을 위한 미국의 지원방침에 초점을 두고 논의를 전개하면서 한국의 상황에 대해서는 부차적으로 설명하고 있다는 특징을 지닌다. 그리고 한국과 일본의 관계는 한국정부가 극동무역에 참여해야한다는 권고의 수준에서 제기되고 있다.[6]

존스톤 보고서에서 보이는 바와 같이 일본의 동남아시아에서의 무역 재개와 일본의 자립을 위한 경제활동의 중요성을 강조한 자료로는 '隱退

---

6) 그밖에도 RG 331 문서군에는 '1948 회계연도의 외국 무역', '한국의 재건', '일본의 경제적 상황', '일본 점령의 경제적 측면' 등의 문서들이 포함되어 있다.

藏物자에 관한 특별위원회 경제보고서'를 들 수 있다.[7] 본 자료에서도 강조되고 있는 것은 수출에 대한 긴급대책이 필요하다는 점이다. 이러한 자료들을 통해 볼 때 1947년 11월 미국의 대한정책의 전환이 모색되는 시점에서 일본의 경제적 가치에 대해 재검토되기 시작했으며 남한에서의 단독선거가 확정되면서 대한원조계획의 수정이 이루어지는 시점인 1948년 중후반부터는 일본 재건을 위해 미국이 적극적인 지원을 해야 한다는 인식이 본격적으로 제기되고 있음을 알 수 있다. 이러한 미 육군부의 인식과 연합군 최고사령부 부처의 인식은 이후 한일경제관계 구상논의에서도 영향을 미치는 것이다.[8]

다음의 자료는 이상에서 살펴본 ECA 원조계획과 통상을 통한 한일경제의 연결이라는 구도를 잘 설명하고 있다.

"소련과 북한 간의 新통상문화협정에 대한 미국 측의 회답은 24일 當地에서 미군 점령 하 일본과 한국정부 간의 新 8천만 불 통상협정의 형식으로 발표되었다. 맥아더 장군 사령부는 한일 양국 간 조약에 관한 교섭이 원만히 성립되었으며 이는 4월 1일로 시작되는 1년간에 약 8천만 불의 교역을 행하게 하는 것이다. 이 협정은 한국 통상대표단과 맥 사령부 경제과학부 대표 간에 성립된 것이며 한국정부와 맥아더 장군에 제출하여 승인을 받을 것인데 이 승인은 이미 기정사실이 되고 있는 것이다. 한일 양국의 경제를 다시 연결시키려는 이 협정의 상세 내용은 미발

---

7) GS(A) 02540, Supplementary Report on the Special Committee for Investigation of concerned and hoarded Goods in the House of Representatives., 福永文夫 編, 『GHQ 민정국자료 점령정책; 경제·문화·사회』.

8) 1949년부터는 본격적인 ECA 원조계획을 입안하기 위한 작업의 일환으로서, 또한 무역재개와 확대라는 한일경제관계의 수립을 위한 것으로서 한국경제 상황에 대한 조사작업들이 ECA의 요청으로 수행되기 시작한다. 1949년 3월 존슨박사의 내한은 바로 이러한 배경에서 진행된 것이며 존슨 박사의 내한 목적은 전기 및 석탄 문제에 관한 실태조사를 실시하는 것이었다.

표이나 맥 사령부 당국 談에 의하면 미국 弗貨를 기준으로 하여 크레디트와 기타 통상적인 금융절차에 의하여 통상을 행하게 되리라 한다.

그리고 이 협정과 이에 수반 혹은 재정협정이 실시된 후 모든 한국 및 점령 하 일본 간의 現有 계정은 현금주의 거래로 결제될 것이다. 맥아더 사령부에서는 한국대표가 이미 그들 정부에 제출 승인을 받을 회의관계 문서를 携行하여 이곳을 떠났다고 발표하였다. 그런데 ECA 원조계획의 중요 補定 조치인 이 협정이 실현되면 한국은 일본에서 중공업 발전에 요한 器材 · 綿絲 · 石油 및 가솔린 · 기계부분품 그리고 화학약품도 可望을 受取할 것이다. 일본은 이에 대하여 한국으로부터 망간을 포함한 광물 · 해산물 그리고 약간 미곡도 가망을 수취할 것이다. 그러나 미곡은 잠정적 품목의 하나이다. 이 협정은 한국정부 및 연합국 최고사령관이 승인한 후에 조인 수속을 하게 될 것이라고 한다."[9]

2) 일본경제회복과 배상문제

미국은 1949년부터 일본과의 조기강화 쪽으로 정책을 전환하면서 대일배상 반대를 주장하기 시작하였다. 그리고 대일평화조약에서는 대일배상은 일본의 경제수준의 범위를 넘지 않도록 해야 하며, 일본의 경제회복에 도움을 주는 방향에서 고려되어야 한다는 점이 강조되었다. 이러한 대일배상문제의 처리과정은 이미 미국의 극동정책 및 대일정책의 추진과정에서 제기되어온 것이었다. 1948년 중후반에 등장하는 보고서에서 일본의 경제적 지위문제가 검토되고 있는 것은 이러한 미국의 대일배상정책의 전환을 염두에 둘 때 결코 우연이 아니다. 앞서 소개한 존스톤 보고서는 이러한 미국의 대일배상정책의 방향을 전망하게 하는 주

---

9)『시정월보』제4호, 89쪽.

요한 자료 중 하나이다. 여기서 중요한 지적은 일본의 경제회복을 위해 배상문제를 조속히 해결해야 한다는 것이다.

본 보고서에서는 일본의 현재 재건계획을 추진하는데 가장 큰 걸림돌로 배상문제를 지적하고 있는데, 이는 배상이 결정되지 않음으로써 일본인들이 어떠한 산업에 투자를 하고 산업활동을 개시할지 정하지 못하기 때문이라는 것이다. 또한 배상문제가 산업시설 및 적산의 배분으로 이루어진다면 소련, 중국 및 만주 등지 해외 시설들을 고려할 때 이들 나라만 수십억 자산의 혜택을 입게 될 것이며, 일본의 자립을 돕는데 필요한 공장, 장비, 기계 도구의 손실은 현재 일본을 지원하고 있는 미국에게 직접적으로 짐이 될 것이라고 했다. 따라서 배상에 대한 조치가 불확실할수록 일본 재건계획은 불가능하며 배상문제의 조속한 해결이야말로 일본 재건프로그램의 초석이 된다고 주장하였다. 또한 비무장된 상태의 일본 경제적 삶의 부활은 태평양과 그 외 지역에서 평화를 유지할 기회를 향상시키게 될 것이라고 주장하였고, 배상은 직접적으로 미국의 부담이 될 것이기에 배상경감으로 일본의 평화산업 구축을 기하는 것이 주요 목적이 되어야 한다고 주장했다.

또한 본 보고서는 이러한 배상문제의 해결과 대일평화조약의 조기 타결은 외국과의 무역재개를 위해서도 필요한 것이라고 주장하고 있는데 이는 현재 일본 내에 외국 투자가 허용되지 않고 있는 현실인식에서 비롯되고 있는 것이다.

3. 대한경제원조문제와 한일경제관계구상

1) 대한원조계획과 한일경제관계 논의

미국의 대한원조계획에 대한 새로운 구상은 1947년 미국의 대한정책의 전환을 모색하는 가운데 제기되었다. 이 시기 대한경제원조문제는 1947년 11월 유엔 감시 하 남한 총선거 결정이 이루어지고 난 후 남한의 단독정부수립 이후 제기될 제반 문제들을 극복하기 위한 현실적인 대비책을 마련한다는 차원에서 논의되었다. 그리고 이것은 1949년 6월 30일까지 육군부 예산에서 편성된 미국의 대한경제원조의 틀 안에서 장차 수립될 한국정부의 상황을 고려하여 일부 수정을 가미하고자 한 것이었다. 이 논의과정에서는 한반도에 대한 미국의 이해가 경제적인 측면에서보다는 한반도를 혁명봉쇄의 보루로 만들고자 하는 정치 군사적인 측면에서 더 우선적으로 추구되었으며, 이때 고려의 대상은 소련이 점령하고 있는 북한의 상황이었다.

당시 미국의 한국에 대한 경제원조계획논의에서 비군사적 수단에 의한 봉쇄전략의 적용이라는 정치 전략적 고려가 우선시되었다고 하는 점은 1948년 남한만의 단독선거가 결정되는 시점에 작성된 미국의 대한정책 문서에도 잘 나타나 있다.

1948년 4월 2일 국가안전보장회의 정책문서(NSC 8)에서는 우선, 한국에 대한 미국정책의 총괄적인 목표를 "외국의 통제로부터 독립적이고, 유엔의 회원이 될 수 있는 통일되고 민주적인 한국을 수립할 수 있도록 지원하는 것"이라고 밝히면서, "한국에서 부정적 영향을 최소화하면서 미국의 의무를 점차 감소시킬 수 있는 실제적인 지원방안"을 결정하였다.[10] 그리고 그 내용은 "북한 또는 다른 군대에 의한 침략에 대항할 수 있는 군대의 훈련과 장비구비에 관한 현재 계획을 완료"하는 것이었으며, "경제붕괴를 막기 위한 경제 원조 계획의 수립"이었다.[11]

이 문서에 나타나는 한국에 대한 상황보고에서도 보이듯이, 북한에서 소련의 후원을 받는 경쟁적인 정부 구성이 이루어지고 있는 상황에서 남한의 경제적 피폐상과 정치적 불안요소는 미국이 남한정책을 준비하면서 부딪친 가장 큰 문제였다.[12] 따라서 미국은 남한에서의 정부 수립에 따른 철군계획을 준비하면서 이러한 상황을 고려하여 소련 및 공산주의자의 영향력을 차단하고, 정치적 · 경제적 안정을 도모하기 위한 경제 · 군사 원조를 지속하도록 방침을 세웠던 것이다. 또한 NSC 8은 결론에서 "경제적 · 군사적 원조를 지속시키고 한국에서 미국의 이해를 대변할 수 있는 미외교사절단의 파견"을 결정함으로써 대한민국정부 수립 이후에도 원조를 매개로 한국 정부에 대한 영향력을 계속 행사하겠다는 의지를 표명했다.[13]

이러한 입장에서 미국의 대한경제원조는 구호와 작은 규모(a small ammount)의 재건을 지원하는 정도의 원조의 확대라는 양적인 수준에서의 변화를 야기했다.[14] 그리고 이러한 원조의 지속적인 지원 여부는 원조를 효과적으로 사용할 수 있는지에 대한 한국 정부의 능력을 포함한 한국 상황에 대한 검토가 있은 연후에 이루어지게 될 것이었다.

이러한 NSC 8의 결정으로 미국은 이 문서에서 제시하는 대한정책의

---

10) 「한국에 관한 미국의 입장에 대한 NSC의 보고」 1948.4.2. *FRUS* 1948, vol. 6, pp.1163~1169.

11) *ibd. FRUS* 1948, vol. 6, pp.1168~1169.

12) *ibd. FRUS* 1948, vol. 6, p.1165.

13) *ibd.. FRUS* 1948, vol. 6, p.1169.

14) "Memorandum for the President; Proposed Message on Authorization of Economic Assistance to the Republic of Korea", 1949.6.3., RG 59, SD Decimal File, LM 80, Roll #8 · 9, 895.50 RECOVERY.6-349.

목표가 타당하다는 것을 전제로, 보다 구체적인 원조계획의 수립을 위한 행동에 들어갔다. 대한민국 정부 수립 직후 트루먼은 1949회계년도 원조 프로그램이 끝난 이후 한국에 대한 원조계획을 수립할 기관 선정문제를 논의하였고, 1948년 8월 25일 대한경제원조에 대한 책임을 육군부에서 유럽부흥계획을 실시하고 있던 ECA(Economic Cooperation Administration; 경제협조처)로 이전할 것을 지시하였다.

이에 한국에서 ECA 프로그램을 관리 감독하는 기구로서 주한ECA 사절단이 편성되었고, 여기에 미군정기 하지의 정치고문이자 경제고문을 역임한 번스(Arthur C. Bunce)가 사절단장으로 파견되었다. ECA에는 미군정기 사회개혁정책을 추진하던 인사들이 대거 포진되었고, 이들의 입장은 1950회계년도 대한원조계획을 수립하는 과정에서 주요한 영향력을 행사하였다.

이러한 영향력 하에서 당시 ECA 대한원조계획은 1947년의 대한경제 원조정책의 전환 논의에서 강조된 봉쇄전략의 구상이 한층 더 강화된 형태로 등장하였다.

ECA와 국무부, 예산국의 검토를 거쳐 의회에 제출된 ECA의 제안에서는 "한국에 대한 미국의 주요 정치적 목적은 민주적으로 선출된 한국정부를 (1) 팽창하는 공산주의의 영향에 따른 위협과 침략적인 소비에트 점령정권인 북의 존재로부터 일어나는 통제를 성공적으로 봉쇄하고 (2) 민주적 토대 위에 전국의 실제적인 통합을 위한 토대를 마련하도록 강화시키는 것이다. 미 점령군의 철수 후 그 정부가 자신의 방어를 위해 의존해야만 하는 무장군의 효과적인 유지는 예측할 수 있는 장래에 미국원조에 전적으로 의존하고, 그렇게 될 것이라는 사실에 비추어 볼 때 앞의 목적은 한국에 대한 경제적, 군사적 원조에 관한 지속적인 계획이 없다면 달성될 수 없을 것이라는 것은 분명하다" 고 명시되어 있다.[15]

한편 ECA 대한원조계획에 대해 미 육군부에서는 일본경제부흥의 경제적 배후지로서 한일 간 경제통합의 구상을 내세우며 미국의 극동지역에서의 원조조정문제를 제기하며 비판하였다. 그리고 그 과정은 대한원조물자의 대일조달이라는 측면에서 현실화하고자 하였다.

그러나 ECA 측은 조선반도에 대한 일본의 영향력의 확대는 필연적으로 한국의 반발을 초래할 것이며 일제의 부활을 추구한다는 공산 측의 선전에 희생양이 될 것임을 강조하며 한일경제통합은 오히려 정치적 리스크가 더 크다고 반박했다. 또한 이러한 육군부의 비판과 한국에 대한 경제원조계획이 일본의 경제부흥에 공헌할 수 있을지를 추궁하는 의회의 질문에 대해 ECA의 설득 논리는 반공의 보루로서 한국의 정치적 심리적 중요성과 함께 한국의 정치, 경제적 상황의 안정화 경향을 강조했다. 이와 같은 정책논리는 미국의 남한정책의 궁극적인 목표인 반공국가의 존립이 장차 한국 사회의 정치적 안정과 그 물적 조건이 되는 경제적 안정의 확보에 의해서만 장기적으로 보장될 수 있다는 확신에서 나온 것이다.

이러한 ECA의 입장은 대한경제원조계획이 북한 정세에 미칠 파장과 영향을 중요하게 고려하고 있다는 점에서도 확인할 수 있다. 1950년도 미회계연도 한국에 대한 원조예산안 논의를 위해 국회에 제출된 한국에 관한 질의서와 답변서 내용은 한국에 대한 경제원조의 상징적 의미를 잘 설명하고 있다.

ECA의 주장은 "자립과 건전한 경제에 대한 한국의 생존과 진보는 아시아 국민에게 거대한 영향을 미칠 것이다. 어린 한국에 의한 그러한 진보는 여전히 공산주의자들의 선전에 저항하고 그들의 자유를 지키려는 동남아시아 국민들에게 용기를 줄 것이다. (중략) UN의 명성과 UN에서의 미국의 명성은 한국이 생존할 수 없다면 깊은 상처를 받을 것이다."

---

15) *ibd.*

결국 이러한 논리는 한국은 아시아 진영에 미국의 개입을 입증해줄 수 있는 상징적인 존재임을 강조하고 있는 것이라 할 수 있다.

또한 ECA 프로그램에서 북한의 몫은 어떻게 되는가라는 질문에 대해 ECA 측은 "현재의 프로그램은 남한만을 위한 것이지만, 그러나 원조의 확대와 관련하여 중요한 요소는 남한에서의 프로그램의 성공이 북한 주민의 일부에게 통일을 위한 강한 압력을 행사할 수 있을 만큼 북한과의 처지가 현저히 달라지는 것이다. 원조프로그램 하에서 제공되는 것에 더해서 남북한 간의 아이템의 변화는 남한 경제의 이점으로 작용하고 공산지배에 대한 배제를 확신하게 한다는 조건으로 통일에 공헌하게 될 것이다. 반도의 전체를 포함하도록 프로그램의 토대를 확대할 가능성은 차단하지 않을 것이다."[16]라고 했다. 이와 같이 ECA 대한원조계획은 한반도의 분단이라는 상황에 대한 인식이 주요하며, 북한이라는 요소는 결국 대한원조계획에서 자립과 효율을 더 강조하는 결과를 낳았다. 또한 이는 1960년대 한국의 경제정책과 한일회담의 추진과정에서 제기되었던 선건설 후통일의 논리와 매우 유사하다고 볼 수 있다.

이와 같이 1949년 이후 제안된 ECA 대한원조계획은 미국의 적극적인 개입을 통해 공산화를 방지하고 미국의 지원을 통한 한국경제의 발전으로 북한체제의 붕괴와 통일을 고려하는 적극적인 봉쇄정책의 실현 논리라고 할 수 있다.

그러면 이러한 논리 속에서 한일경제관계에 대한 입장은 어떻게 정리되어 갔을까? 이는 육군부의 비판과 ECA의 논리를 절충한 극동조사과의 보고서에서 확인해 볼 수 있다.

극동국 조사과에서는 보고서를 통해 한일경제관계 문제와 관련하여

---

16) 'Korean Aid Legislation', 1949.6.3.,RG 59, SD Decimal File, LM 80, Roll #8·9, 895.50 RECOVERY.6-349.

다음과 같은 결론을 도출하고 있다. 동 보고서에서는 "현재 미국의 정책은 두 나라 사이의 긴밀한 경제협력을 증진시키는 한편, 한국과 일본을 두 개의 독립된 다른 경제 영역으로 간주하고 있다고 밝히고, 양국 경제가 보다 성공적으로 긴밀한 협력관계를 이루기 위해서는 몇 가지 전제조건이 필요하며, 현 상황에서는 독립된 경제원조와 발전계획 하에서 양국이 가능한 한 빨리 존립가능하고 자급자족적인 국가가 되는 것"이라고 결론을 내렸다.[17] 결국 이는 근본적으로는 일본경제에 대한 한국의 경제적 가치가 원료공급지라는 측면보다는 일본을 위한 상품시장이라는 측면에서 주목되었음을 보여 주는 것이다. ECA 대한원조 계획안에 대한 미의회 심의시 국무부와 ECA측은 한일경제의 상호보완성과 한국의 식량과 원료에 대한 일본 경제의 요구를 인정하면서도, 한일간 경제통합의 전제로 요구되는 한국 시장의 회복을 위해 ECA가 제안한 한국에서의 어느 정도의 산업화를 예정하는 경제재건계획이 필수적이라는 입장을 고수했다. 육군부에서 제안한 수준의 한일 간 경제통합은 한국시장의 안정위에서 비로소 가능하며, 그럴 때만이 일본 경제에도 득이 된다고 인식했던 것이다.

이러한 경제관계 구상의 논리는 결국 한일 간 무역관계의 확대와 이를 위한 조치의 실시로 나타났고, 경제통상관계 조절의 문제는 재정안정을 통한 경제안정계획의 수행을 필요로 했다. 이는 후술하겠지만 대한원조기구의 조직을 재배치하는 과정에서 일본과의 연결을 다시 고려하게 되는 요소가 된다.

---

17) 'Korean-Japanese Economic Relation' 1950.4.4., RG 59 Lot58D245 box4 ; 한일간 경제통합과 극동지역에서의 미국 원조의 조정을 둘러싼 육군부, 국무부, ECA 간의 논의는 '극동지역에서의 미국 원조계획의 조정'이라는 NSC61/1의 채택으로 일단 정리되었다, (NSC61/1의 원문은 'Coordination of U.S Aid Programs for Far Eastern Area', May 16, 1950, RG 273에 수록되어 있다.)

2) 한국재건프로그램과 대한경제원조기구

1948년 8월 미대통령의 지시에 따라 한국에 대한 원조업무를 이관받은 ECA는 한국에 대한 경제원조를 지시 감독하기 위해 주한ECA사절단을 파견하고 그 단장으로 미군정기 하지의 정치고문 겸 경제고문을 역임한 번스를 임명하였다. 번스는 미군정 내에서 이른바 중도적인 사회경제적 개혁정책을 입안하고 이를 추진했던 주요 인사 가운데 하나였다. 그러나 번스의 개혁방안들은 종종 미군정 내에서 좌절되었는데, 이는 이들의 위상이 국내정치나 미군정의 민정에 개입할 수 있는 독자의 권한이나 조직기반을 가지고 있지 않은 데서도 연유했다. 이에 번스는 기회 있을 때마다 국무부에 미군정 내 극우 성향의 관리들을 교체할 것을 건의하는 한편, 맥아더의 참모들에게 도움을 요청하는 등 그들의 요구가 관철될 수 있도록 미국의 상관에게 호소하는 모습을 보였다. 이러한 번스 및 주한 ECA사절단에 합류한 세력들의 경험과 미국의 적극적인 개입을 강조하는 ECA 대한원조계획을 고려해볼 때, 주한ECA 사절단의 위상과 역할이 어떻게 규정될 것인지에 대해서 대략적으로 추론할 수 있을 것이다.

주한ECA사절단 조직 문제에 대해서는 RG 59에 수록된 ECA 예산국 보고서 및 주한ECA사절단의 서한들에 상세하게 기술되어 있는데, 이를 토대로 주한ECA사절단의 설립과 기구의 역할을 정리해보면 다음과 같다.[18]

주한ECA사절단은 한국 정부가 독립적이고 민주주의적인 국가의 필수적인 토대로서 건전한 경제를 수립할 수 있도록 지원하는 한편, 미국의 기본적인 정책을 한국 내에서 실행하게 될 기관으로 구상되었다. 따라

---

18) 주한ECA사절단의 조직과 구성에 대한 부분은 이현진, 『미국의 대한경제원조정책 1948~1960』, 서울: 혜안, 2009, 76~81쪽 내용을 토대로 정리한 것이다.

서 그 주요 임무는 한국 내에서 미국 대한 원조의 효율적 운영을 지시, 감독하는 것이었다.[19] 또한 이러한 임무 규정에 따라 주한ECA사절단의 구성원들은 그들 자신의 전문 분야에서 한국 정부의 장관 및 직원들에게 조언하고 기술적인 지원을 제공하였다. 다시 말해 이들은 사절단 간부이자 한국 정부 부처의 고문이자 전문가로서 활동하였던 것이다.[20]

한편, 미국은 한국 원조계획을 효율적으로 운영하기 위해 주한ECA사절단의 파견을 결정하고, 사절단의 자유로운 활동을 보장받기 위해 한국 정부로부터 그 고유권한에 대해 인정한다는 확약을 받아두고자 했다. 즉 한국과의 원조협정 체결과정에서 운영기구의 기능과 지위에 대한 상호 간 논의를 거쳐 미국 원조기구의 활동을 보장받고자 했던 것이다.[21] 원조협정 체결과정에서 미국은 한국 정부에게 주한ECA사절단에 대한 외교특권을 확대시키고 이 사절단에게 거주지를 제공하는 등 이들의 활동을 위한 모든 실질적인 지원을 요청하였고, 이러한 미국 측의 요구사항은 한미 간에 체결된 원조협정에 그대로 반영되었다.[22] 1948년 12월 10일 한미 간에 원조협정이 체결되고 같은 해 12월 13일 한국 국회가 이를 승인함으로써, 주한ECA사절단은 한국 내에서 그 활동을 공식적으로 보장받았다. 이러한 과정에서 주한ECA사절단은 1949년 1월 1일 한국정부에 대한 책임을 육군부로부터 이양 받아 활동을 개시하였다.

한국의 원조계획을 총괄하게 된 주한ECA사절단은 한국 내에서 주한

---

19) 「호프만과 미국 사절단 직원들과 가진 회의 비망록」 1948.12.16. RG 59, SD Decimal File, LM 80, Roll #8 · 9, 895.50 RECOVERY.

20) 「주한미사절단이 이대통령에게」 1948.11.29. RG 59, SD Decimal File, LM 80, Roll #8 · 9, 895.50 RECOVERY.

21) 「주한 미사절단이 이대통령에게」 1948.11.29, 상동.

22) 예산국 작성, 「ECA의 한국에 대한 원조예산안」, 1948.12.30., RG 59, SD Decimal File, LM 80, Roll #8 · 9, 895.50 RECOVERY.

미대사의 지휘체계 아래 놓였으며, 총 200여 명의 규모로 구성되어 한국
에 대한 원조 계획 행정에 맞게 계속 개편·보충되었다.[23] 주한ECA사절
단의 조직구성을 보면 〈그림 1〉과 같다.

〈그림 1〉 주한ECA사절단 조직구성표

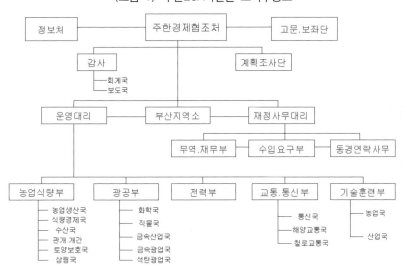

자료 : ECA 예산국, 「ECA의 한국에 대한 원조예산안보고서」.

〈그림 1〉에서 볼 수 있듯이 주한ECA사절단은 농업, 광업, 전력, 교통
업무에 주력하고 있는데, 이는 ECA 대한원조계획의 내용 및 실행과 밀
접한 관련을 가지고 있는 것이다.[24] 이와 같이 주한ECA사절단은 농업
및 광업을 중심으로 한 산업전반의 생산계획을 실행, 감독하는 책임을

23) 「호프만과 미국사절단직원들과 가진 회의비망록」 1948.12.16, RG 59, SD Decimal
    File, LM 80, Roll #8·9, 895.50 RECOVERY.
24) 「행정비망록No.1－주한ECA조직기능설명」 1948.12.15., RG 59, SD Decimal File,
    LM 80, Roll #8·9, 895.50 RECOVERY.

맡았으며, 이를 기반으로 하는 수출입계획과 관련된 업무도 담당하면서 대한원조계획의 실질적인 집행기구로서의 역할을 담당하였다.

한편 주한ECA사절단의 조직 구성 중 한일경제관계구상과 관련하여 주목되는 것은 동경연락사무소를 설치하였다는 점이다. 이는 ECA 원조계획 중 수출입 계획의 주요 활동이 주로 일본과 연계하여 전개될 것이라는 점을 보여주는 것이며, 이것이 재정사무에 속해있다고 하는 점은 수출입관계의 형성을 위해 재정안정계획이 중요한 시책으로 고려되고 있음을 보여주는 것이다. 또한 일본의 경제안정화정책의 실행을 높이 평가하며 이를 수행한 경험 있는 주요 인력을 한국에 배치한다는 ECA의 계획은 동경연락사무소의 설치라는 조직구성과도 연관되어 있는 것이다.

이와 관련하여 위 집행부서 중 또한 주목되는 것은, ECA 대한 원조계획 가운데 중요한 핵심을 이루는 기술프로그램을 수행하는 기술훈련부이다. 이 기술훈련부의 기본적인 기능은 전문기술과 농업기술에 있어 한국인들을 훈련시키는 것이었다. 1950 미회계년도 ECA 프로그램에서는 기술훈련프로그램과 관련한 보다 실제적인 계획들이 준비되었다. 예컨대 기술훈련소의 설립, 전문적이고 직업적인 교사의 훈련을 위한 미국 산업 시찰단의 구성, 훈련 공급품과 장비들의 원조 등에 관한 준비가 이루어졌다.[25]

이처럼 ECA 대한원조계획에서는 한국인의 기술 훈련에 대한 부분이 강조되었으며, 그 일환으로 1950년 3월 ECA 원조자금을 바탕으로 기술연구생 65명을 미국과 일본에 파견하였다. 또한 ECA 기술훈련원에서는 한국 공업기술의 실지 응용과 이에 관련되는 감독 관리 및 교육적 기능에 있어 직업 교원, 중견 기술자, 공장관리인, 작업감독 등의 기술자를

---

25)「국무장관에게 보내는 ECA보고서」1949.12.14., RG 59, SD Decimal File, 895.50 RECOVERY.

양성하기 위하여 사단법인 한국기술원을 설치하고자 하였다.

미국 대한원조의 효율적 운영을 지시, 감독하기 위해 조직된 주한ECA 사절단은 한미원조협정의 규정에 따라 미국의 의도대로 한국 경제정책 전반에 걸친 감독권을 장악하였다. 그리하여 1949년 1월 1일부터 1951년 4월 해산할 때까지 한국 경제사정과 자원의 분석자료 등을 토대로 대한 원조계획을 수립, 운영해 갔으며, 한국에서 미국의 이해를 충실히 대변하는 기관으로서 활동하였다.

4. 맺음말

해방 이후 한일경제관계구상은 미국의 대한원조계획의 조정이라는 측면과 연동되어 진행되었다. 원조조정과 한일경제관계에 관한 논의는 이후 한일협정의 틀을 완성하는 과정에서도 이어진다. 미국의 개입이라는 것이 한일협정의 논의에서 주요한 영향을 미치고 미국의 대외정책 특히 동아시아 정책이 한일협정의 주요 요소가 된다는 점은 이미 여러 연구에서 밝혀지고 있다. 그리고 한일협정의 논의 틀이 해방 이후 미국의 대외정책과 대한정책 수립과정에서부터 기원하고 있다는 사실은 원조 조정논리와 한일경제관계구상이 연동되고 있는 당시 상황과 연결된다.

한일협정체결의 주요 요소 가운데 하나는 일본과의 경제적 통합의 문제였다. 한일협정이 체결된 1960년대 당시에는 경제협력의 실천이 주요 문제였고, 이는 당시의 경제사정의 변화에 따라 한일 간의 수직적 분업 구조의 완성이라는 것으로 실현된다. 그러나 그 논의의 출발점은 미국의 원조계획의 변화였다. 이는 해방 이후 미국의 원조계획의 조정과 한일 경제관계 구상의 논의 진행과정과 유사하다고 할 수 있다. 이러한 점은 한일협정의 기원으로서 해방 이후 시기가 주목되는 이유 중 하나이다.

그리고 이러한 경제원조계획의 조정을 위해서도 일본의 배상문제 해결은 주요한 요소일 수밖에 없었다. 일본의 경제회복이라는 측면에서의 배상문제 해결에 대한 적극적인 모색이 이루어지는 것이다.

기존 연구에서 냉전의 시각과 일본의 경제를 중심으로 동아시아를 재편하고자 하는 미국의 대외정책에 대한 지적이 있었는데, 본고는 이러한 시각을 수용하면서 대한원조계획의 조정과 일본의 경제회복문제, 한일경제관계 구상과 일본의 배상문제와의 연관성까지 그 논의의 연결과정을 맥아더 사령부, 주한미군정, 대한원조기구인 ECA, 관련 자료들을 통해 정리해보았다. 이들 자료들은 그동안 추상적 차원에서 논의되던 미국의 당시 지역통합전략 구상과 한일경제관계구상의 구체적 실체에 접근할 수 있도록 도움을 주며, 1945-1950년까지 한일경제관계 구상 논의의 주요 변수가 무엇이었는지를 분석하는데 크게 기여할 것이다.

한일 양국의 점령당국이 생산한 보고서들에서 보면 일본인들은 경제재건을 위해 헌신적으로 노력하고 있으며 연합군 최고사령부와의 협조관계가 매우 뛰어나다는 점을 들면서 자립을 위한 일본인들의 생존능력이 높이 평가되고 있다. 이에 반해 한국의 상황보고서에서는 분단이라는 조건 속에서 한국 정부에 대한 불신이라기보다는 미덥지 못한 '어린(young)' 정부로 묘사되고 있으며 공산화의 위험을 안고 있는 존재로 인식되고 있다. 그리고 아직 한반도의 통일문제를 해결하지 못한 상황에서 소련의 지원을 받고 있는 북한이라는 존재는 한국에 대한 원조계획에서 주요 변수로 작용하고 있었다. 이러한 한일 양국의 상황에 대한 인식의 차이는 결국 한일경제관계 구상 논의의 출발점이 되고 있는 것이다.

▌참고문헌

1. 논저

박진희, 『한일회담』, 선인, 2008.

박태균, 「1948-1950년 미국의 대한경제부흥정책」, 『역사와 현실』 28호, 1998.

이종원, 『東アヅア終戰と韓美日關係』, 東京: 東京大學出版會, 1996.

이종원, 「戰後米國の極東政策と韓國の脫植民地化」, 『近代日本と植民地: アヅ
　　アの冷戰と脫植民地化』 8, 東京: 岩波講座, 1993.

이현진, 『미국의 대한경제원조정책, 1948-1960』, 혜안, 2009.

정용욱, 『미군정 자료연구』, 선인, 2003.

한국정신문화연구원 편, 『해방전후사 사료연구 II』, 선인, 2002.

한일관계사연구논집 편찬위원회 편, 『해방후 한일관계의 쟁점과 전망』, 경
　　인문화사, 2005.

2. 1차 자료

福永文夫 編, 『GHQ 민정국자료 점령정책; 경제·문화·사회』.

RG 59, SD Decimal File, LM 80, Roll #8·9, 895.50 RECOVERY.

RG 331, Entry UD 1710, General Subject File, compiled 1945-1952(국사편찬위
　　원회 소장문서).

RG 469, ENtry 422, Office of Far Eastern Operations, Korea Subject Files, 1953
　　~1959, Box 15.

U.S. Department of States, *Foreign Relations of the United States(FRUS)*, vol
　　6, Washington, D.C.: United States Government Printing Office, 1948.

—2부

점령기 한일회담의
주요 쟁점

5장

미국 정보기관의 독도관련 자료와 독도문제 인식

─중앙정보국(CIA) CREST 비밀해제 자료를 중심으로─

정병준

정병준 鄭秉峻

이화여자대학교 사학과 교수

한국현대사 전공

주요저작으로『우남 이승만 연구』(2005),『한국전쟁』(2006),

『독도1947』(2010),『현앨리스와 그의 시대』(2015)

1. 머리말

1952년 한국정부의 평화선 선포와 이에 대한 일본정부의 독도 영유권 주장으로 시작된 한일 간의 독도논쟁은 1952~54년간 양국의 외교적 수단의 교환, 해양순시선 및 관리의 독도 상륙 및 영토표식 설치로 이어졌고, 무력시위가 벌어지기도 했다. 일본정부의 독도 상륙시도는 1953~54년 내내 지속되었으나, 1954년 한국정부의 적극적 독도수호정책의 결과 일본 선박·일본관헌·일본어부 등의 상륙은 저지·중단되었고, 독도는 한국령으로 공고화되었다.[1]

1952년 이래 미국은 독도를 둘러싼 한일 간의 충돌에 대해 깊은 우려를 갖고 있었다. 미국이 동맹관계를 맺은 동북아시아의 가장 중요한 우방 두 나라가 작은 섬을 둘러싸고 무력충돌을 벌이기 직전이었기 때문이다. 미국은 1951년 샌프란시스코평화조약이 체결되는 과정에서 대일 우호적 자세를 견지했으며, 독도에 관한 한국정부의 주장을 기각하기까지 했다. 또한 1952~54년간 미국무부 동북아시아국의 일부 관리들과 주일미대사관의 외교관들은 독도에 대한 일본정부의 주장에 공감하고 있었다. 물론 미국정부의 입장은 1954년 당시 미국무장관이던 존 포스터 덜레스의 결정에 따라 중립적 위치로 결정되었다. 이 시기에 결정된 미국의 입장은 독도문제는 한일 양국 간의 분쟁이며 미국은 개입해서는 안 된다, 샌프란시스코평화조약에서 독도문제는 논의·합의·결정되지 않았다, 한일 양국 간에 문제해결이 어려우면 국제사법재판소의 해결을 기대해야 한다는 것이었다.[2]

---

* 이 연구는 『한국독립운동사연구』 2013년 46집에 실린 논문임.
1) 정병준, 「1953~54년 독도에서의 한일충돌과 한국의 독도수호정책」, 『한국독립운동사연구』 41, 독립기념관 한국독립운동사연구소, 2012, 391~442쪽.

　이 글은 1952년 이후 미국 정보기관, 특히 중앙정보국(Central Intelligence Agency : CIA)이 독도에 관해 어떠한 정보를 가지고 있었으며, 어떠한 입장·판단을 가지고 있었는지를 살펴보려 한다. 비밀정보기관의 성격을 생각한다면 한일 간의 논쟁과 이에 대한 배경분석, 정보적 판단 등에 대한 시사점을 얻을 수 있을 것이다.

　현재 CIA 홈페이지에는 세계사정(The World Factbook)이 소개되어 있다. 이 항목의 '부록 F 지리적 명칭의 참조목록'(Appendices—F. Cross-Reference List of Geographic Names)에는 독도와 동해가 이렇게 설명되어 있다.[3]

〈표 1〉 CIA 홈페이지의 동해·독도 표기

명　칭	CIA 홈페이지 표기명	The World Factbook의 표기 및 기술항목	위도	경도
동　해	Japan, Sea of	Pacific Ocean	40 00 N	135 00 E
독　도	Liancourt Rocks (claimed by Japan)	South Korea	37 15 N	131 50 E

　동해는 일본해(Japan, Sea of Japan)로 표기되어 있으며, 세계사정(The World Factbook)에는 태평양 항목에 표기해 놓았다. 독도는 리앙쿠르암(Liancourt Rocks)으로 표기했으며, 한국(South Korea) 항목에 표기해 놓았다. 독도 항목에는 일본이 영유권을 주장하고 있다(claimed by Japan)고 부기되어 있다.

　국가별 소개를 보면 독도는 한국(Korea, South) 지도에 표시되어 있지 않고, 일본(Japan) 지도에 표시되어 있다. 일본 지도에 화살표로 리앙쿠

---

2) 정병준, 『독도1947』, 돌베개, 2010, 938~953쪽.

3) https://www.cia.gov/library/publications/the-world-factbook/appendix/appendix-f. html 2009년 7월 2일; 2013년 9월 8일 검색.

〈그림 1〉 East & Southeast Asia : Japan (CIA World Factbook), 리앙쿠르암 표기

〈그림 2〉 East & Southeast Asia : Korea, South (CIA World Factbook)

르암(Liancourt Rocks)으로 표기되어 있다. 리앙쿠르암에 대해서 일본 지도에 표기한 것은 이례적인 것이다. 왜냐하면 지리정보를 소개하는 부록에서는 리앙쿠르암을 한국 항목에서 설명했기 때문이다. 이전 검색 (2009. 7. 2) 시점에서는 한국 지도 옆에 리앙쿠르암을 설명해 놓았었는데, CIA는 리앙쿠르암을 일본 지도로 옮겨 설명하는 쪽으로 변경한 것이다.

일본 지도에는 일본이 영유권을 주장하는 북방4개 섬에 대해서 화살표로 표기한 후, 1945년 소련이 점령했으며, 러시아가 통치하고 있으며 일본이 영유권을 주장하고 있다(Occupied by the Soviet Union in 1945, administrated by Russia, claimed by Japan)고 부기해 놓았다.

독도에 대해서 CIA 홈페이지는 "국제분쟁(Disputes - international)" 지역으로 구분해 놓았다. 독도(Liancourt Rocks으로 표기, Tok-do/Take-shima로 병기)는 남한, 북한, 일본 3국에 관한 설명에서 모두 국제 분쟁 지역으로 적시되어 있다.4) 이러한 CIA 홈페이지의 설명은 일반적인 미국 정부의 입장과 일치하는 것으로 생각된다. 동해에 대해서는 일본해로 표기하고, 독도는 리앙쿠르암으로 표기하는 한편 한국이 통치하고 있으며 일본이 영유권을 제기하고 있다고 병기하는 방식이다.

이 글은 미국 CIA가 비밀해제 후 공개한 문서들에 나타나는 독도문제와 이에 대한 CIA의 평가를 살펴보는 것을 목적으로 한다. CIA는 미국립문서기록관리청(the National Archives and Records Administration : NARA) 열람실 3층 도서관에서 CIA 비밀해제 문서 검색 전용 컴퓨터 시스템을 운영하고 있다. 이 시스템의 이름은 CREST인데, CIA Records Search Tool의 약자이다. 이 연구에 사용된 CREST 검색결과는 2009년과 2013년 두 차례의 미국립문서기록관리청에서의 조사과정에서 입수한 것들이다.[5]

2. CIA CREST 소개 및 독도 관련 검색 결과

1) CIA CREST 개관

이 연구의 출발점인 CREST는 CIA Records Search Tool의 약자로 CIA 기록검색도구를 의미한다. 국립문서기록관리청의 CIA CREST 전용 컴퓨터

---

4) https://www.cia.gov/library/publications/the-world-factbook/geos/ks.html;
   https://www.cia.gov/library/publications/the-world-factbook/geos/kn.html;
   https://www.cia.gov/library/publications/the-world-factbook/geos/ja.html

5) 이 글에서는 CIA가 기술한 내용을 정확히 인용하기 위해 CIA가 영어원문에 표기한 지명 그대로를 번역해 사용하도록 하겠다. 즉 이 글에서 사용되는 독도(Tokto, Tokdo, Dokdo), 리앙쿠르암(Liancourt Rocks), 다케시마(Takeshima), 일본해(Sea of Japan), 황해(Yellow Sea), 이승만라인(Rhee Line), 남한(South Korea), 북한(North Korea) 등은 모두 원문 그대로를 인용한 것이며, 평가나 판단이 들어간 것이 아님을 밝혀둔다.

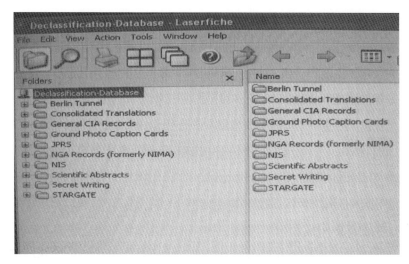

〈그림 3〉 CIA CREST 데이터베이스 검색 초기화면

시스템에서 검색·출력할 수 있으며, 검색결과는 레이저 피쉬(Laser Fiche)
의 형태로 제공된다.

　　CIA가 제공하는 CREST의 검색공구에 따르면 CREST 시스템은 CIA와 국
립지리정보국(National Geospatial-Intelligence Agency : NGA)이 대통령명령
제12958호(Executive Order 12958)에 따라 전자적으로 비밀해제한 문서들을
소장하고 있다. 매 회계연도 말에 한 차례씩 새로운 비밀해제 데이터들이
CREST에 포함된다.6) 대통령명령 제12958호란 미국의 정보자유법(FOIA :
Freedom of Information Act)에서 제외된 문서들을 비밀해제하기 위한 것이
다. 대통령이 생산하거나, 대통령이 임명한 백악관 참모·위원회·위원
단·기구가 생산한 문서, 혹은 전적으로 대통령을 보좌·조언하기 위해 대
통령 집무와 연관된 존재가 생산한 문서들은 FOIA에 의한 비밀해제에 제

---

6) *CREST(CIA Records Search Tool) Quick Reference Guide* : A tool for searching
and viewing records released by CIA and NGA under Executive Order 12958
Section 3.3., August 5, 2008, p.A-1.

외되었다. 이 문서들에 대한 비밀해제 요청을 위해서 대통령명령 12958호 (Executive Order 12958)의 위임재조사(mandatory review: MR) 조항이 마련된 것이다.[7] CIA는 비밀정보기관이므로 정보자유법이 아닌 대통령명령 12958호의 위임재조사(MR) 조항에 의해 비밀해제가 이뤄진 것이다.

현재 CIA가 국립문서기록관리청에서 제공하는 CREST에는 2개의 큰 데이터베이스가 존재한다. 하나는 2000년에 최초에 공개된 데이터베이스로 (1) Declassification-Databases이고 다른 하나는 2010년에 추가로 공개된 (2) Declassification2010 데이터베이스이다. 이 두 가지 데이터베이스는 동일한 구조로 되어 있다. 이 2가지 데이터베이스로 구축된 CREST는 모두 9개의 하부 콜렉션으로 구성되어 있다.

- Consolidated Translations (통합 번역) : 외국어 기술관련 논문·기사의 번역보고서를 담고 있다. 콜렉션은 저자별로 분류되어 있다. 각 문서는 단일한 주제를 다루고 있다.

- General CIA Records (CIA 일반문서) : CIA 아카이브에서 나온 기록들을 담고 있으며, 최소 25년 이상 된 것들이다. 이 기록에는 다양한 분량의 최종 정보보고서(intelligence reports), 현지 첩보보고서(field information reports), 고위급 정책문서(high-level Agency policy papers) 및 비망록, CIA가 생산한 여타 문서들이 포함되어 있다.

- Ground Photo Caption Cards (지상사진 설명카드) : 국립지리정보국(NGA) 지상사진 콜렉션에 소장된 사진을 식별하기 위해 사용되는 카드를 담고 있다. 각각의 설명카드에는 일련번호가 붙어 지상사진의 일련번호를 확인할 수 있다. 지상사진 콜렉션의 마스터 네가티브(master negatives)는 국립문서기록관리청에서 별도로 접근할 수 있다. 설명카드는 마스터 네가티브를 확인할 수 있는 설명 정보를 제공함으로써 별도로 마스터 네가티브를 요청할 수 있다. 이 일련의 기록은 국립문서기록관리청에서 이용가능한 "CIA Electronic

---

7) 정병준, 「총설」, 『미국소재 한국사 자료 조사보고I: NARA 소장 RG 59 · RG 84 외』, 국사편찬위원회, 2002, 19~20쪽.

Ground Photography Search Tool"이라 불리는 MS Access database와 연결해서 사용할 수 있다.

- JPRS (합동출판연구서비스) : JPRS 콜렉션은 1970년대 말과 1980년대 초반의 합동출판연구서비스(the Joint Publication Research Service)가 편집한 지역 및 주제별 이슈의 번역물로 구성되어 있다. 이 번역물은 주제별로 일일, 주간, 월간으로 간행된 시리즈로 생산되었다. 여기에는 "Latin America Report", "East Europe Report Economic and Industrial Affairs", "Translations on USSR Sciences and Technology Physical Sciences and Technology" 등이 포함된다.

- NGA (formerly NIMA : 국립지리정보국) : 국립지리정보국(NGA) 콜렉션은 25년 이상 된 NGA 아카이브에서 나온 기록을 담고 있다. 이들 기록은 주로 사진 정보보고서(photographic intelligence reports)들이다.

- NIS (국가정보조사) : NIS 콜렉션은 국가정보조사(National Intelligence Survey : NIS)의 일부로 생산된 정간물(gazetteers)로 구성되어 있다. 이 정간물은 장소명 목록 및 강이나 산 같은 도시 및 자연지형의 지리적 좌표를 제공한다. 이 콜렉션은 세계 대부분 나라와 1940년대 후반부터 1970년대 초반까지를 포괄한다.

- Scientific Abstracts (과학기사 초록) : 이 콜렉션은 세계 전역의 외국 과학 및 기술잡지 논문·기사의 초록을 담고 있다. 이 콜렉션은 소련과 동유럽 국가들의 과학 조사를 기록하기 위한 CIA의 과학적 노력을 대표한다.

- STARGATE : STARGATE 콜렉션은 25년 이상된 정보사회의 노력으로 만들어진 기록을 담고 있는데, 이는 보통의 인지로는 접근이 차단된 목표물에 대한 정보를 획득하고 묘사하기 위해 투시(clairvoyance), 예지(precognition), 혹은 텔레파시(telepathy)를 사용한다는 장거리 투시자(remote viewers)를 활용한 것이다. 이 기록들에는 장거리 투시의 절차, 훈련, 내부 비망록, 외국 자원, 프로그램 리뷰 등에 관한 문서들을 포함하고 있다.

- Berlin Tunnel (베를린 터널) : 베를린 터널 콜렉션은 101페이지 문서로, 제목은 1952~1956년간 베를린터널의 비밀공작사(Clandestine Services History of the Berlin Tunnel: 1952-1956)이다. 베를린 터널 작전은 동베를린의 소련 통신으로 침투해서 소련블럭의 군사 및 정치 활동에 관한 광범위한 정보를 제공했다.[8]

즉 이상과 같이 CIA CREST에서 제공하는 정보는 다양한 CIA 간행물, 국립지리정보국, 국가정보조사에 기초한 것임을 알 수 있다. 지상사진, 과학기사 초록, STARGATE, 베를린터널 등은 이 연구의 목표인 독도와는 무관한 정보임을 알 수 있다. 전반적으로 비밀해제된 CIA의 간행물(일 간·주간·월간 정기보고서 및 특별보고서)에서 독도와 관련된 자료들 을 검색할 수 있음을 알 수 있다.

2) CIA CREST의 독도 관련 검색 결과

2009년과 2013년 7월 국립문서기록관리청 방문연구 과정에서 CREST 검색을 실시했다. 검색어는 독도와 관련된 Liancourt Rocks, Takeshima, Tokto, Tokdo, Tok-to 등 5가지 단어를 사용했다. 그 결과를 표로 표시하 면 아래와 같다.

〈표 2〉 CIA CREST 독도관련 검색결과 (2013. 7)

데이터베이스 검색어	Declassification-Databases (비밀해제데이터베이스)	Declassification2010 (2010공개분)
(1) Liancourt Rocks	문서14건, 표시16회	문서3건, 표시6회
(2) Takeshima	문서13건, 표시14회	문서3건, 표시4회
(3) Tokto	문서24건, 표시25회 [문서4건, 표시4회]	문서10건, 표시11회
(4) Tokdo	문서1건, 표시1회 [무관]	문서1건, 표시3회
(5) Tok-to		문서667건 [무관]
합　계 [무관 제외 실제합계]	문서52건, 표시56회 [문서31건, 표시34회]	문서684건, 표시24회

---

8) *CREST(CIA Records Search Tool) Quick Reference Guide* : A tool for searching and viewing records released by CIA and NGA under Executive Order 12958 Section 3.3., August 5, 2008, Appendix A: CREST Contents.

리앙쿠르암(Liancourt Rocks)으로 검색한 결과 Declassification-Databases에는 14개 문서 16건 표시, Declassification2010에는 3개 문서, 6건 표시되었다.

다케시마(Takeshima)로 검색한 결과 Declassification-Databases에는 13개 문서 14건 표시, Declassification2010에는 3개 문서, 4건 표시되었다.

독도(Tokto)로 검색한 결과 Declassification-Databases에는 24개 문서, 25건 표시되었다. 그러나 이 중 4건만 Tokto를 다룬 것이었고, 나머지 20건은 Tokyo를 컴퓨터가 오독한 것이었다. Declassification2010에는 10개 문서, 11건 표시되었다.

독도(Tokdo)로 검색한 결과 Declassification-Databases에는 1개 문서 1건 표시되었으나, 무관한 내용이었다. Declassification2010에는 1개 문서, 3건 표시되었는데, 모두 박춘호 교수의 Continental Shelf Issues in the Yellow Sea and the East China Sea의 내용이었다.

독도(Tok-do)로 검색한 결과 Declassification2010에는 667개 문서가 검색되었으나, 모두 Tokyo 등을 시스템이 Tokdo로 오독한 결과였다.

이상과 같이 CREST에서 검색한 결과 독도와 관련되어 비밀해제된 기록들은 리앙쿠르암(Liancourt Rocks)의 경우 17개 문서, 22건 표시, 다케시마(Takeshima)의 경우 16개 문서, 18건 표시, 독도(Tokto)의 경우 14개 문서, 15건 표시, 독도(Tokdo)의 경우 1개 문서, 3건 표시로 종합되었다. 그러나 실제로 리앙쿠르암, 독도, 다케시마 등이 함께 병기된 경우가 대부분이므로 실제로 독도문제가 포함된 문서의 수는 1/3 이하로 집계된다.

이 결과는 2009년 검색한 결과와는 일정한 차이가 있다. 2009년에는 Declassification-Databases(비밀해제데이터베이스)만 존재했는데, Liancourt Rocks으로 검색한 결과 15건이 확인되었고, Take Shima로는 7건이 검색되었다. Tokdo 혹은 Tokto로는 검색결과가 산출되지 않았다. 즉 2009년에는 22건이 검색된 데 비해서 2013년에는 같은 데이터베이스에서만 52

건 이상이 검색된 것이다. 즉 CREST 검색시스템은 언제나 동일한 결과를 산출하는 것이 아니며, Tokyo를 Tokto로 오독한 경우(684건) 등 다양한 검색오류가 나타남을 알 수 있다.

아래에서는 연대기 순으로 CIA가 작성·입수한 자료들에 나타난 독도문제에 대한 CIA의 인식과 평가를 정리하겠다.

3. 독도 관련 자료의 내용과 평가

1) 1950년대: '독도분쟁'의 고조와 결정적 전환

CREST에는 나타나지 않지만, CIA가 최초로 제작한 한국지도는 1949년의 것이다. 1949년 4월 제작된 CIA Map 11171이다. 이 지도는 미국무부 십진분류문서철에 들어 있는 것으로, 북한이 자강도를 신설하면서 변경된 도계가 CIA지도에 반영되었는지를 확인하기 위한 용도로 주한미대사관이 문서에 첨부한 것이다.

이 지도에는 울릉도만 표시되어 있을 뿐 독도에 대한 표시나 언급은 존재하지 않는다.[9] 또한 동해는 일본해(Sea of Japan)로 되어 있다. 전반적으로 아직 독도문제를 둘러싼 한일 간의 논쟁이 본격적으로 전개되기 전이므로, CIA의 정보 또한 제한적이었을 것이다.

1950년대에 CIA가 취급한 문서 중 공개된 문서는 모두 10여 건이다. 가장 최초의 문서는 1951년 11월 10일자 문서이며, 가장 마지막 시기의

---

9) Muccio to the Department of State, Subject : Omission of Chagang Province from CIA Maps 11171 and 11171.1, (March 11, 1950), RG 59, Department of State, Decimal File, 795.022/3-1150.

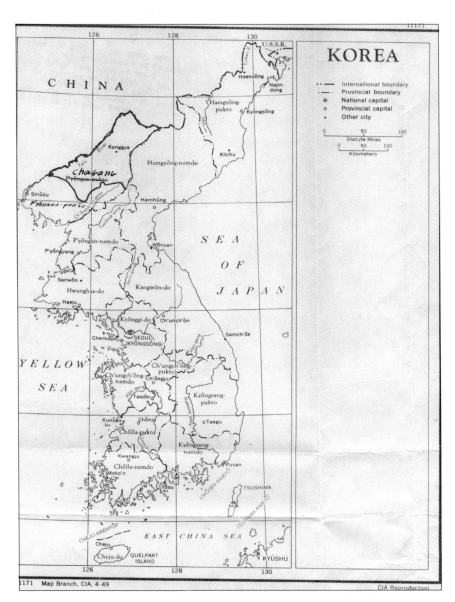

〈그림 4〉 CIA Map 11171 (1949. 4)

것은 1955년 10월 27일자 문서이다. 시기적으로는 한일 간의 독도 논쟁이 절정에 도달했던 1954~1955년도에 문서가 집중되어 있다. 아래에서는 연대기순으로 각 문서를 살펴보겠다.

(1) 1951. 11. 30. *Daily Digest*, 30 November 1951, CIA No. 49439, Office of Current Intelligence, Central Intelligence Agency

CIA의 현용정보국(Office of Current Intelligence)이 발간하는 「일일요약(Daily Digest)」은 1급비밀(Top Secret) 문서로 분류되었는데, 제49439호(1951. 11. 30) 9쪽에서 독도문제를 다루고 있다. 내용은 다음과 같다.

17. 한국/일본. 한국정부가 일본해의 섬에 대해 영유권을 주장(Japan/Korea. Korean Government claims island in Japan Sea) : 부산 미대사관은 대한민국 정부의 "공식 대변인"이 현지 언론을 통해 다케시마섬(Takeshima Island)이 한국에 속한다고 주장했음을 보고했다. 7명의 일본 통신원들이 이 섬을 방문했고 이 섬이 일본에 속한다고 주장했다는 보도에 고무되어 언론성명을 낸 것이다. (부산 495호, 1951. 11. 28)
논평 : 다케시마섬은 일본 해에 위치하는 사람이 살지 않은 작은 바위섬(rocky islets)들로 구성되어 있으며, 일본과 한국 간의 대략 중간에 위치해 있다. 평화조약에서 일본이 포기할 도서 군에 다케시마를 포함해달라는 대한민국의 공식 요청에도 불구하고, 이는 이뤄지지 않았는데, 일본은 이를 의문의 여지가 없는 최종적 결정이라고 생각하고 있다. 섬은 1905년 일본 지방현에 통합되었지만 SCAP의 1946년 "일본" 규정으로 인해 이 섬들이 특별하게 (일본에서) 분리되었다는 사실에 한국 측 영유권 주장은 고무되었다.[10]

---

10) *Daily Digest,* 30 November 1951, CIA No. 49439, Office of Current Intelligence, Central Intelligence Agency, p.9.

이는 1951년 11월 14일『아사히신문(朝日新聞)』기자 등의 독도상륙
기사에서 비롯된 것이었다.[11] 이 보고서는 흥미로운 정보들을 담고 있
다. 첫째 1951년 11월 30일의 시점에서 CIA가 대일평화조약에서 한국정
부의 독도요청 및 미국무부의 기각을 정확하게 인지하고 있었다는 사실
이다. 둘째 일본 정부가 이 사실을 인지하고 평화조약에서 독도가 일본
령에서 배제될 도서에 포함되지 않음으로써 일본령으로 남게 되었다고
판단하게 되었다는 사실이다. 셋째 일본의 독도 영유권 주장은 1905년
의 편입이며, 한국의 독도 영유권 주장은 1946년 SCAP의 대일영토 규정
에 근거하고 있다고 판단한 점이다.

이 보고서에서 가장 중요한 것은 CIA가 러스크(Dean Rusk) 국무부 극
동담당차관보가 양유찬 주미대사에게 보낸 서한(1951. 8. 10)을 정확히
인지하고 있었다는 점이다. 한국 외교부는 물론 국무부 본부·주한미대
사관 등도 1952년 11월까지도 러스크서한의 존재는 물론 그 외교적 의
미를 정확히 인지하지 못하고 있었다.[12] 이런 국무부의 상황과 대비해
볼 때 CIA 본부는 샌프란시스코평화회담 준비과정에서 독도가 어떻게
논의되었는지를 정확하게 파악하고 있었던 것이다. 또한 일본 정부가
샌프란시스코평화회담에서 독도가 일본령에서 배제되지 않았다는 점을
독도문제에 대한 최종적 결정으로 인식하고 있다는 CIA의 판단도 주목
할 부분이다. 과연 일본이 1951년 한미 간에 진행된 독도문제 협의에 대
해 정확히 인지하고 있었는지는 미상이다. 그러나 이 회담에서 일본령
에서 배제될 도서명에서 독도가 특정되지 않았음을 일본정부가 충분히
인지하고 있었고, 이것이 일본의 독도 영유권 주장의 배경이 된 것이었다.

마지막으로 CIA는 한국과 일본의 독도영유권 주장이 각각 1905년의

---

11) 「日本へ還る無人の'竹島'」,『朝日新聞』, 1951년 11월 24일.

12) 정병준,『독도1947』, 795~796쪽.

편입(일본), 1946년의 SCAP 결정(한국)이라는 점을 지적하고 있다. 향후 전개될 양측의 논리적 기반을 정확하게 인지하고 있었던 것이다.

(2) 1952. 2. 5. *Daily Digest*, 5 February 1951, OCI No. 3866, Office of Current Intelligence, Central Intelligence Agency

1952년 2월 CIA의 현용정보국(OCI)이 발행한 1급 비밀 문서,「일일요약」 OCI no.3866 (1952. 2. 5)의 8쪽에 독도문제와 관련해 평화선이 다뤄졌다.

> 11. 한국. 한국의 영해주장이 계속 이슈가 되다(Korea. Korean territorial waters proclamation continues to be an issue) : 한반도 인접 수역에 대한 대한민국 관할권에 대한 이승만 선언에 반대하는 일본의 항의가 한국 신문에서 지속적 관심을 받고 있는데, 한국언론이 항의하는 주요 주제는 리앙쿠르암(Liancourt Rocks)에 대한 일본의 영유권 주장에 관한 것이다. 그러나 이승만의 선언은 한국 관리들 가운데에서 거의 열광을 불러일으키지는 않았으며, 미대사관은 아직 한국이 일본인들을 차단하라고 지시했는지의 여부는 명확하지 않지만, 일본 어선들이 새로 선포된 계선을 넘는 일이 발생하더라도 강렬한 조치가 취해질 것 같지는 않다고 판단하고 있다.[13]

CIA는 평화선에 대한 주한미대사관의 보고를 인용하고 있는데, 미 대사관이 상황파악을 정확하게 하지 못하고 있음을 알 수 있다. 즉 평화선을 선포한 이후 한국정부가 실제로 일본어선을 차단, 즉 나포하는 행동을 하지 않을 것으로 낙관적으로 판단한 것이다. 그렇지만 한국정부는 1952년 평화선 선포 이후 일본어선에 대한 대대적 단속과 나포를 실시했다. 이는 평화선과 독도를 수호하기 위한 것일 뿐만 아니라 당시 진행

---

13) *Daily Digest*, 5 February 1951, OCI No. 3866, Office of Current Intelligence, Central Intelligence Agency. p.8.

되고 있던 한일회담에서 일본 측을 상대하기 위한 중요한 지렛대를 만
들기 위한 다목적 포석이었다.

(3) 1953. 6. *Map Intelligence Review*, CIA/RR MR-365-6, June 1953,
Office of Research and Reports, Central Intelligence Agency

1953년 6월 CIA 분석·보고실(Office of Research and Reports)이 작성한
「지도정보리뷰(Map Intelligence Review)」는 전세계의 영토·해양 분쟁을
다루고 있다. 크게 유럽, 근동·극동, 태평양도서로 나누어 세계의 영토
분쟁 및 해양분쟁을 다루었다. 독도는 보고서의 부록으로 첨부된「미국
지도의 태평양도서 취급(Treatment of Pacific Islands on U.S. Maps)」에서
영유권 논쟁이 벌어지고 있는 태평양지역 도서 중 하나로 다루어졌다.
중요한 분쟁도서를 다룬 다음 마지막 기타 도서로 대만과 중국이 영유권
을 다투는 프라타스(Pratas)와 한일 간 대립이 있는 독도가 언급되었다.
간단하게 도서의 이름(name), 권리 주장국(claimants), 영유권 귀속(sovereignty
designation), 비고(remark) 등의 항목이 제시되었다. 여기서 독도에 대해
이렇게 기술하고 있다.

도서명	권리주장국	주권귀속	비고
다케시마(리앙쿠르암)	한국-일본	없음	

독도의 한국명을 전혀 사용하지 않았으며, 일본명인 다케시마(Take-
shima)를 쓰고 이명으로 리앙쿠르암(Liancourt Rocks)을 병기한 부분이
가장 큰 특징이다. 주권귀속은 없음(none)으로 표기했고, 비고는 공란으
로 두었다. 전반적으로 다른 분쟁도서에 비해 독도는 중요하지 않은 기
타 도서로 취급되었던 것이다.

(4) 1954. 8. 25. *Current Intelligence Bulletin*, no 16. (25 August 1954), Office of Current Intelligence, Central Intelligence Agency

1954년 8월 CIA의 현용정보국은 1급 비밀 문서, 「현용정보불레틴(Current Intelligence Bulletin)」 copy no.80 (1954. 8. 25)은 1954년 한국정부가 독도에 설치한 등대 및 일본 해양순시선에 대한 총격 등을 다루고 있다.

1. 한국의 리앙쿠르암 활동에 대해 일본이 강하게 반발할 것으로 예상(Severe Japanese reaction to Korean activity on Liancourt Rocks expected)

앨리슨(Allison) 주일대사는 남한정부가 최근 리앙쿠르암(Liancourt Rocks)에 등대를 설치한 것에 대해 일본이 거세게 반발할 것으로 예상하고 있다. 앨리슨의 판단으로 일본정부는 한국의 최근 이 조치를 무시할 수 없을 것이며, 이는 정부, 언론 및 시민들이 이 암석에 대한 영유권문제에 관해 극도로 민감하기 때문이다. 일본 외무성은 미대사관에 알리기를 정부 순시선이 8월 23일 리앙쿠르암에서 총격을 받았다고 했다. 외무성은 이 행동에 항의할 것이지만 한국정부가 이를 공개하지 않는다면 문제를 비밀로 숨겨둘 의도이다 (The ministry will protest the action but intends to keep the matter confidential unless the South Koreans make it public). (몇 문장 지워짐) 만약 이러한 도발적 행동들이 대중에게 공표된다면, 일본정부는 한국인 거주자에 대한 조치 및 주일한국대표부 추방까지 포함하는 보복 수단을 취하라는 극도의 압력 하에 놓여질 것이다.[14]

그러나 일본 외무성은 이 사건을 비밀로 숨겨두지 않았다. 『요미우리신문(讀賣新聞)』의 보도(1954. 8. 27)에 따르면 일본 외무성은 이 사건에 대해 8월 26일 주일한국대표부에 항의했고,[15] 한국외무부는 8월 28일

---

14) *Current Intelligence Bulletin*, no 16. (25 August 1954), Office of Current Intelligence, Central Intelligence Agency, p.3.

일본 측이 독도에 상륙하려는 의도로 한국영해 내로 침입했다고 비판했
다.[16]

한국 외교문서에 따르면 8월 23일 오전 9시경 독도북방 약 500미터 지
점에 일본 철선 오키(隱岐)호가 출현했는데, 선체에는 기관총 2문을 장
착했으며, 약 30여 명 정도가 탑승하고 있었다. 이에 따라 "파견대원"들
이 정지를 명령했으나 불응하기에 상공을 향하여 위협 발포했고 이 선
박은 고속으로 동쪽으로 도주했다.[17]

일본 측 기록에 따르면 舞鶴해상보안본부 소속 순시선 오키호는 8월
23일 오전 8시 40분경 독도의 서도 북북서 약700미터의 지점에서 서도
동굴 부근에서 가해진 총격을 받았다.[18] 약 600여 발의 총격은 10여 분
간 이어졌는데, 다수 탄환이 선교 위를 지났고, 그 중 1발이 우현 船橋
電池室을 관통했다. 오키호는 退避해야 했다.[19]

(5) 1954. 9. 8. *NSC Briefing*, 8 September 1954, Situation in South
　　Korea

1954년 국가안전보장위원회(National Security Council : NSC)의 보고서
「남한의 상황(Situation in South Korea)」(1954. 9. 8)은 한일 간의 관계 악

---

15) 『讀賣新聞』, 1954년 8월 27일.

16) 『讀賣新聞』, 1954년 8월 29일.

17) 「日本船舶侵入狀況」(治安局 특수정보과 경사 韓東述), 『독도문제, 1952-53』;
　　「일선 침범사건 발생의 건」(내무부 치안국장→외무부 정무국장)(1954. 8. 23);
　　「독도에 대한 일본선박 침범사건 발생의 건」(외무부장관→주일공사)(1954. 8.
　　30), 『독도문제, 1954』; 「주일한국대표부 구술서(Note Verbale)」(1954. 8. 30),
　　외무부 정무국, 『獨島問題概論』, 1955, 77~79쪽.

18) Annex 23. 「일본외무성 구술서(Note Verbale)」(1954. 8. 26) 외무부 정무국, 『獨
　　島問題概論』, 73~74쪽.

19) 田村淸三郎, 『島根縣竹島の新硏究』, 島根縣總務部總務課, 1965, 125~126쪽; 川上
　　健三, 『竹島の歷史地理學的硏究』, 古今書院, 1966, 198쪽.

화로 성공적인 한일 협상을 이룰 수 없다고 전망했다.

　　지난 며칠 동안, 무장 한국인들의 리앙쿠르암 점령사실이 의도
적으로 도발적 방식으로 선언되었는데, 이 섬들은 일본도 영유권
을 주장하고 있는 곳이다. 국내에서 실추된 위신을 회복하기 위해
이승만이 일본과 바다에서 충돌을 도발할 방법을 찾을 가능성이
있는데, 한국군은 상대적인 공군 우위라는 이점을 갖고 있다. 한국
해양경찰은 유엔군사령부 통제 하에 있지 않다.[20]

　1954년 8월 이후의 시점에서 CIA는 한국정부에 의한 독도 등대 설치,
무선통신시설의 설치, 경비초소의 설치, 경비 병력의 배치 등을 한국정
부의 '도발'이라고 판단하고 있었음을 알 수 있다. 또한 이러한 상비적
경비시설의 설치를 통한 독도영유권의 기정사실화가 일본 정부를 자극
하고 있다고 판단했다. CIA는 이승만이 국내에서 실추된 위신을 회복하
기 위해 일본과 해상충돌을 꾀할지 모른다고 예측했는데, 정확하게 무
엇을 의미하는지 미상이다. 1954년 6월 제네바정치회담이 있었고, 이후
이승만의 방미(1954. 7), 초대대통령 重任제한 철폐 개헌안 제안(1954. 9.
8)이 있었다. 해양경찰이 유엔군사령부의 통제 밖에 존재하기 때문에
한일 해상충돌을 주도할 것이라는 예상은 정확한 것이었다.

　(6) 1954. 9. 17. *Current Intelligence Weekly*, OCI no. 9946 (17
　　September 1954), Office of Current Intelligence, Central Intelligence
　　Agency

　1954년 9월 CIA의 현용정보국은 2급 비밀(Secret) 문서, 「주간 현용정
보(Current Intelligence Weekly)」 OCI no. 9946 (1954. 9. 17)에서 남한이

---

20) *NSC Briefing*, 8 September 1954, Situation in South Korea, p.3.

독도를 둘러싸고 일본과 분쟁을 야기하고 있다고 보고했다. 이 보고는
1954년의 시점에서 당시 한일 간의 '독도분쟁'을 바라보는 CIA의 기본적
시각과 판단을 보여주는 자료이므로 조금 길지만 그대로 인용하겠다.

　　남한이 리앙쿠르암을 둘러싸고 일본과 분쟁을 야기하고 있음
(South Korea Provoking Dispute with Japan over Liancourt Rocks) :
분쟁이 되고 있는 리앙쿠르암에 대한 남한의 무력 점령은 한일 갈
등이라는 보다 커다란 세계의 또 하나의 인공적 창조물이자 보다
폭발력 있는 사례이다. 위신의 문제 때문에 이들 정부는 그 섬의
실질적 중요성을 훨씬 뛰어넘는 무력사건을 벌일 가능성이 있다.
　　서울과 동경 양측은 보통 사람이 거주하지 않는 리앙쿠르암(7쪽
의 지도 참조)에 대해 역사적 및 지리적 권리가 있다고 주장했다.
올해 초, 남한은 대마도해협에 대한 일본의 방어조치가 "이라인"을
순찰하는 한국 해양경비대를 위협한다고 주장했다. 이라인은 서울
이 고의적으로 일본 어부들을 한국에서 배제시킨 국제수역 내의
구역이다. 4월, 이대통령은 "리앙쿠르 자위대(Liancourt Self-Defense
Force)"를 조직해 "일본 침략"에 맞서 섬을 보호하도록 했다.
　　6월에 일본 관리들은 일본이 "남한에 대항해 리앙쿠르에 대한
자신의 권리를 보호하기 위해" 준비해야만 한다고 말했지만, 섬을
방문하려던 일본 의원들의 시도는 남한 해양경찰에 의해 저지되었
다. 일본이 총격을 가하고, 사진 촬영을 하고, 관찰하고, 무장경찰
을 섬에 상륙시켰다고 항의한 후, 남한은 8월에 다수의 어부를 정
착시켰고 그곳에 등대를 설치했다. 9월초 서울은 언론이 "수백 명
의 경찰"이라고 명명한 수비대(a garrison)를 리앙쿠르에 급파했다.
　　이승만이 워싱턴방문에서 돌아왔으나, 그 기간 중 미국의 "친일"
정책을 변경한다는 자신의 목적을 획득하는데 실패했기 때문에,
그의 일본 비방은 상당히 증가했다. 한국언론의 리앙쿠르점령에
대한 선언은 의도적으로 도발적이었다. 리앙쿠르암을 둘러싼 남한
의 행동은 즉시 일본을 향한 이승만의 뿌리깊은 적개심을 반영하

며, 국내에서 실추된 명예를 회복하려는 시도이며, 미국과 자신의 협상에서 협상책략으로 일본과 긴장을 고조시키려는 의도이다.

일본정부는 무장점령을 "일본영토에의 불법적 침입"이라고 규정했다. 정부의 성명에 직면해, 일본정부는 한국인들을 구축하기 위해 해군을 사용할 계획은 아니며, 국회 위원회 내에서는 한국에 대한 보다 강경한 정책을 요구하는 목소리가 이미 들려오고 있다. 11월에 국회가 재개될 쯤이면, 정부가 행동에 돌입하도록 만드는 충분한 압력이 형성될 것이다.[21]

이 보고서의 7쪽에는 평화선(이승만라인)이 표시되어 있으며, 그 속에 독도(Liancourt Rocks)가 표시되어 있다. 이 보고서는 1954년에 작성된 CIA 보고서 가운데 한일 독도갈등을 다룬 가장 긴 내용을 담고 있으며, 특히 1954년의 역사적 경과를 다루면서 이에 대한 평가를 시도하고 있다는 점에서 주목된다.

첫째 이 보고서는 독도갈등의 주체가 한국정부라고 지목하고 있다. 한국과 일본이 독도에 대해 역사적·지리적 영유권을 주장하고 있는 상황 속에서 한국의 주도로 갈등이 증폭되고 있다고 평가했다.

둘째 이 보고서는 1954년의 사건 경과를 다음과 같이 파악하고 있다. (가) 1954년 초 한국이 대마도해협에 대한 일본의 방어조치에 대해 경고, (나) 1954년 4월 이승만대통령이 독도자위대를 독도에 파견, (다) 1954년 6월 일본 국회의원의 독도 방문이 한국 해양경찰에 의해 저지, (라) 한국은 일본의 조치(총격, 사진촬영, 관측, 무장경찰 상륙)에 항의한 후 1954년 8월 독도에 다수의 어부 정착, 등대 설치, (마) 1954년 9월 초 한국정부는 독도에 수비대 파견. 즉 CIA는 1954년 벌어진 일련의 사

21) *Current Intelligence Weekly*, OCI no. 9946 (17 September 1954), Office of Current Intelligence, Central Intelligence Agency, p.3·6.

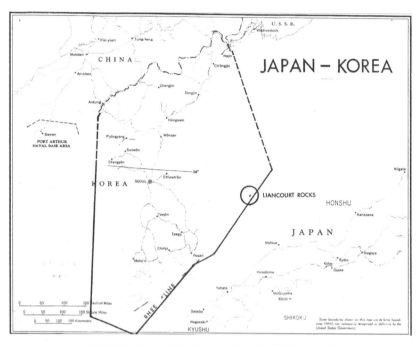

〈그림 5〉 Current Intelligence Weekly (1954. 9. 17)

태가 한국 주도의 강경책의 결과라고 분석한 것이다.

셋째 이 보고서는 한국의 강경한 독도 정책이 이승만의 정치적 목적에서 기인한 것으로 평가하고 있다. 이승만의 개인적 대일 적개심, 국내 정치용, 대미 협상용으로 대일 강경책을 쏟아놓고 있다고 평가한 것이다.

종합적으로 살펴볼 때 CIA는 1954년 9월의 시점에서 '독도분쟁'이 한국정부의 강경책으로 악화되고 있으며, 그 배경에는 이승만 대통령의 개인적 정치적 목적이 개입되어 있다고 판단했다. 이승만의 개인적 목적이 전무했다고 보기는 어렵지만, 1954년의 시점에서 독도문제는 이승만 개인이 아니라 한국의 국민적, 국가적 수준에서 매우 중요한 의제로 부각되어 있는 상태였다. 독도문제는 한일관계의 핵심적 사안이자, 전후 한국 민족주의의 중심적 문제로 부각되어 있었다. 때문에 독도문제를 이승만의 개인적 수준에서 위치지운 CIA의 판단은 사태의 전체상 파악과 독도문제에 대응하는 한국 측 동력을 정확하게 분석한 것은 아니었다.

(7) 1954. 10. 4. *NSC Briefing*, 4 October 1954, Situation in South Korea

(8) 1954. 10. 5. *NSC Briefing*, 5 October 1954, South Korea

이 두 개의 문서는 동일한 내용을 수록하고 있다. 1954년 10월 4일자 1급 비밀문서인 「국가안전보장회의 브리핑: 남한의 상황(1954. 10. 4)」(*NSC Briefing*, 4 October 1954, Situation in South Korea)과 10월 5일자 1급 비밀문서인 「국가안전보장회의 브리핑: 남한(1954. 10. 5)」(*NSC Briefing*, 5 October 1954, South Korea)은 남한 현 상황을 브릭스(Briggs) 대사의 표현을 빌려 "소란스럽고 위험한(disquieting and dangerous)" 상태라고 표현했다. 1954년 10월은 한일관계가 경색되어 있었고, 한미 간에는 10월 1일 환율조정을 둘러싸고 유엔군사령부에 대한 한국원화 제공이 중단되었고, 한국정부는 체코·폴란드 등 중립국 감시위원단 내의 공산 측 국가들의 철수를 요구하고 있었다. 국내적으로는 사사오입 개헌 등의 일정이 진행 중이었다. CIA는 이러한 한국 정치의 국내외적 사정들이 독도문제의 강경화에 영향을 준 것으로 분석하고 있었다.

1954년 10월 4일자 및 10월 5일자 「국가안전보장회의 브리핑: 남한」은 독도문제에 대해 이렇게 기술했다.

B. (이승만은) 일본에 대한 비방을 계속하며, 분쟁 중인 리앙쿠르암에 군대를 계속 주둔케 했으며, 여전히 일본 어부들을 억류하

고 있다. 리앙쿠르분쟁을 국제사법재판소(ICJ)에 제출하기를 거부
하고 있다.[22]

일본정부는 1953년 7월 독도문제의 국제사법재판소 제소를 결정한 바
있으며, 이는 일정부분 미국무부의 권고를 수용한 것이었다. 일본정부
가 공식적으로 주일한국대표부에 독도문제의 국제사법재판소 회부를
제안한 것은 1954년 9월 25일이었으며, 주일한국대표부는 9월 27일 이를
거부했다.[23]

1954년 한국·일본은 독도에서 다양한 형태의 충돌을 벌였다. 1954년
중반 이후 한국정부는 독도에 등대·경비막사·무선 통신시설·한국령
표지 등을 완성하였고, 마지막에는 상비 경비병력을 주둔시켰다. 이러한
한국정부의 '순차적 행동'의 결과 일본 정·관계가 가장 우려했던 것처럼
독도가 한국의 영토라는 점이 '기정사실'로 인식되기에 이르렀다.[24]

결국 1954년은 전후 한일 독도갈등이 최고조에 달한 시점이자, 한국
의 적극적 독도수호정책의 결과 더 이상 일본의 도전이 용납되지 않게
된 전환점이 된 것이다. 직접적 갈등·충돌을 회피할 수 있게 됨으로써
한일 '독도분쟁'은 현상적 진정국면에 접어들었다.

---

22) *NSC Briefing*, 4 October 1954, Situation in South Korea; *NSC Briefing*, 5 October
1954, South Korea, p.3.

23) 정병준, 「1953~54년 독도에서의 한일충돌과 한국의 독도수호정책」, 397~398,
422~423쪽.

24) 1954년 일본 국회에서 오카자키(岡崎) 국무위원(1954. 9. 14), 노모토 시나키치
(野本品吉)(1954. 9. 22), 외무성 아시아국장 나카가와 도루(中川融)(1954. 9.
22) 등이 한국 측의 조치가 독도를 한국령이라는 '기성사실'을 만들고 있다고
우려했다. 동북아역사재단 편, 『일본국회 독도관련 기록모음집』 1부
(1948~1976년), 2009, 269, 285, 287쪽; 정병준, 「1953~54년 독도에서의 한일충
돌과 한국의 독도수호정책」, 444쪽.

(9) 1955. 4. 7. *Current Intelligence Weekly Summary*, OCI no. 3085/55, 7 April 1955, Office of Current Intelligence, Central Intelligence Agency

1954년 독도문제의 안정화 이후 CIA 문서에서 등장하는 독도 문제는 상황적이고 부차적인 차원에서 주로 다루어졌다. 1955년 4월 CIA의 현용정보국이 발행하는 2급 비밀문서인 「현용정보주간요약(*Current Intelligence Weekly Summary*)」(1955. 4. 7)은 1955년 일본이 소련에 대해 반환을 요구한 북방4개 도서, 즉 에토로후, 구나시리, 시코탄, 하보마이 등을 다루면서 결론부분에 이렇게 명기했다.

> 일본의 소련에 대한 영토 주장(Japan's Territorial Claims against the USSR.)
> 그럼에도 불구하고, 영토 주권 문제-예를 들어 남한과 불모의 리앙쿠르암을 둘러싼 논쟁-때문에 고조된 감정적 반응들은 쿠릴열도의 향후 협상에서 하토야마 수상의 아킬레스건으로 작용할 것이며 그의 반대파들이 강력하게 주장하는 논점이 될 것이다.[25]

즉 독도문제에서 일본정부가 취한 온건한 입장이 향후 일본 정부가 영토문제를 강경하게 다루게 만드는 요소로 작용할 것이란 분석이었다.

(10) 1955. 10. 27. *Current Intelligence Weekly Summary*, OCI no. 8199/55, 27 October 1955, Office of Current Intelligence, Central Intelligence Agency

1955년 10월 CIA의 현용정보국이 발행하는 2급 비밀문서인 「현용정보

---

25) *Current Intelligence Weekly Summary*, OCI no. 3085/55, 7 April 1955, Office of Current Intelligence, Central Intelligence Agency, p.2 of 6.

주간요약(*Current Intelligence Weekly Summary*)」(1955. 10. 27)은 북한이
한일관계의 난관을 틈타 일본과의 외교관계 수립을 시도하고 있다는 분
석을 내놓으면서 다음과 같이 썼다.

> 일본과 관계 개선을 시도하는 북한의 새로운 시도(New North
> Korean Bid for Relations with Japan)
> 가장 최근의 사태 발전은 10월 20일 김일성 수상의 성명인데, 일
> 본과 북한간의 관계 정상화를 요구한 것으로, 외교관계, 무역 증가,
> 어업협정 협상, 거주 외국인의 송환 등을 포함하고 있다. 일본-남한
> 관계를 자극하기 위해서, 북한은 남한의 태도와 대비되는 자신만
> 의 "합리성"을 대비시켰는데, 공개적으로 "이라인" 어업경계선을 부
> 인하며, 자신들이 일본과 남한 간에 오랫동안 분쟁 중인 리앙쿠르
> 암에 대한 일본의 주장을 인정할 준비가 되어있음을 암시했다.[26]

북한이 이승만라인을 부인한 것은 수긍할 수 있지만, 독도문제에 대
한 일본의 주장을 인정하려고 했다는 CIA의 평가는 북한 측 기록에서는
확인되지 않는다. 『로동신문』에 따르면 김일성은 김두봉과 함께 1955년
10월 20일 일본 국회의원단을 만나 3시간 대담을 가졌다. 대담내용은 일
반적인 것으로 김일성은 양국의 관계 정상화가 필요하다, 일본이 미국
의 반 점령국 처지에 있는 것을 동정한다, 미제국주의의 기반에서 벗어
나 민족문화 발달이 필요하다, 민간차원에서 무역관계 설정이 이뤄져야
한다는 등의 발언을 했다. 이날 일본 국회의원단 단장 후루야 사다오(古
屋貞雄)와 북한 최고인민위원회 부위원장 김응기는 5개 조항의 공동코
뮤니케를 발표했다. 제5항은 이런 내용이었다. "5. 쌍방은 조일 양국의
연안 공해에서 조일 양국 어민들의 자유로운 어로활동을 보장하기 위한

---

26) *Current Intelligence Weekly Summary*, OCI no. 8199/55, 27 October 1955, Office
of Current Intelligence, Central Intelligence Agency, p.11.

구체적 대책을 강구하기 위하여 노력할 것이다."[27]

CIA가 인용한 평화선 부인, 독도에 관한 일본주장 인정 주장은 아마도 귀환한 일본 의원단 관계자로부터 전문(傳聞)한 것일 가능성이 높다. 김일성과 일본의원단 면담 내용에 대해서는 추가적 확인작업이 필요할 것이다.

이상과 같이 1950년대 독도문제에 대한 CIA의 비밀해제 문서들은 1951년부터 1955년에 걸쳐 있으며, 특히 한일 간에 독도논쟁이 치열하게 전개된 1954년이 핵심적인 시기였음을 알 수 있다. 문서의 분포와 내용, CIA의 평가를 종합한다면 한일 간의 독도논쟁은 1951년부터 상승하기 시작해 1954년에 최정점에 도달했고, 한국 경비대의 주둔과 등대 등 영구시설물의 설치 이후 교착상태 내지는 현상유지 상태에 접어들게 되었다. 한일 간의 긴장관계가 현상유지 상태를 유지했기 때문에 CIA는 1950년대 후반부터 1960년대 초반까지 특별한 문서를 생산하지 않았을 것으로 예상된다.

2) 1960~1970년대: 독도문제의 현상유지

(11) 1962. 3. 10. *Central Intelligence Bulletin*, copy no. 88, 10 March 1962

비밀해제된 1960년대의 첫 번째 CIA문서는 1962년 3월 간행된 1급 비밀문서「중앙정보국블레틴(Central Intelligence Bulletin)」copy no.88(1954. 3. 10)이다. 이 문서는 한일회담에 대한 분석을 시도하면서 독도문제에 대해 언급하고 있다.

---

27)「공동코뮤니케」,『조일 양국간의 관계의 정상화를 위하여』,『로동신문』, 1955년 10월 21일 1면.

(iv) 한일회담 : 일본과 한국 외무장관들은 3월 12일 도쿄에서 회동해, 양국 간의 현저한 차이에 대한 협상을 개시할 것이다. 남한 군사정권의 지도자 박정희는 자신의 5개년 경제개발계획에 대한 재정적 후원을 열망하고 있고, 서울의 12억 달러 청구권 타결요구에 대한 일본 측 대응을 구하고 있다.

남한과 일본이 "최고위급" 협상을 개최 : 실무차원에서의 예비협상은 기술적 문제의 해결에 원만히 도달했지만, 최종 협정의 조항을 결정하기 위한 고위급 결정에 향후 진행이 달려있다. 이케다(Ikeda) 수상은 남한의 정보기관 책임자인 김종필 대령이 군사정권의 지도자 박정희 장군을 대리해 상황 토론을 위해 지난 달 말 도쿄를 방문했을 때, 조기에 "최고위급" 협상에 합의하도록 설득했다. (중략) 도쿄는 최근 오래된 일본 측 제안을 갱신해서 일본과 한국이 한국과 일본 간 일본해의 중간에 위치한 불모의 작은 섬인 리앙쿠르암에 대한 각자의 상반된 영유권 주장을 국제사법재판소에 제출하자고 했는데, 이는 시간벌기 책략일 것이다. 남한은 일본의 제안을 거부했으며 주장하기를 이 문제의 처리는 향후 회담의 일부가 될 수 없다고 했다.[28]

독도문제가 다시 한일관계의 수면으로 떠오른 것은 5·16 이후 한일 국교정상화를 위한 교섭이 본격화되면서 부터였다. 현재까지 공개된 CIA 비밀해제 문서들 가운데에서 1961~1965년 시기의 독도문제를 다룬 것은 이 문서가 유일하다. 일본이 독도문제를 국제사법재판소에 회부하자고 제안했고, 한국정부가 독도문제를 회담의제에서 제외할 것을 주장했다는 내용이다.

한일회담의 과정에서 독도문제에 대해 어떤 비밀회담이 존재했는지, 어떤 내용들이 어느 레벨(비공식 비선·실무·고위·최고위급)에서 논의·

---

28) *Central Intelligence Bulletin*, copy no. 88, 10 March 1962, pp.iv · 2.

합의되었는지는 미상이다. 현재로선 CIA의 민감한 정보들이 공개되어 있지 않다는 정도에서 논의를 마무리할 수밖에 없다.

(12) *Special Report : The Future of Koran-Japanese Relations,* OCI no. 0281/66A, 18 March 1966, Office of Current Intelligence, Central Intelligence Agency

한일 국교정상화 교섭이 완료되고 난 1966년 CIA의 현용정보국은 한일관계의 미래를 전망하는 보고서를 작성했다. 아마도 현재까지 공개된 CIA 문서 가운데 한일관계를 정리한 것으로 가장 장문의 보고서라고 판단된다. 2급 비밀문서 「특별보고: 한일관계의 미래(Central Intelligence Bulletin)」 copy no.88(1954. 3. 10)이다.

총 10쪽으로 이뤄진 이 보고서는 1965년 한일 국교정상화 이후의 전망을 다루고 있다.29) 이 보고서는 15년간 이상의 협상을 통해 한일협정이 타결되었고, 양국은 외교적 관계, 어업 및 영토분쟁, 재일한국인 지위, 강력한 경제적 관계 건설이라는 근본적인(nuts and bolts) 문제들을 시작하게 되었다고 쓰고 있다. CIA는 양국 간에 존재하는 장벽은 강한 일본경제에 종속될지 모른다는 한국인의 우려와 타락한 정치인들이 일본 기업이익에 예속될지 모른다는 한국민들의 우려라고 썼다. 때문에 한국정부가 일본 기업의 활동에 제약을 가할지 모른다고 판단했다.

이러한 판단 하에 CIA가 거론한 주요한 한일관계의 핵심 사안들은 (가) 외교관계, (나) 남한의 주권문제, (다) 어업, (라) 리앙쿠르암분쟁, (마) 재일한국인, (바) 경제관계, (마) 교역상 연계 등이다. 이 중에서

---

29) *Special Report : The Future of Koran-Japanese Relations,* OCI no. 0281/66A, 18 March 1966, Office of Current Intelligence, Central Intelligence Agency. 이 보고서는 2010년 새로 공개된 Declassification2010 데이터베이스에서 발견된 것이다.

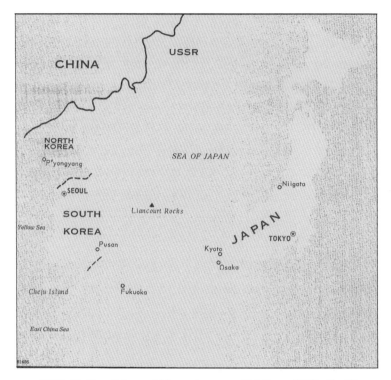

〈그림 6〉 The Future of Koran-Japanese Relations (1966. 3. 18)

(라) 리앙쿠르암분쟁은 다음과 같다.

리앙쿠르암분쟁(Liancourt Rocks Dispute)

위신이 걸린 주요 분쟁은 일본이 다케시마라고 부르고 한국인들이 독도라고 부르는 리앙쿠르암의 소유권을 둘러싸고 장기간 벌어지고 있다. 이는 2개의 작은 섬(islands)과 수 개의 더 작은 섬(islets)으로 이루어져 있으며, 날씨가 아주 좋은 경우를 제외하곤 상륙할 수 없다. 일본과 한국은 이 지역에서 어로하고 미역을 채취했지만, 1954년 남한이 등대와 작은 수비대를 이 섬에 세우기 전까지 사람이 거주한 적이 없다.

양 국가는 자신들의 소유권 주장을 지지하는 역사적 기록들을 인용하고 있다. 그러나 한국은 분쟁을 국제사법재판소에 회부하자는 1954년 9월 일본의 제안을 거절했으며 일본은 제3자에게 중재를 맡기자는 한국의 제안을 거절했다.

양측은 국교정상화 협정이 완료되던 시점 전후로 리앙쿠르암에 대한 자신들의 영유권 주장을 재반복했다. 남한은 리앙쿠르암 인근에 별도로 10해리의 영해를 설치하는 것을 포함해 현재 영해 (territorial zone)를 10해리로 확장할 생각이라고 한다. 협상을 통해 협정에 도달하지 않는다면, 이런 감정적 이슈는 미래 관계를 긴장시킬 것이다.[30]

역시 CIA의 보고서는 1954년 한국의 등대 및 경비초소 설치 이후 상황이 지속되고 있었음을 지적하고 있다. 독도문제에 관한 한일 간의 논란이 있지만, CIA는 상황이 현상유지적인 것이라고 판단하고 있음이 분명하다. 한국정부가 제안한 제3자에게 중재를 맡기자는 제안이 정확히 무엇인지 미상이다. 한국의 10해리 확장 계획은 실현되지 않았다. 이 보고서에는 리앙쿠르암으로 표기된 지도가 첨부되어 있으나, 영유권은 표시되지 않았다.

(13) 1974. 1. 25. *List of East Asian Islands and Island Groups Currently in dispute*, 25 January 1974

1966년 이후 독도문제를 다룬 CIA의 공개 비밀문서는 1974년의 것이 처음이다. 이 기간 동안 특별한 한일 간의 독도논쟁이 없었을 가능성을 보여준다. 한일관계에서 독도가 차지하는 위상이나 파괴력은 제한적이었으며, 원만한 한일관계 혹은 '유사동맹'이 유지되면서 독도문제는 "선

---

30) *Special Report : The Future of Koran-Japanese Relations*, OCI no. 0281/66A, 18 March 1966, Office of Current Intelligence, Central Intelligence Agency. p.4.

반에 올려져 있던" 상황이었기 때문이다. 때문에 1970년대 이후 CIA의 보고서는 독도문제에 대해 특별한 관심을 표하지는 않은 것으로 판단된다. 1970년대 이후 CIA의 비밀해제 문서에 등장하는 독도는 다양한 분쟁지역의 하나로 소개되는 수준에 그쳤을 뿐, 특별한 의제나 관심사항은 아니었던 것으로 보인다.

CIA의 문서는 아니지만 고 박춘호 교수가 쓴 보고서가 비밀해제된 CIA 문서들 속에서 발견되었다. 이는 「황해 및 동중국해에서 대륙붕문제(Continental Shelf Issues in the Yellow Sea and the East China Sea)」(1972. 9)라는 제목으로 로드아일랜드대학 해양법연구소(Law of the Sea Institute, University of Rhode Island)의 부정기보고서(Occasional Paper) 제15호로 간행되었다. 분량은 총 72쪽에 달한다. CIA 문서철에서 대학연구소에서 민간인이 간행한 보고서를 발견하는 것은 흔한 일은 아니다. 이는 박춘호 교수의 작업에 대한 CIA의 평가를 반영하는 것이라고 생각한다. 박춘호 교수는 보고서 39쪽, 48쪽에서 독도(Tokdo)가 한일 간의 분쟁지역이라는 점을 적시했다.[31] 박 교수는 독도에 대해 "이는 일본해 중에 있는 불모의 암석군으로, 한국이름은 독도이며 일본이름은 다케시마로, 영유권 분쟁의 목적 외에는 실질적으로 무가치하다. 한국은 이 섬을 효과적으로 통제하고 있으며 이 문제가 영구적으로 해결되었다고 간주하는 반면 일본은 다르게 생각한다. 논쟁은 1952년 1월 18일 한국이 인접수역에 대한 주권을 선포하면서 시작되었고, 이때 암석들이 소위 평화선(일본과의 평화를 암시)에 포함되었다"고 기술했다.[32] CIA의 비밀해

---

31) Choon-Ho Park, *Continental Shelf Issues in the Yellow Sea and the East China Sea,* Law of the Sea Institute, University of Rhode Island, Occasional Paper No. 15, September 1972, pp.39 · 48.

32) Choon-Ho Park, *Continental Shelf Issues in the Yellow Sea and the East China Sea,* Law of the Sea Institute, University of Rhode Island, Occasional Paper No.

제 문서군에는 박춘호 교수가 1978년 쓴 「남중국해 분쟁: 누가 도서와
천연자원을 소유하는가?」라는 총33쪽 분량의 논문도 포함되어 있다.[33]

1970년대의 첫 번째 비밀해제된 CIA의 문서는 1974년의 「현재 분쟁
중인 동아시아 도서 및 군도목록(List of East Asian Islands and Island
Groups Currently in dispute)」(1974. 1. 25)이라는 제목의 보고서이다.[34]
이 보고서는 동아시아의 분쟁 도서를 모두 8곳으로 지목했다. Spratly
Islands(南沙群島), Paracel Islands(西沙群島), Macclesfield Bank(中沙群島),
Scarborough Shoal, Pratas Reef(東沙群島), Senkaku Islands(釣魚島), West
Coast Korean Islands(서해5도), Take Shima(독도)가 그것이다.

이 가운데 독도(Take Shima)에 대해 이렇게 기술해 놓았다.

    8. 이름 : 다케시마(Take Shima)
    이명 : 리앙쿠르암, 독도(Tokto, Tok Do)
    위치 및 특징 : 대략 북위 36도 15분, 동경 131도 50분. 일본해 중
    에 있으며, 일본과 한국의 중간에 위치. 2개의 작은 섬(islands)와
    여러 개의 아주 작은 섬(islets)들로 구성됨. 불모지로 정착에 부적
    당하며, 일기가 최상인 경우를 제외하곤 상륙하기 어려움
    권리주장국 : 남한, 일본
    점령 : 1954년 남한이 등대와 소규모 수비대를 설치한 1954년 이
    전까지 사람이 거주하지 않았음.[35]

15, September 1972, p.64.

33) Choon-Ho Park, "The South china Sea Disputes: Who Owns the Islands and the
Natural Resources?," *Ocean Development and International Law Journal*, volume
5, Number 1, 1978.

34) *List of East Asian Islands and Island Groups Currently in dispute*, 25 January
1974. 이 문서는 다음에 설명할 「동아시아 분쟁도서(East Asian Contested
Islands)」(1974. 2)라는 보고서에 첨부되어 있다.

35) List of East Asian Islands and Islands Groups Currently in Dispute, January 25,
1975, p.4.

독도의 명칭을 리앙쿠르암이나 한글명 독도가 아니라 다케시마로 명기하고 이명으로 리앙쿠르암과 독도를 병기한 것이 가장 이색적인 면이다. 1951년 이래 CIA는 일반적으로 독도의 공식명칭으로 리앙쿠르암을 사용했는데, 이 보고서에서는 특이하게 다케시마를 공식명칭으로 사용한 것이다.

(14) 1974. 2. *East Asian Contested Islands*, BGI RP 74-12, February 1974

이 보고서는 CIA의 기초지리정보국(Office of Basic and Geographic Intelligence : OBGI)이 작성한 「동아시아 분쟁도서(East Asian Contested Islands)」(1974. 2) BGI RP 74-12라는 제목의 보고서이다. 총58쪽의 보고서는 석유문제 전망, 동중국해 도서(파라셀, 스프래틀리, 프라타스 섬), 센가쿠열도, 해저관할권 문제 등을 주요 장으로 다루었다. 독도문제는 3쪽의 각주에 분쟁도서를 설명하는 부분에 이렇게 등장한다.

> 분쟁도서이지만 여기서 다뤄지지 않은 도서에는 대만과 중화민국이 통제하는 본토 사이에 존재하는 연근해 도서 및 기타 도서들이 포함된다. 최근 배경문서는 이 섬들의 현재 상태를 검토하고 있다(첨부 I), 한국의 서해안 섬들은 해양법 및 관련 이슈들을 검토하는 문서에서 다뤄지고 있다(첨부 I) 북한은 최근 남한 군이 점령하고 있는 이들 5개 도서군에 대한 접근을 시도했다. 일본과 남한 사이 중간에 위치한 다케시마(Take Shima) 혹은 리앙쿠르암(Liancourt Rocks) 역시 분쟁 중이다. 남한은 여기에 수비대를 유지하고 있다.[36]

---

36) *East Asian Contested Islands,* BGI RP 74-12, February 1974, p.3.

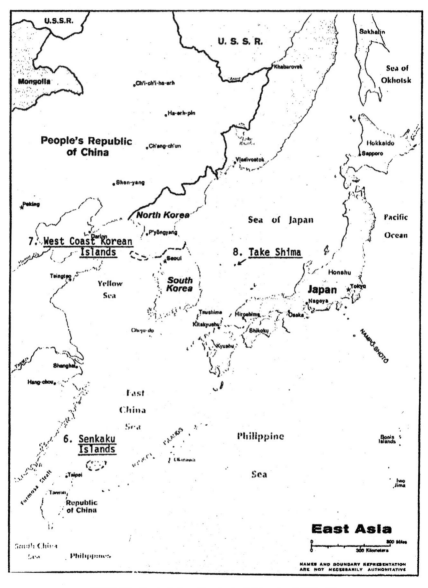

〈그림 7〉 East Asian Contested Islands (1974. 2)

이 보고서 역시 독도를 분쟁지역으로 취급하고 있으며, 다케시마와 리앙쿠르암을 지명으로 사용한 반면 한글명 독도는 사용하지 않았다. 이 보고서는 첨부된 「지도 A: 동아시아 분쟁도서(Map A. East Asian Contested Islands)」에 독도를 다케시마(Take shima)로 표기해 놓았다. 이 지도는 독도를 다케시마로, 동해를 일본해로 명기하고 있다. 위에서 살펴본 「현재 분쟁 중인 동아시아 도서 및 군도목록(List of East Asian Islands and Island Groups Currently in dispute)」(1974. 1. 25)이 첨부되어 있으며, 동아시아의 8개 분쟁 도서 가운데 한국과 관련해서는 독도와 서해5도가 명시되어 있다.

위에서 살펴본 「현재 분쟁 중인 동아시아 도서 및 군도목록(List of East Asian Islands and Island Groups Currently in dispute)」(1974. 1. 25)이 이 보고서에 첨부되어 있으며, 동아시아의 8개 분쟁 도서 가운데 한국과 관련해서는 독도와 서해5도가 명시되어 있다. 서해5도(백령도, 대청도, 소청도, 연평도, 우도)에 대해서 1953년 휴전협정의 규정에 따라 남한이 민간·군사시설을 유지하고 있지만, 북한과 남한이 모두 권리를 주장하고 있다고 서술하고 있다. CIA가 1974년의 시점에 서해5도를 분쟁도서로 지목한 것은 이례적인 것이다.

(15) 1974. 4. *Law of the Sea Country Study : South Korea*, Secret, BGI LOS 74-4, April 1974

1974년 CIA의 기초지리정보국(Office of Basic and Geographic Intelligence : OBGI)은 유엔해양법(Law of the Sea)을 준비하는 과정에서 각국의 해양법에 대한 준비와 대응을 분석한 국가별 보고서를 작성했다. 이 과정에서 남한, 북한, 중화민국 보고서에 독도문제가 언급되었다.

먼저 「해양법 국가연구: 남한」(Law of the Sea Country Study : South Korea) BGI LOS 74-4(1974. 4)이라는 2급 비밀 보고서를 보자. 총 19쪽 분

량의 보고서는 한국이 당면하고 있는 도서분쟁과 관련해 독도와 서해5
도를 거론했다.

> 남한은 일본해에 위치한 2개의 외딴 도서인 울릉도와 리앙쿠르
> 암(Dak-do 혹은 다케시마)에 대한 권리를 주장하고 있다. 전자에
> 대한 주장은 의문의 여지가 없지만, 일본은 후자에 대해 권리를 주
> 장하고 있다. 서해의 북방한계선(the Northern Limit Line : NLL) 바
> 로 아래 존재하는 5개 도서는 1953년 한국 휴전협정에 의해 서울의
> 통치하에 두어져 있으며, 북한의 가설적 12해리 영해에 위치해 있
> 다. 이 도서들 가운데 동쪽 끝의 2개 도서인 연평도와 우도는 남한
> 의 가설적 직선기선 내에 위치해 있다. 2개 도서 중 가장 동쪽에
> 위치한 우도는 휴전협정선의 북쪽에 위치하지만 북방한계선(NLL)
> 의 남쪽에 위치한다.[37]

CIA 보고서가 독도를 리앙쿠르암이나 다케시마로 부른 것은 통상적
인 것이나, 독도를 닥도(Dak-do)라고 부른 것은 이례적인 것이다. 이는
Tokto 혹은 Tokdo로 표기되는 한글 이름을 CIA가 정확히 인식하지 못했
기 때문일 것이며, 아니면 1950년대 초반에 독도가 Dakto 혹은 Dakdo 등
으로 잘못 표기된 전례 때문이기도 할 것이다.

1951년 한국에서 대일평화조약에 조력하는 외교위원회 위원이었던
유진오는 신문 투고기사에서 독도를 '덕도(德島)'로 표기했으며, 영문명
으로 Yiancourt Rocks로 오기한 바 있다.[38] 또한 한국은 독도의 한국령
편입을 위해 미국과 협상을 벌이는 과정에서 미국무부의 대일평화조약

---

37) *Law of the Sea Country Study : South Korea*, Secret, BGI LOS 74-4, April 1974, p.2.
38) 유진오, 「對日講和條約案의 檢討」 제1회 『동아일보』, 1951년 7월 25일; 정병준, 『독도1947』, 744쪽.

임시초안(제안용)(1951. 3)을 수교한 후 제1차 답신서(1951. 4. 27)에서 대마도의 한국령 편입을 요구했고, 이 제안이 거부되자 제3차 답신서 (1951. 8. 2)에서 독도와 파랑도의 한국령 편입을 요청했다.[39]

미 국무부는 독도와 파랑도의 위치를 특정하기 위해 노력했지만, 국무부가 소장하고 있는 자료 중에서 독도와 파랑도라는 이름을 발견하지 못했다. 평화회담 개최가 임박한 시점에서 한국 측 요구 사항의 적부를 시급히 확인하던 국무부는 1951년 8월 7일 애치슨(Dean Acheson) 국무장관 명의로 무초(John J. Muccio) 주한 미대사에게 전문을 보내 독도와 파랑도의 위치를 문의하면서, 독도를 Dakdo로 표기한 바 있다.[40] 이 전문에 대해 무초 대사는 8월 8일 답전을 보내며 Dakdo Island(일본명 Takejima)는 북위 37도 15분, 동경 131도 53분에 위치한다고 했다. 무초 대사 역시 독도를 Dakdo로 오기했으며, 다케시마는 Takeshima가 아닌 Takejima로 표기했다.[41] 독도가 Tokdo나 Tokto가 아닌 Dakdo로 사용된 것으로 확인되는 사례는 이 두 건의 전문뿐인데 1951년의 시점에서 미 국무부와 외교관들이 독도를 Tokto나 Tokdo가 아닌 Dakdo로 오인한 것과 일정한 연관이 있을지 모르겠다.

이 보고서는 한국의 해양법 정책에 주요한 영향력을 행사할 인물로 박춘호 박사를 지목했다. 당시 박춘호 박사는 워싱턴디씨의 우드로 윌슨 국제연구센터(Woodrow Wilson Center for International Studies)의 연구

---

39) 정병준, 『독도1947』, 689~775쪽.

40) Acheson to Amembassy, Pusan (August 7, 1951), RG 59, Department of State, Decimal File, 795B.022/8-751. 이 전문은 국무부 동북아시아국의 John M. Allison (Dulles특사의 보좌관)이 기안한 것이다.

41) Muccio to Secretary of State (August 8, 1951), RG 59, Department of State, Decimal File, 795B.022/8-851. 이 전문에 따르면 한국 외무장관은 파랑도를 조약에 포함시켜달라는 한국의 요청을 기각했으며, 이를 양유찬 주미대사에게 지시했음을 무초에게 알렸다.

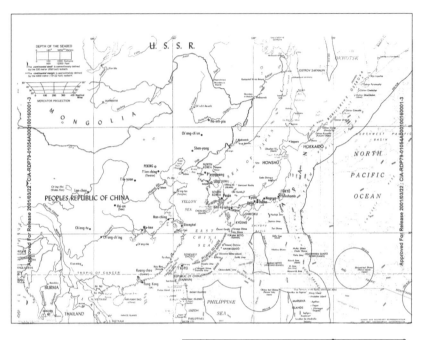

〈그림 9〉 Law of the Sea
Country Study : South Korea
(1974. 4) 및 한국부분 확대도

원이었다.[42] 첨부된 지도에는 울릉도와 리앙쿠르암 사이에 점선으로 경계선을 표시해 놓았다.

(16) 1974. 6. *Law of the Sea Country Study : North Korea*, Secret, BGI LOS 74-16, June 1974

다음으로 1974년 CIA의 기초지리정보국(Office of Basic and Geographic Intelligence : OBGI)이 작성한「해양법 국가연구: 북한」(Law of the Sea Country Study : North Korea) BGI LOS 74-16(1974. 6)이라는 2급 비밀 보고서를 보자. 총 17쪽 분량의 보고서는 북방한계선(NLL)과 독도에 대해 짧은 코멘트를 남기고 있다. 먼저 북방한계선에 대한 설명을 보자.

> 북방한계선(the Northern Limit Line)은 1965년 유엔군사령부의 해군구성군 사령관(미해군 장성)이 유엔 해군 순시선의 평시 북방한계를 표시하기 위해 설치한 것이다. 이 계선에는 남한의 "영토"인 5개의 유엔 통제하의 도서들이 포함되는데 이는 북한의 가설적 12해리 영해 내에 위치해 있다. 남한은 이 계선을 군사분계선의 해상 연장이자 사실상 남한과 북한 간의 경계선으로 간주한다. 사실 북방한계선은 국제법상 하등의 근거가 없으며 유엔군사령부 휘하 군대에게만 구속력이 있다.[43]

---

42) 박춘호 박사는 1959년 서울대학교 졸업, 1965년 에든버러대학(Edinburgh University) 졸업, 1971년 에든버러대학 법학박사, 하버드 법과대학 동아시아법학 전공 리서치펠로우를 지냈다. *Law of the Sea Country Study : South Korea*, Secret, BGI LOS 74-4, April 1974, p.6.

43) *Law of the Sea Country Study : North Korea*, Secret, BGI LOS 74-16, June 1974, p.1. 원문은 다음과 같다. The Northern Limit Line was established in 1965 by the Commander of the UN Command's naval component (a U.S. flag officer) to mark the northern limit of routine UN naval patrols. The line includes within South Korean "territory" five UN-controlled islands that lie within a hypothetical North Korean 12-mile territorial sea. The South Koreans regard the line as a seaward

보고서는 북한이 70해리의 배타적경제수역(exclusive economic zone)
을 구상하고 있는데, 서해는 북한해안에서 대략 70해리에 불과하지만,
동해는 대략 300해리에 이르므로 북한이 관할권을 주장할 가능성이 높
다고 보았다. 이와 관련하여 독도는 다음과 같이 언급되었다.

> 이 점과 관련해 특별한 관심을 끄는 것은 유엔해양법 회의 전날
> 에 발생한 것으로, 평양은 1974년 6월 11일 2개의 불모의 작은 바위
> 섬들로 일본해에 위치하며 남한 해안에서 약130해리 거리에 위치
> 한 닥도(Dak-do, 리앙쿠르암)에 대한 권리를 선언했다. 남한은 섬
> 의 동쪽 끝에 소규모 경찰 파견대를 유지하고 있다. 일본은 이 섬
> 을 다케시마로 부르며, 이는 일본이 소유권을 주장하는 3개 섬들
> 중 하나이다.[44]

바로 위에서 살펴본 「해양법 국가연구: 남한」 보고서와 마찬가지로
북한을 다룬 이 보고서도 독도의 영문명을 Dakdo로 오기하고 있음을 알
수 있다. 또한 첨부된 지도에는 울릉도와 독도 사이에 점선으로 경계선
이 표시되어 있다.[45] 남한보고서와 북한보고서가 동일한 오류와 동일한
지도를 사용하고 있음을 알 수 있다.

---

extension of the Military Demarcation Line and a <u>de facto</u> boundary between
North and South Korea. The Northern Limit Line, in fact, has no basis in
international law, and is binding only on military forces under the UN Command.

44) *Law of the Sea Country Study : North Korea*, Secret, BGI LOS 74-16, June 1974,
p.6.

45) 「해양법 국가연구 : 중화민국」(Law of the Sea Country Study : People's Republic
of China)(1974. 6), BGI LOS 74-14에 첨부된 지도에도 울릉도와 독도 사이에
점선으로 경계선이 표시되어 있다.

(17) 1977. 5. 16. Contribution to NIE on LOS, South Korea :
Assessment of Maritime Claims. May 16, 1977

1977년 CIA는 해양법(LOS : Law of the Sea) 관련 국가정보판단(NIE :
National Intelligence Estimate) 보유(補遺)로 「남한: 해양권의 평가」(South
Korea: Assessment of Maritime claims)라는 보고서를 작성했다.[46] 이 보고
서는 남한의 영해를 다루면서 다음과 같이 기록했다.

> 영해 : 남한은 현재 3해리 권리를 12해리로 확장하려고 하고 있
> 으며 직선기선시스템(a straight baseline system)을 수립할 계획을 준
> 비 중이다. 제주도와 한국 서쪽 해협들의 연안 섬들과 황해는 이
> 시스템에 포함될 것이다. 일본해의 울릉도와 독도(Tok-do)(다케시
> 마)는 포함되지 않을 것이다.[47]

한국이 영해를 표시하는 12해리 직선기선시스템을 활용할 터인데 제
주도, 황해, 서해 연안 도서들에는 이 시스템을 활용하지만 울릉도와 독
도는 여기에 포함되지 않을 것으로 예상한 것이다.

(18) 1977. 6. 1. *National Intelligence Daily Cable*, Wednesday, June
1, 1977. CG NIDC 77-126C

1977년 6월 1일자 1급비밀문서인 CIA의 「국가정보일일케이블」(National
Intelligence Daily Cable)은 한일관계에 대해 다음과 같이 적시했다.

---

46) Contribution to NIE on LOS, *South Korea : Assessment of Maritime Claims*. May
  16, 1977.

47) Contribution to NIE on LOS, *South Korea : Assessment of Maritime Claims*. May
  16, 1977.

남한은 주요 2개 경제협력자 중 하나인 일본과의 관계를 경색시킬 수 있는 조치들을 취했다. 3월 말 이후 남한의 선박들은 일본이 전통적으로 조업하던 일본 북부의 수역에서 매우 활발하게 어업에 종사하고 있다. 남한은 독도(다케시마)라는 분쟁 도서로부터 한국 통제하의 어업항으로 관심을 돌릴 "계획을 수립 중"이라고 선언했다. 일본정부는 비록 일본해 내 200해리 (배타적경제)수역을 획정하지 않음으로써 최근 이슈를 비켜갔지만, 공식적으로 한국정부의 계획에 항의했다.[48]

1970년대에 꾸준하게 유엔해양법협약이 논의되는 과정에서 200해리 배타적 경제수역의 설정문제가 논의되었고, 한일 간에는 양측의 200해리 배타적 경제수역의 충돌지점을 어떻게 할 것인지가 끊임없이 논란이 되었다. 독도의 영유권 문제는 한국과 일본의 배타적 경제수역 내에 위치하고 있어서 협상과 논란의 핵심이 되었던 것이다.

(19) 1978. 7. *Maritime Claims and Conflict in Northeast Asia : An Intelligence Assessment*, CG 78-10113, July 1978

1978년 CIA 국가해외평가센터(National Foreign Assessment Center)는 「동북아시아의 해양권과 분쟁: 정보평가」(Maritime Claims and Conflict in Northeast Asia : An Intelligence Assessment)라는 26쪽 분량의 2급 비밀 보고서를 발행했다. 이 보고서는 영해를 기존의 3해리에서 12해리로 확장하는 세계적 경향, 또한 배타적 경제수역 200해리로 확장하면서 발생하는 다양한 분쟁과 각국의 해양권(maritime claims)들을 다루었다. 이 보고서는 핵심 쟁점들을 다음과 같이 정리했다.

---

48) *National Intelligence Daily Cable*, Wednesday, June 1, 1977. CG NIDC 77-126C, p.8.

1. 동중국해

(1) 센가쿠열도 : 중화인민공화국과 일본이 계속 분쟁 중

(2) 중화인민공화국 반대로 분쟁 중인 대륙붕 내 공동개발구역에 일본이 남한과 함께 참여하는 것이 지연됨

2. 황해

(1) 남한이 보유한 북서쪽의 도서들(서북5도) 인근 수역은 아직 북한의 새 군사안보구역에 포함되지 않았음. 군사구역은 이들 수역에 대해 북한이 자신의 권리를 새롭게 할 또 다른 빌미를 제공할 것

(2) 남한은 황해 남부에서 남한 어선에 대한 중화인민공화국의 공격에 군사적으로 대응하지 않은 쪽을 선택함; 만약 서울이 함대 이동에 대해 엄격하게 통제하지 못한다면 충돌은 계속될 것임

3. 일본해

(1) 일본과 남한은 과거보다는 훨씬 낮은 데시벨 수준에서 리앙쿠르암(독도)에 대한 공개적 분쟁을 계속하고 있음.

(2) 북한의 신규 군사 및 경제수역은 비무장지대 동해안 측 수역에서 분쟁을 일으킬 잠재력을 가지고 있음. 이 수역을 인정하지 않겠다는 남한의 결정은 일본해에서 직접적 군사충돌로 이어질 수 있음.[49]

흥미로운 것은 이 보고서에서 공식지명으로 한국명인 독도를 사용한다고 밝힌 점이다. 보고서는 "리앙쿠르암은 미국지명위원회(Board on Geographic Names)가 채택한 지명이다. 그러나 한국명인 독도(Tok-do)가 보다 일반적으로 사용되므로 이 보고서에서는 이를 사용한다"라고 밝히고 있다.[50] 이에 따라 보고서는 리앙쿠르암이 아니라 독도(Tok-do)를 공

49) *Maritime Claims and Conflict in Northeast Asia : An Intelligence Assessment*, CG 78-10113, National Foreign Assessment Center, CIA, July 1978. v-vii.

50) *Maritime Claims and Conflict in Northeast Asia : An Intelligence Assessment*, CG 78-10113, National Foreign Assessment Center, CIA, July 1978. vii.

식 지명으로 사용했는데, 이는 현재 공개된 CIA 문서 가운데 유일한 사례이다.

 이어서 보고서는 각국의 해양권에 대해 살펴보고 있다. 일본편에서 일본이 1977년 7월 1일 기존의 영해를 3해리에서 12해리로 확장했지만, 5개 소의 통행이 붐비는 국제 해협에서는 3해리 한계를 유지했으며, 북방 영토, 센가쿠, 독도 등 분쟁 지역은 이러한 영해 확장선언에 특정되지 않았다. 즉 일본은 12해리 영해 확장선언(1977. 7. 1)에서 독도를 제외했던 것임을 알 수 있다.[51] 또한 일본은 유엔해양법협약이 공식으로 채택

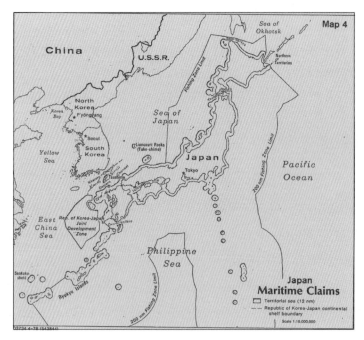

〈그림 10〉 Maritime Claims and Conflict in Northeast Asia(1978. 7) 일본

---

51) *Maritime Claims and Conflict in Northeast Asia : An Intelligence Assessment*, CG 78-10113, National Foreign Assessment Center, CIA, July 1978. p.5.

되기 전에는 한국, 대만, 중국과의 국제적 분쟁을 방지하기 위해 200해리 배타적 경제수역 선포를 회피하고 있는 상태였다.

한국은 해양석유자원 개발을 개발하고 영해와 수역을 지키기 위해 일본과 공동개발구역(Joint Development Zone : JDZ) 협정에 합의했으며, 북방한계선(NLL)에 집중하고 있다고 평가했다.[52] 한국은 1978년 4월 30일 영해를 3해리에서 12해리로 확장했는데, 기선과 영해가 아직 출판되지

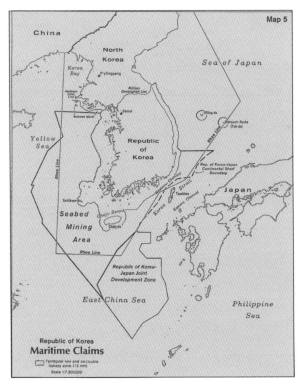

〈그림 11〉 Maritime Claims and Conflict in Northeast Asia (1978. 7) 한국

---

52) *Maritime Claims and Conflict in Northeast Asia : An Intelligence Assessment*, CG 78-10113, National Foreign Assessment Center, CIA, July 1978. p.7.

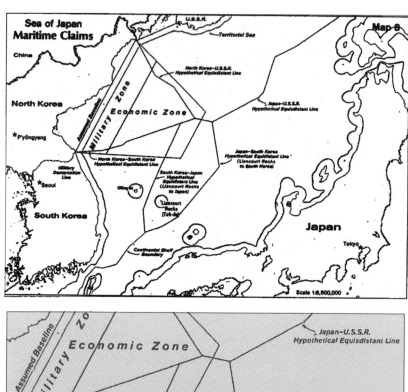

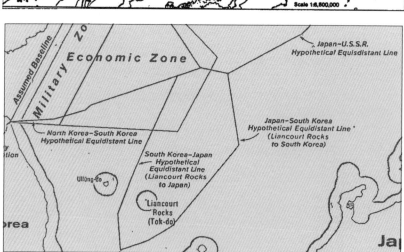

〈그림 12〉 Maritime Claims and Conflict in Northeast Asia(1978. 7)
동해 및 독도부분 확대도

않았으나 독도와 서북5도는 제외되었다고 평가했다. 한국이 12해리 배타적 어로구역을 설정하려면 1965년 한일 어업협정의 재협상이 필요하며, 한일 간의 공동개발구역의 합법성에 대해 중국과 협상을 재개해야 된다고 평가했다. 이 보고서는 NLL문제에 대해서도 국제법적 측면에서 검토했으며, 논평하기를 "평양이 일반적으로 NLL을 존중했음에도 불구하고 공식적으로 이를 결코 승인하지 않았다"라고 했다.

보고서는 결론적으로 잠재적 분쟁지역으로 센가쿠, 한일공동개발구역, 서북5도, 독도, 북한의 군사·경제구역 등을 거론했다. 이 가운데 독도는 다음과 같이 평가했다.

독도(Tok-do)

남한과 일본은 1952년 이래 이 섬의 소유권을 둘러싼 연례 공개 논쟁을 벌였으며, 문제해결의 전망은 보이지 않는다(올해의 분쟁은 5월 일본어선이 독도 인근 수역에 진입했을 때 서울이 섬이 남한 영토라는 일상적 주장을 제기함으로써 시작되었다). 분쟁이 독도에 집중되어 있지만, 센가쿠와 마찬가지로 섬은 주변 수역과 해저를 둘러싼 진짜 분쟁의 대리일 뿐이다. 일본은 새로운 해역에서 이 섬을 배제함으로써 분쟁을 최소화하는데 기여했다. 남한은 새로운 영해 포고에서 독도를 언급하지 않음으로써 일본의 선례를 따랐다. 서울측이 독도에 관한 목소리를 낮췄으나 대한민국 해안경비대는 섬에 체류하고 있다. 소유권문제는 해결되어야만 하고 남한은 일본보다 독도에 보다 맹렬히 집착하는 것 같다. 한일공동개발구역의 관할권 분쟁에 대한 도쿄 측의 실용적 접근은 독도분쟁에 대해서도 유사한 공동개발 해법(joint development solution)이 유용할 수 있음을 보여준다. 만약 한국이 이런 아이디어에 반대한다면, 일본은 최종 계선에서 독도의 영향력을 감소시킬 수 있는 적절한 대륙붕 분할의 대가로 소유권문제에 동의할 수 있을지도 모른다.53)

현재 독도연구 분야에서 크게 주목받지 못했지만, 석유탐사·개발을 위한 한일 양국의 대륙붕 공동개발구역 설치는 1970년대 중반 '독도분쟁'을 완화하는 효과가 있었던 것이다. 때문에 CIA는 독도문제의 해결방안으로 대륙붕 공동개발구역처럼 독도의 공동개발, 즉 양국의 공동관리·관할이라는 방법을 제시했던 것이다. 그러나 1974년 체결된 한·일대륙붕협정은 일본의 미온적 태도로 효과적 진척이 이뤄지지 않았다. 일본은 한국과의 공동개발을 사실상 거부하고 중국과의 공동개발을 선택했다. 만약 제7광구로 명명된 한일공동개발구역에서 석유가 발굴되었다면, 상황은 변화했을 가능성이 높다. CIA가 제시한 두 번째 해법은 일본이 대륙붕에서 일정한 양보를 얻음으로써 한국의 독도소유권을 인정하는 방안이었다. 1965년 딘 러스크국무장관이 소유권 문제를 접어두고 한국과 일본이 독도를 공동개발하자는 논리와 맥이 닿아있음을 알 수 있다.

이 보고서에 첨부된 「지도8: 일본해 해양권」(Map 8 : Sea of Japan, Maritime Claims)에는 한국, 북한, 일본 등이 주장하는 영해, 배타적 경제수역, 군사경제구역 등의 복잡한 계선이 표시되어 있다.

(20) *East Asia Review,* EA EAR 81-020, 6 October 1981

CIA가 공개한 가장 최근의 문서는 1981년 10월 6일 작성된 「동아시아 리뷰」(East Asia Review), EA EAR 81-020이다. 이 보고서는 1981년 한일관계를 다루고 있는데, 한국 측이 경제원조를 둘러싸고 일본과 대치 중이라는 내용을 담고 있다. 1981년 8~9월에 경제원조를 획득하기 위한 협상이 실패하자 한일 관계는 파국에 직면했다는 분석이었다. 전두환대통령의 대일인식이 한국은 GNP의 약 6퍼센트를 방위비에 투자하고 있는데,

---

53) *Maritime Claims and Conflict in Northeast Asia : An Intelligence Assessment,* CG 78-10113, National Foreign Assessment Center, CIA, July 1978. p.15.

일본은 이 덕분에 안보비용을 줄여 한국에 무임승차하고 있다는 것이었다. 전두환 대통령은 반일적 참모들에게 둘러싸였으며 국내적 인기 획득을 위해 반일카드를 활용할 생각이라고 평가했다. 극단적으로는 주일 한국대사의 소환해 외교관계를 단절하거나 독도에 접근하려는 일본 선박에 포격하는 방안을 고려 중이라는 정보를 담았다.[54] 한국 측은 연말까지 일본의 경제원조를 기대하고 있으며, 원조문제가 해결되지 않는 한, 어업분쟁, 재일한국인문제, 독도관할권 문제 등은 해결되지 않을 것이라고 전망했다.

잘 알려진 것처럼 1982년 일본 역사교과서 왜곡문제로 대대적 반일캠페인이 벌어졌고, 그 연장선상에서 독립기념관 건립이 추진되기 시작했다. 국민성금 490억 원을 바탕으로 정부가 부지를 제공해 1983년 독립기념관 착공식이 개최되었다. 같은 해 일본은 한국에 대해 40억 달러 일괄차관을 제공했다. 18억 5천만 달러의 정부차관과 특혜금리 21억 5천만 달러의 일본수출입은행차관을 제공했고, 이는 당시 한국이 갖고 있던 지불채무의 10%를 해결할 수 있는 것이었다.

4. 맺음말

이상에서 살펴본 1950~1970년대 CIA 비밀해제 문서들에 나타나는 주요 특징과 CIA의 독도문제 인식을 정리하면 다음과 같다.

첫째 CIA 공개문서에서 최초로 독도가 언급된 것은 1951년 보고서였다. 이 문서는 다케시마라는 명칭을 사용했으나, 1952년 이후부터는 리앙쿠르암(Liancourt Rocks)을 공식적 지명으로 계속 사용했다. 1950년대

---

54) *East Asia Review*, EA EAR 81-020, 6 October 1981, p.11.

에는 독도라는 한국 명칭을 사용하지 않았다. 1960~70년대에도 리앙쿠르암을 공식적인 지명으로 사용하였는데, 다케시마와 독도를 병기하기도 했으며, 다케시마로 전용한 경우 1건, 독도로 전용한 경우 1건, 닥도로 오기한 경우 2건 등이 발견되었다.

둘째 분쟁지역 여부로, CIA는 1951년 이래 독도를 한국과 일본 간의 영토분쟁 지역(territorial disputed island)이었다고 기술하고 있다. 한국과 일본이 역사적·지리적 영유권의 근거를 제시하고 있다고 인식했다. 독도를 '국제분쟁' 지역 '분쟁지역'으로 파악하는 것은 CIA의 일관된 진술로 1960~70년대에도 지속되었다.

셋째 분쟁의 주요 책임과 관련해, 1950년대 CIA는 한국이 1954년 이래 독도를 무력으로 점령하고 있다고 서술하며 독도문제를 격화시키는 것이 한국정부의 책임이라는 논지를 전개하였다. 1954년 이후 한국의 영구시설과 경비대 배치가 완료되자, CIA는 일본이 영유권을 주장하지만 한국의 경비대가 주둔하고 있다는 현상유지적 설명으로 변경되었다. 이러한 서술 기조는 1960~70년대에도 동일하였다.

넷째 '독도분쟁'에 대한 CIA의 전반적 평가는 1951~1954년간 지속적으로 분쟁이 고조되어 1954년 정점에 도달하였으며, 이후 분쟁은 전반적으로 현상유지적 수준에서 관리되고 있다고 평가했다. 시기적으로 1961~1966년간의 CIA 문서가 공개되지 않은 것은 사안·정보의 민감성 때문일 가능성이 높다. 미국은 한일 국교정상화에 깊숙이 개입했으며, 사실상 1951년 한일회담의 출발부터 막후의 조정자·중재자 역할을 수행했다. 때문에 한일 국교정상화에서 논의된 독도문제에 대한 다양한 의견·회담·알력 등에 대한 정보와 기록·판단을 보유하고 있을 것으로 추정된다. 1966~1974년간의 독도 관련 문서가 발견되지 않은 것은 1965년 한일협정 체결 이후 한일 양국에 의해 독도문제가 적절한 수준에서 관리되고 있었기 때문일 것이다. 이후 한일 간의 독도문제는 외형적으로는 외교당국의 간단한 성명이 오고갔으나 기본적으로 현상유지적 상황이 지속되고 있었다. 때문에 1970년대 이후 CIA의 보고서는 독도문제에 대해 특별한 관심을 표하지는 않은 것으로 판단된다. 1970년대 이후 CIA의 비밀해제 문서에 등장하는 독도는 다양한 분쟁지역의 하나로 소개되는 수준에 그쳤을 뿐, 특별한 의제나 관심사항은 아니었던 것으로 보인다.

다섯째 북한은 1950년대 이승만라인(평화선)을 부정했으며, 북한과 관계정상화를 위해 일본 국회 대표단과 회동하고 공동 코뮤니케를 발표(1955. 10)했다. CIA는 북한이 독도에 대한 일본의 주장을 인정한다는 뉘앙스의 성명을 발표했다고 지목했다. 그러나 1950년대 북한은 독도영유권을 주장하지는 않았다. 1974년 이후 북한은 독도문제에 개입하는 양상이 나타났다. 북한은 독도영유권을 주장하는 한편 서해5도와 관련된 북방한계선(NLL)에 대한 논쟁을 제기했다. 이 결과 CIA는 독도뿐만 아니라 NLL도 분쟁지역으로 표기하기 시작했다.

여섯째 한국정부의 독도정책에 대해 1950년대 CIA는 한국정부가 국내 정치문제를 해결하기 위한 외부적 탈출구로 독도문제를 활용한다고 인식하고 있었다. 반면 일본정부의 독도정책에 대해서는 전반적으로 일본정부의 태도가 유화적이고 현상유지적이며 온건한 것으로 평가했다. 나아가 독도문제의 국제사법재판소 회부 등 일본의 주장에 동조하는 논조가 깔려 있었다고 볼 수 있다. 1960~70년대에는 한일 양국의 협력관계가 지속되면서 독도문제가 현상유지적 차원에서 관리되었기 때문에, CIA는 양국의 정책과 반응에 큰 주의를 기울이지 않았다. 다만 1980년대 이후 전두환정부가 수립된 이후 한국정부가 대일 경제협력을 얻기 위해 독도문제를 활용할지 모른다는 분석을 내놓았다.

일곱째 1970년대 중반 이후 독도문제는 한일 양국의 문제이면서, 동시에 다양한 국제법적 쟁점들의 영향을 받기 시작했다. CIA 문서들에 따르면 이 시기에 접어들어 한일 간의 충돌보다는 유엔해양법, 200해리 배타적 경제수역, 12해리 영해, 직선기선 등 새로 등장하는 다양한 국제법적 쟁점들이 독도문제에 영향을 끼쳤다. 이에 대해서는 추가적 연구가 필요할 것이다.

여덟째 1970년대 이후 한국과 일본의 대륙붕 공동개발구역(제7광구)의 설정은 일정하게 한일 간 독도갈등의 지연제 역할을 했을 것으로 추정된다. CIA는 한일공동개발구역을 계기로 한국·일본의 독도 공동개발 방식이나 한국의 대륙붕 양보·일본의 독도영유권 양보의 맞교환 방식을 문제해결책으로 제기하기도 했다.

아홉째 1950년대의 비밀해제 문서들을 종합하면 CIA는 샌프란시스코 평화조약을 전후한 시점에서 독도문제의 전개과정에 대해 정확한 정보를 가지고 있었으며, 전반적으로는 일본의 입장에 우호적인 측면이 존재했다. 이는 1950년대 초중반의 시점에서 미국 정부·기관과 일본 간의 긴밀하고 '이성적' 협력관계에 대비되는 한국·미국 간의 '비이성적' 갈등이 존재한다는 일반적 인식이 작용한 결과일 가능성이 높다. 독도문제에 관한 CIA의 종합적 평가를 담은 보고서는 아직 공개되지 않은 상태이며, 이는 국무부의 외교문서의 경우에도 마찬가지이다.[55] 1960~70

---

55) 미국무부의 외교문서 가운데 Record Group 59의 한국·일본 관련 문서철, Record Group 84의 서울미대사관 문서철, 동경미대사관 문서철 가운데 1950~60년대 한일회담·한일관계를 다룬 많은 문서들이 여전히 비밀 미해제 상태이다. 이 가운데 상당수는 독도문제를 다룬 것으로 생각된다. 이 문서철에 대한 설명은 정병준, 「미 국립문서기록관리청 소장 RG 59(국무부 일반문서) 내 한국관련 문서」 및 「미 국립문서기록관리청 소장 RG84(국무부 재외공관문서) 내 한국관련 문서」, 『미국소재 한국사 자료 조사보고I: NARA 소장 RG 59·RG 84 외』, 31~332쪽.

년대 미국의 대한관이 어떤 변화양상을 보였으며, 1980년대 이후는 어떤 계승·변화·변용이 이루어졌는지는 추후 연구과제이다. 그러나 한국의 산업화와 민주화가 당연히 긍정적 영향을 끼쳤음은 의문의 여지가 없을 것이다.

마지막으로 이 연구의 한계를 지적하고자 한다. 이 연구에 이용된 CIA 비밀해제 문서들은 CREST를 통해 확인한 파편적인 정보에 불과하며, 시기적으로 1951~1981년간의 광범위한 시기 중 불과 20여건에 지나지 않는다. 때문에 이 연구의 내용이 확정적이거나 종합적인 결론이라고 말하기는 곤란하다. 다만 공개된 파편적 문서들을 통해 CIA의 독도 인식에 대한 시대적 흐름과 경향성의 일단을 파악한 것으로 보면 족하겠다.[56]

---

56) CIA와 법무부는 정보자유법(Freedom of Information Act : FOIA)에 근거한 비밀해제 요청 및 검색창을 홈페이지에 운영하고 있다. 법무부 정보자유법 홈페이지의 검색창(http://search.usa.gov/search?affiliate=foia.gov)과 CIA 정보자유법 검색창(http://www.foia.gov/index.html)은 참고할만 하다.

▋참고문헌

1. 논저

동북아역사재단 편,『일본국회 독도관련 기록모음집』I부(1948~1976년), 2009.

외무부 정무국,『獨島問題槪論』, 1955.

정병준,『미국소재 한국사 자료 조사보고I: NARA 소장 RG 59 · RG 84 외』, 국사편찬위원회, 2002.

정병준,『독도1947』, 돌베개, 2010.

정병준,「1953~54년 독도에서의 한일충돌과 한국의 독도수호정책」,『한국 독립운동사연구』41, 독립기념관 한국독립운동사연구소, 2012.

田村淸三郞,『島根縣竹島の新硏究』, 島根縣總務部總務課, 1965.

川上健三,『竹島の歷史地理學的硏究』, 古今書院, 1966.

2. 신문

『讀賣新聞』,『동아일보』,『로동신문』,『朝日新聞』

3. 한국 국가기록원 소장문서

『독도문제, 1952-53』,『독도문제, 1954』

4. 미국 국립문서기록관리청(U.S. National Archives and Records Administration: NARA) 소장문서

RG 59, Department of State, Decimal File, 795B.022 series, 1950-1951.

5. 미중앙정보국(CIA) CREST 소장문서

CREST(CIA Records Search Tool) Quick Reference Guide : A tool for searching and viewing records released by CIA and NGA under Executive Order 12958 Section 3.3., August 5, 2008.

Central Intelligence Bulletin, copy no. 88, 10 March 1962.

Continental Shelf Issues in the Yellow Sea and the East China Sea, by Choon-Ho Park, Law of the Sea Institute, University of Rhode Island, Occasional Paper No. 15, September 1972.

Contribution to NIE on LOS, South Korea : Assessment of Maritime Claims. May 16, 1977.

Current Intelligence Bulletin, no 16. (25 August 1954), Office of Current Intelligence, Central Intelligence Agency.

Current Intelligence Weekly Summary, OCI no. 3085/55, 7 April 1955, Office of Current Intelligence, Central Intelligence Agency.

Current Intelligence Weekly Summary, OCI no. 8199/55, 27 October 1955, Office of Current Intelligence, Central Intelligence Agency.

Current Intelligence Weekly, OCI no. 9946 (17 September 1954), Office of Current Intelligence, Central Intelligence Agency.

Daily Digest, 30 November 1951, CIA No. 49439, Office of Current Intelligence, Central Intelligence Agency.

Daily Digest, 5 February 1951, OCI No. 3866, Office of Current Intelligence, Central Intelligence Agency.

East Asia Review, EA EAR 81-020, 6 October 1981.

East Asian Contested Islands, BGI RP 74-12, February 1974.

Law of the Sea Country Study : North Korea, Secret, BGI LOS 74-16, June 1974.

Law of the Sea Country Study : South Korea, Secret, BGI LOS 74-4, April 1974.

List of East Asian Islands and Island Groups Currently in Dispute, 25

January 1974.

List of East Asian Islands and Islands Groups Currently in Dispute, January 25, 1975.

Maritime Claims and Conflict in Northeast Asia : An Intelligence Assessment, CG 78-10113, National Foreign Assessment Center, CIA, July 1978.

National Intelligence Daily Cable, Wednesday, June 1, 1977. CG NIDC 77-126C.

NSC Briefing, 4 October 1954, Situation in South Korea.

NSC Briefing, 5 October 1954, South Korea.

NSC Briefing, 8 September 1954, Situation in South Korea

Special Report : The Future of Koran-Japanese Relations, OCI no. 0281/66A, 18 March 1966, Office of Current Intelligence, Central Intelligence Agency.

"The South China Sea Disputes: Who Owns the Islands and the Natural Resources?," by Choon-Ho Park, *Ocean Development and International Law Journal,* volume 5, Number 1, 1978.

6장

한일어업협정 전사(前史)로서의 GHQ-SCAP 연구

─맥아더라인이 평화선으로─

박창건

박창건 朴昶建

국민대학교 일본학연구소 연구교수
동아시아 국제관계, 일본외교정책 전공
주요논저는 「영유권 문제를 둘러싼 한일갈등의 규범 확산: '다케시마의 날'과 '대마도의 날' 조례 제정을 중심으로」(2008), 「국제해양레짐의 변화에서 한일대륙붕협정의 재조명: 동(북)아시아의 미시-지역주의 관점으로」(2011), 「동북아 지역 협력으로서의 한중해양경계획정: 이어도 문제를 중심으로」(2013) 외 다수.

1. 머리말

본 연구는 한일어업레짐의 성격을 규정하는 전사(前史)로서 당시 일본을 점령·통치하고 있던 연합국 최고사령관 총사령부(GHQ-SCAP: General Headquarters, Supreme Commander for the Allied Powers)[1]의 관련 문서를 중심으로 한일어업협정의 태동 과정을 살펴보려는 시도이다.

한일회담 이전의 한일 양국과 관련된 문서는 RG 331 GHQ-SCAP 문서, RG 59 미국무부 문서, RG 84 재외공관 문서 등에서 찾아볼 수 있으며, 현재 이들 문서는 미국국립문서관, 일본국회도서관, 한국국사편찬위원회를 비롯한 국내외 유관 기관에 소장되어 있다. 하지만 이들 자료의 양이 방대하고, 기관 내 문서 소장 현황, 이용 방법 등 구체적인 정보가 부족하기 때문에 자료의 가치나 활용 가능성을 계량화하기가 매우 힘든 실정이다. 따라서 본 연구는 국민대학교 일본학연구소의 중점사업 3단계 2차년도(2012.12.~2013.11) 연구에서 선별한 한일어업협정 전사(前史) GHQ-SCAP 연구와 관련된 자료를 바탕으로 실증적 분석을 통해 논의를

---

* 본 연구는『일본연구논총』2014년 제39호에 게재된 내용을 단행본 체제에 따라 재구성한 것임을 밝혀둔다.

1) GHQ-SCAP은 그 휘하에 막료부를 구성하였고, 이 막료부 중 민정국(GS), 경제과학국(ESS), 천연자원국(NRS), 조달국(GPA), 공중위생국(PHW), 민간통신국(CSS), 일반회계국(GAS), 민간정보교육국(CIE), 통계자료국(SRS) 등 9개의 부처가 일본 점령 정책과 한국에 대한 미군정 관련 특정 문제에 대한 업무를 맡고 있었다. 따라서 한일 양국의 공식적 접속이 형성되기 이전인 1945년~1952년 기간 한일어업협정의 현안에 대한 기원과 인식의 문제는 이러한 관련 부처들이 생산하는 문서군(RG 331 GHQ-SCAP 문서철)을 추적하면 적절한 단서를 얻을 수 있을 것이다. GHQ-SCAP의 일본 점령·통치에 대한 연구는 竹前榮治의 연구들을 참조하면 전반적인 그림을 그릴 수 있다(竹前榮治,『GHQ』, 東京: 岩波新書, 1983; Takemae, Eiji, *Inside GHQ: The Allied Occupation of Japan and Its Legacy*, New York and London: Continuum International Publishing Group, 2002).

전개하고자 한다.[2]

1945~1952년은 일본 제국주의가 붕괴되면서 과거의 패권 질서가 새로운 냉전 질서에 편입되는 시기이다. 이 시기에 한국과 일본은 직접적인 교류를 통해 관계를 형성하지는 않았지만 새로운 관계 정립을 위해 양국이 과거 청산 등의 전후 처리 방향을 모색하고자 하는 인식적 공감이 형성되고 있었다. 특히 동아시아 지역을 지배하는 새로운 냉전 질서 속에서 한일 양국은 자국의 위상을 새롭게 정립해야만 했다. 이 과정에서 미국의 전후 구상은 한일관계의 새로운 정립에 일차적 규정력을 지니고 있었고, 한국과 일본은 과거사 청산에 대한 인식의 차이를 크게 드러내며 미국과의 대응 관계를 통해 미국의 전후 구상을 변용시키는 주체가 되기도 하였다.[3] 이러한 의미에서 본 연구는 한 · 미 · 일 관계라는 프리즘을 통해 한일관계의 주요 현안인 한일어업협정의 성격을 규정하는 전사를 추적하여 이후 전개되는 한일어업과 관련된 교섭의 성격을 규정하는 배경에 중요한 의미를 부여할 수 있을 것이다.

미국은 1945년 10월 2일, GHQ-SCAP의 설립부터 한일어업 교섭이 시작된 1952년까지 민정기관이었던 천연자원국(NRS: Natural Resources Section)

---

2) 국민대학교 일본학연구소의 중점사업 3단계 총괄 연구과제(2011.12.~2014.11.)는 '한일회담 이전 기간 한일관계 자료의 수집 · 발간 · 연구'이다. 본 연구는 본 연구소의 1, 2 단계의 사업 성과를 계승하여 ① 한일회담 이전 기간의 한일관계 관련 자료를 조사 · 수집하며, ② 이를 한일회담 의제 및 한일관계 주요 이슈별로 분류 · 정리하여 자료집을 발간하고, ③ 이에 기반하여 본격적인 학술 연구를 수행하는 것을 목표로 하고 있다. 특히 본 연구와 관련하여 한일어업협정 전사로서의 GHQ-SCAP 연구와 관련된 자료는 GHQ-SCAP TS 관련 문서, SCAPIN 관련 문서, 일본 헌정자료실 GHQ/SCAP 관련 문서, 일본외교사료관 GHQ-SCAP 관련 문서, 한국국사편찬위원회 소장 GHQ-SCAP 관련 문서 RG331/RG59, 한국외교사료관 GHQ-SCAP 관련 문서에서 발굴하여 분석하고 있다. 또한 그렇게 많지는 않지만 GHQ-SCAP 관련 제2차 자료를 최대한 활용하여 논의를 한층 발전시켜 실증적 연구의 축적을 위해 노력하고 있다.

3) 박진희, 「전후 한일관계와 샌프란시스코 평화조약」, 『한국사연구』 131호, 2005.

을 통해 대(對)내·외적으로 한일 양국의 어업정책에 깊이 관여하였다.[4] 이것은 NRS가 동중국해·서해에서의 수직적인 전전(戰前)의 수산자원 질서를 해체한 후 어업기술 협력 및 자원 관리를 통해 대등하고 경쟁적이며 지속가능한 해양 질서의 구축을 목표로 하는 미국의 동북아 지역 영해 구상의 일환으로 간주할 수 있다. 하지만 실제 과정에서 예견과는 달리 NRS는 한국에게는 독자적인 공해어업 능력을 미국의 원조에 의해 육성하여 장래 일본과의 어업 경쟁에 대비하게끔 하는 정책으로 전환하였고, 일본에게는 감선과 단속이라는 일반적 조치만 시행하도록 하였다. 그리고 대일 강화에 있어서 미일·한일어업협정의 병행 교섭 구상은 한국전쟁의 발발과 함께 와해되었고, 이에 한국은 맥아더라인을 존속시킨 채 문제를 해결하려는 입장을 표명했다.

주지할 것은 변화된 한일어업레짐이 국제사회에서 새롭게 출현한 다양한 해양 규범과 이전부터 존재한 국내의 어업 규범 간 상호작용으로 파생된 역사적 구조와 밀접한 관련이 있다는 사실이다.[5] 미·일 간의 강화조약이 진전되면서 '맥아더라인'의 철폐가 예견되자 한국정부는 '평화선'의 선포를 통해 사실상 맥아더라인을 유지하고자 하였다. 이것은 동북아 지역의 어업보호수역선의 대두와 한일어업협정 체결 및 영해 확장에 대한 양국 갈등의 시발점이 되었다. 왜냐하면 평화선을 둘러싼 상이한 국제법의 해석으로 출발된 한일어업협정은 1952년 2월 20일, 제1차 회의가 시작되어 13년 4개월 동안 줄다리기 협상을 마치고, 1965년 6월

4) 히구치 도시히로 저, 박창건 역, 「동지나해·황해 수산자원 질서재편에서 GHQ-SCAP 천연자원국과 한일관계(東シナ海黃海水産資源秩序再編におけるGHQ-SCAP天然資源局と日韓関係)」, 『의제로 본 한일회담: 외교문서 공개와 한일회담 재조명 Ⅱ』, 서울: 선인, 2010. 447쪽.

5) 박창건, 「한일어업레짐의 변화와 일본의 독도 협상정책: 복합적 확산전략」, 『국가전략』 제16권 3호, 2010, 68쪽.

22일에 조인·체결되었지만 태생적으로 양국 간의 불평등한 어업 입지로 인해 그 시행 과정에서 영해 문제, 배타적 경제수역(EEZ: Exclusive Economic Zone)[6] 및 대륙붕 문제, 공해 및 심해저 문제 등과 같은 발전적이고 합리적인 해양 관리와 수산자원의 보존·관리를 수용하지 못한 미완성의 한일어업협정으로 고착되었다.

 이러한 구조적 맥락에서 본 연구는 GHQ-SCAP의 자료를 중심으로 '맥아더라인'이 '평화선'으로 바뀐 한일어업협정 전사의 추적을 통해 한일관계의 구조적 틀이 형성된 이 시기를 외교사적으로 재조명할 뿐만 아니라 한국 사회과학 연구의 공백으로 남아 있는 GHQ-SCAP의 일본 점령과 그 정책에 대한 실증적 분석을 수행할 것이다. 또한 본 연구는 맥아더라인에서 평화선으로 이어지는 영해 자원민족주의를 개념적으로 정립하여 한일어업레짐의 전개 과정에서 나타난 문제점을 규명하고자 한다. 이에 따라 본 연구는 다음과 같이 구성되어 있다. 먼저 제2절에서는 한일어업협정의 전사로서 GHQ-SCAP 연구를 설명하는 기존의 주요 연구를 개괄하고, 국제해양레짐의 재편과 연동되어 나타난 전후 체제의 동북아 지역 영해 질서를 설명할 수 있는 분석의 틀로 영해 자원민족주의를 제시한다. 제3절은 냉전 모순의 구조 속에 구제국주의 국가와 구식민지국가 간의 갈등의 산물로 파생된 한일어업협정의 전사로서 맥아더라인의 철폐와 평화선의 선포 과정을 상세하게 검토한다. 제4절은 미완성의 한일어업협정이 내포하고 있는 문제점에 대해 논의를 한다. 마지막으로 제5절은 결론이다.

---

6) 'EEZ'이라는 용어는 야운데(Yaounde)회의를 위한 케냐 작업보고서에서 처음 사용되었고, 이 개념은 트루먼 선언에 대응하여 중남미 국가가 채택한 산티아고 선언에서 통용되기 시작했다(Attard, David. J, *The Exclusive Economic Zone in International Law*, Oxford: Clarendon Press, 1987, pp.20~25).

2. 영해 자원민족주의

한일어업협정에 대한 전사를 GHQ-SCAP 문서 중심으로 현대 한일관계사의 기원을 분석한 학술연구는 매우 드물다. 이러한 연구는 방대한 양의 자료 수집과 정리를 위해 관련 기관별 소장 자료에 대한 체계적인 현지 조사가 이루어져야 하기 때문에 시간적 제약과 경제적 비용이 커다란 걸림돌로 작용하고 있다. 그럼에도 불구하고 한일어업협정에 대한 전사를 추적하는 연구는 미국을 매개로 한일관계의 틀을 살펴볼 수 있는 주요한 어젠더이므로 그 연구의 중요성이 점점 더 부각되고 있다. 이 연구는 냉전의 모순 구조와 '구제국주의 국가와 구식민지 국가 간의 갈등과 모순 구조'에서 파생된 결과물인 한일어업협정의 전사 연구로서 다루어지고 있지만 그 논의의 관점은 다양한 문제의식에서 출발하고 있다.7) 이는 첫째, 동북아 지역의 수산자원 관리 및 규제라는 측면에서 바라본 연구,8) 둘째, 한일 양국이 어업협정에서 자국의 실리를 위한 협상용 명분을 강화라는 측면에서 바라본 연구,9) 셋째, 도서 영유권의 강화라는 목적에 기반 한 영해 관할권이라는 측면에서 바라본 연구10) 등으

---

7) 신용옥, 「평화선」 획정 과정의 논리 전개와 그 성격」, 『史叢』76호, 2012, 98쪽.

8) 藤井賢二, 「日韓漁業問題の歴史的背景旧植民地行政機関の漁業政策比較の視点から」, 『東アジア近代史』5, 2002; 藤井賢二, 「日本統治期の朝鮮漁業の評価をめぐって」, 『東洋史訪』14, 2008.8; Muscolino, Micah, "The Yellow Croaker War: Fishery Disputes Between China and Japan, 1925-1935", *Environmental History* 13-2, 2008.

9) 정인섭, 「1952년 '평화선' 선언과 해양법의 발전」, 『서울국제법연구』 제13권 2호, 2006; 남기정, 「한일회담시기 한일 양국의 국제사회 인식: 어업 및 평화선을 둘러싼 국제법 논쟁을 중심으로」, 『세계정치』, 제29집 2호, 2008; 박창건, 2010.

10) 조윤수, 「평화선'과 한일 어업 협상」, 『일본연구논총』 제28호, 2008; 조윤수, 「평화선'과 한일 어업 협상」, 『일본연구논총』제28호, 2008; 최장근, 「일본정부의 '이승만라인 철폐'의 본질 규명: 일본의 한일협정 비준국회의 국회의사

로 정리할 수 있다.

하지만 이러한 선행 연구들은 외교사적 접근을 기반으로 한 한일관계
사의 연구로서의 가치와 의미는 충분하지만 자료의 선별과 고증, 해석
의 차이에 따라 논리의 전개 과정과 결과의 분석이 다르게 나타나는 경
우가 있음을 부인할 수 없다. 따라서 본 연구에서는 일국사적 관점을 넘
어서 국제해양레짐의 재편과 연동되어 나타난 동북아 지역의 영해 질서
를 이해하는데 '영해 자원민족주의'라는 개념을 변형 · 발전시켜 한일어
업협정에 대한 전사(前史)를 규명해 보고자 한다. 현대적 의미에서 '영해
자원민족주의'의 틀을 제공한 것은 1945년 9월 28일, 트루먼(Harry S.
Truman) 대통령의 '공해 구역의 연안 어업에 관한 미국정책 선언(United
States, Proclamation with respect to Coastal Fisheries in Certain Areas of the
High Seas)'을 통해 표명한 미국의 영해 보호주의 정책에서 그 기원을 찾
을 수 있다.[11] 이러한 형태의 '영해 자원민족주의'는 멕시코(1945년 10월
29일), 칠레(1947년 6월 23일), 페루(1947년 8월 1일), 코스타리카(1949년
11월 2일) 등과 같은 국가의 유사한 선언에 의해 확립된 국제영해규범으
로 정착되어 범세계적으로 확산되었다.

'영해 자원민족주의'는 냉전의 모순 구조 속에서 제국주의와 식민지의
기억을 재생시키며 전개된 민족국가 간의 갈등이 이어졌던 지정학적 공
간에서 해양 자주권의 확보와 수호라는 측면에서 논의되기 시작했다.
이러한 논의는 국제사회에서 정치경제적 영향력을 재건시키는 도구로
활용되고 있을 뿐만 아니라 주변 국가에 대한 방어적 개입 혹은 확대의

록 분석」, 『일어일문학연구』 제76권, 2011; 임호민, 「1950년대 전환기 한국의
해양주권 수호에 대한 연구: 독도와 주변해역을 중심으로」, 『한국민족문화』
제45권, 2012.

11) Sohn, Lois B. and Kristen Gustafson, *The Law of the Sea in a Nutshell*, Saint
Paul: West Pub. Co, 1982, pp.150~151.

정책이 담겨 있다. 그러므로 한일어업협정의 전사를 연구하는 시기인 1945~1952년에 '영해 자원민족주의'란 개념은 동북아 지역을 비롯한 한반도 주변 바다의 질서를 어떻게 이해해야 하는지 그 단초를 제공하고 있다. 여기서 주목할 것은 '영해 자원민족주의'의 다음과 같은 정치동태적 속성이 한일어업레짐의 변형 과정에 투영되고 있다는 점이다.

첫째는 냉전 질서 재편의 모순된 역학관계 구조 속에서 자국 중심의 영해 주권을 내세우며 실효적 관리를 지향하는 모습을 보였다. 맥아더 라인에서 평화선으로 이어지는 영해 주권은 한일어업레짐의 성격 규정과 직결되는 사안이다. 한국 정부는 1952년 4월 25일까지 유효하였던 맥아더라인에 의거하여 이 라인을 침범하는 일본 선박을 나포하는 것과 같은 엄중한 조치를 취하는 실질적인 영해 주권을 행사했고, 이에 대해 일본 정부는 강화조약을 계기로 공해자유원칙을 기반으로 한 어업 제한 구역을 150해리까지 연장시키자는 입장을 견지하면서 동시에 맥아더라인의 철폐를 주장했다.[12] 이처럼 한일 양국은 자국 중심의 영해 주권에 대한 당위성을 강조하였고, 향후 개최될 어업협정 교섭에서 유리한 위치를 확보하기 위한 실질적인 초석을 마련하려고 노력하였다.

둘째는 동북아 지역에서의 어업보호수역선의 제도화를 통해 자국 중심의 영해 관할권을 적극적으로 수용하는 자세를 취했다. 어업보호수역은 공해상에 설정되는 것이기 때문에 영해 범위 획정을 통해서 연안국의 어족 보호 또는 어장 보호를 위한 일련의 행정 조치라고 규정할 수 있다. 이때에는 자국 영토에서 3~5해리 내의 영해는 국가 주권에 속하지만 그 밖의 범위에 대해서는 관계국 간의 조정을 통해 어업 보호 관할

---

12) 흥미롭게도 미국은 일본에게 공해 어업 부문에서 인접국의 신뢰를 얻기 위한 일련의 조치들을 요구하는 한편 한국에게는 공해자유 원칙에 적응할 수 있는 공해 어업 능력을 배양하도록 하여 동북아 지역의 영해 질서를 시장경제 원리에 기초한 수평적 관계로 이끌어가려는 태도를 보였다.

권을 행사할 수 있었다. 존 포스트 덜레스(John Foster Dulles) 대일 강화 특사와 요시다 시게루(吉田茂) 수상 간의 왕복 문서에서 알 수 있듯이, 일본은 샌프란시스코 강화조약 체결 이후 한일 간의 어업문제가 수면 위로 부상할 것으로 예상했고, 일본 어업구역의 제한 폐지를 위해 맥아더라인의 철폐를 주장했다.[13] 한국의 입장에서 보면, 일본 어선의 맥아더라인 및 한국 영해 침범은 장차 일본 트롤어선에 의한 남획으로 어족이 멸종당할 위험으로 이어지기 때문에 한국은 어업자원 보호와 어업경제를 유지하기 위해 국제적 조정을 통해 어업보호 관할권을 보호하려고 하였다. 그 결과 한국 정부는 영해 관할권이란 측면에서 1951년 9월 8일, '어업보호수역선'을 선포했고, 1952년 1월 18일, 이를 '평화선'으로 전환시켜 설정했다.

셋째는 동해를 둘러싼 영해 규범이 임의적인 '신념체계의 조작코드(operational code)'에 의해 표출되어 자국 중심의 인식 변형을 초래했다.[14] 한일어업협정 이전의 시기에는 영해법에 대한 국제법상의 뚜렷한 규정이 존재하지 않았다. 한국은 1948년 5월, 조선해안경비대의 직무와 권한을 규정하는 GHQ-SCAP 법률 제189호에서 영해를 3해리라고 규정한 이후 1948년 제헌헌법 제100조에 헌법에 저촉되지 않는 법령의 존속을 명시했기 때문에 GHQ-SCAP 법률 제189호를 그대로 유지했다. 1977년, 영해 범위를 12해리로 규정한 영해법을 제정할 때까지 한국은 3해리를 고수한 미국과 해양 안보 동맹관계를 맺고 있었기 때문에 3해리 규

---

13) 동북아역사넷, 「요시다 시게루 수상이 덜레스 대사에게 보내는 서한」, 1951a, ⟨http://contents.nahf.or.kr/id/NAHF.kj_007_0010_0530⟩ (검색일 2014년 5월 7일); 동북아역사넷, 「덜레스가 요시다에게 보내는 답신」, 1951b, ⟨http://contents.nahf.or.kr/id/NAHF.kj_007_0010_0530⟩ (검색일 2014년 5월 7일).

14) George, Alexander L, "The 'operational code': a neglected approach to the study of political leaders and decision making", *International Studies Quarterly* 23, 1969.

정을 유지하였다. 동시에 평화선의 선포로 인해 20~200해리 국가로 재인식되기도 했다. 일본 역시 전통적으로 3해리의 좁은 영해 정책을 취해 왔으나 이를 제도적으로 규정한 적은 없다. 하지만 1974년, 제3차 유엔해양법회의에서 12해리 영해 문제를 200해리 EEZ 문제와 결합해 논의하기로 하자, 일본 정부는 1977년, 영해법을 제정하여 12해리로 그 범위를 한정했다. 이처럼 한일 양국은 동해에 설정된 평화선이 1977년 이전의 영해 규범이 규정한 주권선인지 아니면 제한된 목적의 관할선인지에 대한 논란의 연장선에서 자국 중심의 인식으로 재해석하여 한일어업협정의 협상 과정에서도 해석의 차이를 보였다.

3. 맥아더라인의 철폐와 평화선의 선포

한일어업협정에 대한 전사를 정확하게 이해하기 위해서는 해방 직후부터 샌프란시스코 강화조약까지 한국과 일본이 동해에서 영해를 어떻게 구분하여 이용했는지를 살펴볼 필요가 있다. 이 기간은 한일 양국 간의 이해관계가 충돌하는 가운데 GHQ-SCAP의 동북아 지역 구상에 의해 영해 질서가 시장경제 원리에 기초한 수평적 관계로 재편되는 시기이다. 왜냐하면 좁은 영해와 넓은 공해라는 제국주의시대의 해양 질서가 붕괴되고 세계적 차원의 영해 자원민족주의가 확산되었기 때문이다. 이에 GHQ-SCAP은 구제국주의 국가이자 해양강대국인 일본과 구식민지이자 신생독립국인 한국 간의 갈등을 조정하면서 두 나라를 미국의 동북아 지역 전략에 편승시키려는 입장을 취했다. 이러한 맥락에서 본 장에서는 맥아더라인의 철폐와 평화선의 선포라는 동북아 해양 질서의 구조적 변천 과정을 명확하게 살펴보고자 한다.

1) 맥아더라인의 철폐

1945년 9월 27일, GHQ-SCAP은 각서 제80호를 발표하여 전후 최초로 일본의 어업 구역을 정해 연안 12해리 밖 특정 구역 내에서의 어선의 조업을 허가하는 한계선을 획정하였다. 이후 일본 정부의 계속되는 요구로 GHQ-SCAP은 1945년 11월 20일, 오가사와라제도(小笠原諸島) 근해의 포경어업을 허가했고, 1946년 6월 22일, GHQ-SCAP 문서 제1003호 '일본의 어업 및 포경업에 인가된 구역에 관한 각서'를 통해 종래의 어업 구역을 약 2배 확장하는 이른바 '맥아더라인(MacArhur Line)'[15]을 발표했다.[16]

맥아더라인은 군사・안보상의 이유보다는 전전(戰前) 일본 어선이 세계 도처에서 자행한 남획을 규제하고 어업자원을 보호하여 지속적인 생산성을 유지하기 위해 획정되었다고 말할 수 있다.[17] 이는 일본 어업을 연안어업과 양식어법에 집중시켜려는 GHQ-SCAP의 의도가 담겨져 있었다.[18] 연안어업은 원양어업과 달리 어촌 공동체 성격을 띠고 있어 경제력을 높일 수 없는 점령정책에 부합했고, 조업이 30해리 이내에서 이루어졌기 때문에 어업권을 둘러싼 국제적 분쟁도 피할 수 있는 강점도 있었다. 이러한 GHQ-SCAP의 의도는 식민지가 없어진 일본이 국내 자원을 최대한 활용해 평화적인 국민국가로 거듭나야 한다는 방침에 따른 것이었다. 다음의 〈그림 1〉은 GHQ-SCAP이 공시한 일본 어선의 자유조업 한

---

15) GHQ-SCAP에 의해 그어진 맥아더라인은 북위 36도와 동경 130도 30분, 북위 33도 동경 127도 40분, 북위 32도 30분, 동경 120도 사이다. 맥아더라인까지의 거리는 거문도에서 60마일, 부산에서 30마일, 제주도에서 25마일이다.

16) GHQ-SCAP Top Secret Record Ⅱ, Vol.6, Box No. GS-3, 1952, pp.16-17; GHQ-SCAP Top Secret Record Ⅱ, Vol.6, Box No. GS-3, 1952, p.18; GHQ-SCAP Top Secret Record Ⅱ, Vol.6, Box No. GS-3, 1952, p.19.

17) 지철근, 『平和線』, 서울: 범우사, 1979, 94~95쪽.

18) GHQ-SCAP Top Secret Record, (ESS), "Abolition of the MacArthur Line", 1951.

계선을 나타낸 것이다.

한국 정부는 GHQ-SCAP에게 일본 어선이 한국 어업 구역에 불법 침범하고 있는 점을 환기시키면서, 대일어업협정이 체결되기 이전까지의 잠정 조치로 1946년 GHQ-SCAP 문서 1033호에 의해 확장된 맥아더라인의 공신력을 강화시키고, 일본 어선이 침범할 경우 나포·몰수까지 할 수 있는 강력한 제도적 권한을 요구했다. 한국 정부의 요구와 대조적으로, 일본 정부는 GHQ-SCAP에게 맥아더라인을 완화하고 일본 어부가 한반도 주변의 동해와 서해에서 광범위한 어업 활동을 할 수 있도록 진정했다. 그 결과 1949년 9월 19일, GHQ-SCAP은 북위 40도선, 동경 165도선에 포함된 태평양 내부 해역을 일본의 조업구역으로 새로이 편입시켰고 다행히 한국의 인접 해역까지는 확장하지 않았다.[19]

그럼에도 불구하고 일본 어선은 맥아더라인을 넘어 제주도를 비롯한 한국 영해까지 침범하여 어족을 남획하여 한국의 어업자원 보호와 어업경제 유지에 커다란 손해를 끼치고 있었다. 1948년 4월 17일, 주한 미군정청 군정장관 겸 주한미군 부사령관 윌리암 F. 딘(William Frishe Dean) 소장이 '무허가 일본 어선이나 어획에 협조하는 선박이 맥아더라인을 침범할 경우 나포할 것'을 지령하기 이전까지는 이러한 일본 어선의 월경을 방지할 제도적 조치가 전혀 없었다. 일본 어선은 한국전쟁으로 한·미 해군이 맥아더라인을 경계할 여유가 없는 것을 틈타 계획적이며 조직적으로 불법 침입을 하였다. 이들 불법 침범 어선들은 통신 등의 긴밀한 연락체계를 가동하면서 조업을 하였고, 야간에는 소등한 후 조업을 할 정도로 국제해상 법규를 위반하면서 남획을 일삼았다. 예컨대 1951년 2월 5일, 미국 구축함 703호가 동해 근해에서 일본 어선 하야지마마루

---

19) 외무부 정책국, 『平和線의 理論』, 서울: 외무부, 1952, 49쪽.

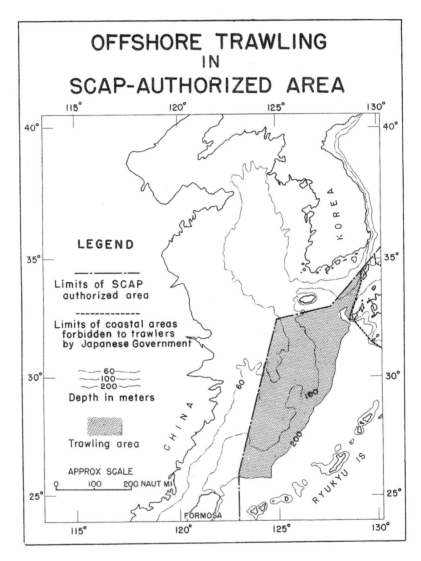

〈그림 1〉 GHQ-SCAP가 공시한 일본 어선의 자유조업 한계선

* 출처: GHQ-SCAP Natural Resources Section Report No.138, p.53.

(부島丸)를 발견하고 묵호항에 입항할 것을 명령하였으나 이에 불복하고 도주하려다 나포되기도 하였다.[20]

한편 한국전쟁이 한창이던 1951년 3월 9일, 손원일 해군참모총장은 '어로 허가 구역에 관한 포고'를 발표하는데, 봉쇄구역에 침범하는 일체 선박에 대하여 이적 행위를 감행할 우려가 농후할 경우 적선으로 간주하여 사전 경고 없이 즉시 포격 혹은 나포·억류하며, UN군 선박을 제외한 외국 선박이 맥아더라인을 불법 침입하였을 경우에는 임검·억류할 것이며 임검에 불응하거나 도주할 시에는 포격하여 격침한다는 것이 담화문의 내용이다. 이 담화문에 의하면 맥아더라인은 일본 밀수선이 출입하는 것을 방지하고 어업권역을 침범하는 일본 선박에 대한 체포 내지는 그 사실을 GHQ-SCAP에 전달함으로써 일본의 밀수선과 어선의 침입을 금지하고자 설정된 것이라는 사실을 입증하고 있다. 이처럼 맥아더라인이 철폐되기 이전에도 이 선을 넘어온 일본 어선의 불법 조업이 빈번하여 미군 또는 한국 해군에 나포되는 사례가 적지 않았다. 1951년 4월 5일 당시 맥아더라인을 불법 침범하여 나포된 일본 어선이 무려 36척, 억류된 일본인은 2,000명에 이르렀을 정도였다.[21] 바꾸어 말하면 맥아더라인 내에서 일본 어선을 나포 또는 감시했던 한국 정부의 대응은 실질적인 해양 주권을 행사한 것일 뿐만 아니라 맥아더라인 내에 위치하고 있는 영해 자원을 보호하기 위한 방어적 수단으로 간주할 수 있을 것이다.

주목할 것은 대일강화조약에서 맥아더라인의 존속을 보장받으려는 한국 정부의 기대와는 달리, 1951년 7월 9일, 존 포스트 덜레스(John Foster Dulles)는 한국이 평화조약의 서명국이 될 수 없다는 사실을 통보했다.

---

20) 국사편찬위원회 편, 「해군본부 정훈감실, 일본 어선들의 맥아더라인 불법 침범 사례 발표」, 『資料大韓民國史, 1951년 4~6월』 21권, 2006a, 596쪽.

21) 국사편찬위원회 편, 「현재 맥아더라인을 불법 침범하여 나포된 일본어선수는 36척」, 『資料大韓民國史, 1951년 4~6월』 21권, 2006b, 35~36쪽.

여기에서 한국 정부는 사실상 맥아더라인의 철폐에 대한 대책으로 맥아
더라인과 같은 효력을 지니는 대외적 조치로 '어업보호수역선'의 획정을
구상했다. 왜냐하면 어업보호수역선은 공해상에 설정되므로 영해 범위
를 획정하는 중요한 기준이 되기 때문이다. 1951년 9월 7일, 한국 정부
는 제98차 국무회의에서 대통령이 어업보호수역을 선포하는 안이 상정
되어 통과되었고, 강화조약이 체결된 9월 8일, 대통령에게 보고되었
다.[22] 하지만 국무회의를 거쳐 대통령에게 보고된 어업보호수역 선포안
은 재가되지 않았다. 이승만 대통령의 판단은 이미 강화조약에서 맥아
더라인의 존속을 한국 정부가 GHQ-SCAP에게 강력히 요청했고, 맥아더

---

22) 어업보호수역에 대한 당시 국무회의 의결 요지는 다음과 같다. 첫째, 대한민
국은 맥아더라인의 혜택을 받고 있으나, 이는 어디까지나 GHQ-SCAP이 어업
자원 보호 등 다각적인 목적 수행을 위해 일본국 주변에 획정한 선이다. 둘
째, 1945년 9월 28일, 미국의 트루먼 대통령은 공해상의 일정 해역에 관하여
자국의 연안에 인접한 어업자원의 보전과 보호에 대한 절박성에 비추어 공해
에 대한 미국의 정책을 밝힌 바 있으며, 뒤따라 멕시코, 칠레, 페루, 코스타리
카 등 남미 각국도 대통령 선언 내지는 법령으로 공해상에 있어서 일정수역
을 설정, 어업자원 보호와 대륙붕의 해저자원까지도 포괄하여 주권 선언을
하고 있는 추세에 놓여 있다. 셋째, 계제에 대한민국도 자국의 연근해 어업자
원의 보호, 지속적인 생산성을 유지하기 위해 일정한 보호수역의 설정이 불
가피하다. 넷째, 어업보호수역의 설정은 일본과 어업협정을 체결할 때도 한
국의 입장을 분명히 밝힐 수 있는 지표가 될 것이다. 다섯째, 대일평화조약이
발효되면 맥아더라인이 자동 철폐되어 일본 어선의 대거 침범이 예상되므로
가능한 맥아더라인이 철폐되기 전에 선포되어야 한다. 여섯째, 제2차 세계대
전 전까지는 어업에 관한 어떠한 수역을 선포하는 것은 이해 관계국 간의 명
시 혹은 묵시의 동의가 필요했으나 전후 연안국가들은 자국의 어업자원 보전
을 위해 일정해역에 관할권을 선포하는 경향을 보였다. 일곱째, 작금에 있어
서 일본 어선은 GHQ-SCAP이 획선한 맥아더라인이 엄연히 설정되어 있는데
도 불구하고 계속적인 불법 침범을 그치지 않고 있다. 이는 장차 맥아더라인
이 철폐되면 일본 어선의 대거 침범으로 어장은 황폐화될 것이고 나아가서는
어장을 둘러싼 국가 간에 분쟁이 발발할 것은 명약관화한 일이다. 따라서 대
한민국은 연근해의 어업자원 보호를 위해 일정한 수역 내에 법률로사 정하는
바에 의하여 그 보호책이 시행되어야 하며, 일체 외국 어선이 어업보호수역
내에서 어업 행위를 하는 것을 금지해야 할 것이다(지철근, 1979, 124~125쪽).

라인이 어업 보호뿐만 아니라 안전 보장면에서도 중요한 의의를 지니고 있기 때문에 한국이 서둘러 맥아더라인을 포기하고, 어업보호수역을 선포하는 것은 전략적인 오류를 범하는 것이라고 믿었다. 이승만 대통령은 강화조약 이후에도 맥아더라인의 존속을 지속적으로 주장하면서 한일어업협정 협상 과정에서 기준이 되는 지렛대로 활용하려는 의도를 가지고 있었다.

2) 평화선의 선포

1951년 9월 8일에 체결한 대일강화조약이 1952년 4월부터 발효됨에 따라 맥아더라인이 무효화되는 상황이 발생하였다. 맥아더라인의 무효화는 곧 일본어선이 한국의 연안으로 대거 출어하여 수산자원을 얼마든지 남획할 수 있도록 하는 근거를 제공하였기 때문에 이승만 대통령은 당시 한국과 일본과의 어업 분쟁에서 방위 수역을 한반도 주변 수역 50~100해리 범위로 설정하는 정치적 선택을 하였다. 한국 정부는 1951년 11월 29일, 영해 주권을 행사할 수 있는 법안으로 외무부가 '영해 선포에 관한 타국의 법령 자료 추가의 건'을 이승만 대통령에게 전달했고, 1952년 1월 15일, 제4차 국무회의에서 '인접 해양에 대한 대통령 주권 선언(평화선)'을 의결해 1월 18일에 선포했다.[23] 그 내용은 아래와 같다.

첫째, 대한민국 정부는 국가의 영토인 한반도 및 도서의 해안에 인접한 해붕(海棚)의 상하에 기지(旣知)되고, 도는 장래에 발견될 모든 천연자원 광물 및 수산물을 국가에 가장 이롭게 보호 · 보존

---

23) 한국외교안보연구원, 「한국의 어업보호정책: 평화선 선포, 1949~52」, 743.4 JA. 본/어, 458, 2005a.

및 이용하기 위하여 그 심도 여하를 불문하고 인접 해붕에 대한 국가의 주권을 보존하며 또 행사한다. 둘째, 대한민국 정부는 국가의 영토인 한반도 및 도서의 해안에 인접한 해양의 상하 및 내에 존재하는 모든 자연자원 및 재부를 보유 보호 및 이용하는데 필요한 아래와 여(如)히 한정한 연장 해안에 긍(亘)하여 그 심도 여하를 불구하고 인접해양에 대한 국가의 주권을 보지(保持)하며 또 행사한다. 특히 어족 같은 감소될 우려가 있는 자원 및 재부가 한국 주민에게 손해가 되도록 개발되거나 또는 국가의 손상이 되도록 감소 혹은 고갈되지 않게 하기 위하여 수산업과 어렵업(漁獵業)을 정부의 감독 하에 둔다. 셋째, 대한민국 정부는 이로써 대한민국 정부의 관할권과 지배권에 있는 상술한 해양의 상하 및 내에 존재하는 자연자원 및 재부를 감독하며, 또 보호할 수역을 한정할 아래에 명시된 경계선을 선언하며 유지한다. 이 경계선은 장래에 구명될 새로운 발견 연구 또는 권익의 출현에 인하여 발생하는 신 정세에 맞추어 수정할 수 있음을 겸하여 선언한다. 대한민국의 주권과 보호 하에 있는 수역은 한반도 및 그 부속 도서의 해안과 아래의 제선(諸線)을 연결함으로써 조성되는 경계선 간의 해양이다. ① 함경도 경흥군(慶興郡) 우암령(牛巖嶺) 고정(高頂)으로부터 북위 42도 14분, 동경 130도 45분의 점에 이르는 선, ② 북위 42도 15분, 동경 130도 45분의 점으로부터 북위 38도, 동경 132도 50분의 점에 이르는 선, ③ 북위 38도, 동경 132도 50분의 점으로부터 북위 35도, 동경 130도의 점에 이르는 선, ④ 북위 35도, 동경 130도의 점으로부터 북위 34도 40분, 동경 126도 10분의 점에 이르는 선, ⑤ 북위 34도 40분, 동경 129도 10분의 점으로부터 북위 32도, 동경 127도의 점에 이르는 선, ⑥ 북위 32도, 동경 127도의 점으로부터 북위 32도, 동경 124도의 점에 이르는 선, ⑦ 북위 32도, 동경 124도의 점으로부터 북위 39도, 동경 124도 45분의 점에 이르는 선, ⑧ 북위 39도 45분, 동경 124도의 점으로부터 평안북도 용천군(龍川郡) 신도열도(新島列島) 마안도(馬鞍島) 서단에 이르는 선, ⑨ 마안도 서단으로부터 북으로 한만 국경의 서단과 교차되는 직선. 넷째, 인접 해양에 대한 본 주권의

선언은 공해상의 자유 항해권을 방해하지 않는다.[24]

　위의 내용에서 알 수 있듯이, 평화선에서 설정된 해양 경계선은 맥아더라인의 계승이라는 연장선상에서 발표된 것이기에 큰 차이는 없었지만 독도가 울릉도의 부속 도서로 경상북도 관할로 한다는 내용이 추가로 포함되었다. 평화선은 '역사적 정당성'과 '미국 정책의 불만'을 드러낸 일본의 어업 및 조업구역에 관한 한국 정부의 정책 기조로써 자원 안보와 자주 국방에 관한 '영해 주권 선언'이었다.[25] 이것은 1951년 9월 7일, 국무회의에서 의결한 '어업보호수역'을 상공부의 수산국이 여러 차례 회의를 거쳐 초안을 만들어 해군본부 수로국과 연계하여 획선의 고증과 검증을 하고, 외무부, 법무부, 경무대를 거쳐 재탄생된 것이었다. 이러한 평화선의 선포는 영세한 한국 어민들의 생계보장을 위한 수단이기도 했다. 왜냐하면 해방 이후에도 한국 연안에서 일본 어선의 남획이 지속되었기 때문이다. 이러한 문제점을 해결하기 위해 한국 어민 대표들은 1949년 6월, 부산에 모여 일본 어선의 무분별한 불법 어로 행위를 규탄하는 궐기대회를 개최하기도 했으며, 한국 국회에서도 일본 어민들에게 더 많은 어로 해역을 제공한 연합국총사령관의 맥아더라인 확장에 항의하는 긴급 동의안을 가결시켜, 그 결의문을 GHQ-SCAP, 미 국무성, 미 상원위원회에 발송하는 등의 자구책이 있었던 것이다.

　미국은 한국 정부가 평화선을 선포한 것이 한일 간 동해상의 대륙붕 영해와 독도 등에 관한 문제와 연관하여 향후 양국 간의 어업협정의 교섭 과정에서 우위를 확보하기 위한 조치라고 해석하였다. 이러한 한국

---

24) 『大韓民國官報』, 1952년 1월 18일.

25) 原喜美惠, 『センプランシスコ平和条約の盲点: アジア太平洋地域の冷戦と「戦後未解決の諸問題」』, 広島: 渓水社, 2005, 67쪽.

의 대응에 대해 미국은 1952년 1월 25일, 일본 외무성에 보낸 공식 성명에서 이 해역에 대한 한국의 통제권을 재확인하면서 보호 해역 사이의 경계를 언급하였다.[26] 이는 미국이 트루먼 대통령의 연안 어업과 대륙붕 해상과 해저의 천연자원에 관한 선언을 언급하면서 일본 측의 항해 자유를 인정하지만, 한국 측이 주장하는 어업 보호 및 유지를 지지하는 입장을 밝힌 것으로 해석할 수 있다. 당시 주한미국 대사 존 무쵸(John J. Muccio)는 '평화선의 선포가 한반도 전체에 대한 대한민국의 주권이라는 저변의 묵계적인 가정에 기초하지만 38선 이북에 대해서는 유엔이나 미국이 승인하지 않았다. 하지만 평화선의 선포는 기정사실로 인식되었으므로 그것을 전복하려는 미국의 어떤 시도도 한국인들에게 그들의 국정에 대한 부당한 간섭으로 해석될 것이다'라는 보고서를 미국 정부에 제출했다.[27]

평화선의 선포에 대한 일본 정부의 첫 번째 반응은 주일대표부에 보낸 구상서를 통해 자국의 입장을 표명했다. 일본 정부는 평화선이 공해의 자유라는 오래된 원칙에 완전히 위배되며, 공해상 해양자원에 대한 공평한 개발과 보호를 위한 국제 협력이라는 기본 원칙에도 반하는 것이라고 주장했다. 이 같은 일방적인 선포는 국제사회의 어떠한 관행에서도 정당화될 수 없으며, 따라서 일본 정부는 이를 묵인할 수 없다며 강력하게 문제를 제기했다. 이 구상서에서 일본 정부는 평화선의 정당성을 부인하고 이것이 향후 전개될 한일어업협정의 협의 과정에 부정적인 영향을 미칠 수 있음을 강조했다. 또한 일본 정부는 독도의 영유권이

26) 국사편찬위원회 편, 「이승만 대통령의 정전 반대연설에 대한 보고」, 『資料大韓民國史, 1951년 4~6월』 24권, 2007a, 322~323쪽.

27) 국사편찬위원회 편, 「일본 어선의 맥아더선 침범 사건과 어업 해역권을 둘러싼 한일 분쟁에 보고」, 『資料大韓民國史, 1951년 4~6월』 24권, 2007b, 262쪽.

의심할 여지가 없이 일본에 있다는 입장을 표명했다. 이처럼 평화선은 당시 한국과 일본 사이에 존재했던 문제를 명확하게 드러냈고, 양국은 각자의 명분을 강화하려는 전략적 입장을 견지했다.

일본 정부는 주권을 완전히 회복한 후에 유리한 입장에서 한국과 한일어업협정의 교섭을 시작하려는 의도에서 지연하는 전략을 취했다. 일본은 1952년 5월 9일, 동경에서 미국, 캐나다, 일본 3국 간 어업조약을 체결하면서 동경 130도 서쪽의 저인망 어업분야에서 이승만 대통령이 발표한 평화선을 침범한 어업규정을 발표하였다. 이러한 일본의 움직임은 향후 전개될 한일 양국의 어업협정의 교섭에서 우위를 차지하려는 전략적 의도가 내포되어 있었다. 이에 한국 정부는 3국간 어업조약을 근거로 일본 어선이 대거 주권선포구역까지 접근할 경우를 경계하여 군함 3척과 감시선 3척을 이 지역에 배치하여 일본의 불법 침입에 강경하게 대처하는 입장을 취했다.

한국 정부가 '해양주권선언'에서 '평화선'이라는 명칭을 사용하게 된 것은 1953년 1월 23일 한국의 조정환 외무부 차관이 부산의 영국 대사관에 보낸 편지에서 유래되었다고 판단된다.[28) 이 편지에 의하면, 한국이 '보호선(conservation)'을 선언한 근본적인 이유는 일본 어선이 지난 식민지 기간 동안 불법 점령하면서 한국의 어장을 부당하게 이용하여 남획하였고, 한국이 독립한 이후에도 이 사실을 망각한 채 한국의 영해자원을 여전히 불법으로 남획하고 있는 사실을 고려해 볼 때, 한국의 '해양주권선언'은 단순한 어업자원 보호의 차원을 넘어 한국과 일본의 '평화'를 위한 선언이라고 설명하고 있다. 그 이후 1953년 7월 27일, 한국전쟁의 휴전이 성립됨과 동시에 '클라크라인(조선방위수역)'의 폐지가 예상

---

28) 한국외교안보연구원, 「한국의 어업자원보호법 공포와 관련된 한일 간의 분쟁 1953-1955」, 734,41 JA, 본/어 1953-55, 460, 1576-1579, 2005b.

되자 한국 정부는 평화선을 침범하는 불법 어선에 대해 나포 방침을 더욱 강화하기 시작했다.[29]

평화선은 일방적인 속성을 가지고 있지만 주권 국가의 당연한 권리로 자국 관할권내의 바다와 해저에 대한 또는 언젠가 이루어질 해양 경계 획정에 대한 주장으로 영해 자원민족주의가 반영되어 있다. 평화선의 선포가 향후 EEZ과 대륙붕 경계 획정 논의에서 한국이 일본에 대해 우세를 선점하기 위한 공격적인 확장 전략이라는 주장도 있지만, 1982년, 유엔해양법협약의 시점에서 보면 지극히 자연스러운 방어적 대응전략이라고 평가할 수 있다. 카예[30]는 유엔해양법협약의 해양 경계와 관련된 조항들을 비교하면 평화선은 오히려 어떤 면에서는 한국 측에 불리하게 그어졌다고 주장했다. 왜냐하면 한반도 남반부를 둘러싼 평화선은 한국과 일본의 중간선과 한국과 중국의 중간선이 한국에 불리하게 그어져 있고, 중국과 북한 사이의 경계선은 중간선이 아니라 한국 쪽에 가까이 획정되어 있기 때문이다. 여기에서 알 수 있는 것은 평화선이 선포되었을 당시 국가 간의 해양 경계는 중간선이라는 관행이 자리 잡아 가고 있었고, 한국과 일본 사이에 그어진 평화선의 경로 대부분은 단순화된 양국 간 중간선과 거의 일치했다는 사실이다.[31] 이처럼 평화선은 1950년대에 힘을 얻어, 1982년 유엔해양법협약에서 EEZ이 채택되면서 정점에 이른 연안국 관할권 확장에 대한 논의로 주목받게 되었다.

---

29) 클라크라인이란 1952년 9월 27일, 유엔군 총사령관인 마크 웨인 클라크(Mark Wayne Clark)가 남한 주변에 해상방위수역을 설정하여 공산주의자들의 잠입을 막고 전시 밀수출품의 해상 거래를 봉쇄하기 위해 획정된 것이었다.

30) Kaye, Stuart, "The relevance of the Syngman Rhee Line in the development of the law of the sea", 『서울국제법연구』 18권 2호, 2011.

31) 배규성, 「이승만 라인(평화선)의 재고찰: 해양법 발전에서의 의의와 독도 문제에서의 의미」, 『일본문화연구』 제47권, 2013, 221~222쪽.

분명한 사실은 평화선이 제2차 세계대전의 종전과 함께 제국주의시대의 패권과 모순으로 얼룩졌던 세계 질서에 균열이 생기면서 대두하기 시작한 신생독립국가들의 영해 자원민족주의 성격을 내포하고 있다는 것이다. 이러한 평화선의 성격은 미국이 설정한 반공을 대항하는 전략적 범주를 벗어날 수 없었고, 그 범주 내에서 동북아 지역 반공동맹의 소패권을 두고 구식민지이자 신생독립국이었던 한국이 구제국주의자이자 해양 강대국이었던 일본을 국제해양레짐 체제의 변동과 연계하여 향후 한일어업협정의 교섭 과정에서 우위의 위치를 확보하기 위한 이승만 대통령의 정치적 결단이었다고 말할 수 있다. 하지만 평화선은 미국 중심의 동북아 지역 반공체제를 넘어서지 못하고 오히려 냉전구조에서 반일을 정치적 도구로 활용하고 있었기 때문에 반일의 국책 기조가 무너지면 언제든지 폐기될 수 있었다. 그러한 구조 속에서 1965년, 한일어업협정의 조인과 함께 양국의 합의에 의해 평화선은 사실상 철폐된 것이다.

4. 미완성의 한일어업협정

맥아더라인과 평화선은 한일어업협정 교섭의 출발점이 되었다. 한일어업협정 체결 문제는 맥아더라인의 확장에 반대하거나 그 존속의 주장이 더 이상 실효성을 잃어갈 때에도 논의의 중심에 있었으며, 평화선의 획정에 이르는 전 과정에서도 논의의 기본 축이 되었다. 이러한 논의는 영해 자원민족주의에 기초해 자국의 어업을 보호하기 위한 양국의 현실적 대응 전략이자 독도 영유권 문제를 비롯한 한일 간 갈등의 시발점이기도 했다. 한일어업협정은 1952년 2월 20일부터 13년 4개월 동안 7차례의 교섭을 거쳐 1965년 6월 22일에 조인·체결되었다. 동 협정의 주요 내용은 첫째, 어업 수역으로 12해리까지 자국의 EEZ을 행사할 수 있음, 둘째, 한국의 관할 수역 밖의 주변에 공동규제수역을 설정하고 이 수역에서는 주요 어업의 어선 규모, 어로 시기, 어선 수, 어획량 등이 규제됨, 셋째, 공동규제수역 외연의 일정 수역에 공동자원수역을 설치함, 넷째, 한일어업공동위원회를 설치하여 어업자원의 과학적인 조사와 규제 조치의 권고를 실시함, 다섯째, 한국 측은 수산업협동조합중앙회, 일본 측은 대일본수산회의 등 양국의 민간단체로 구성된 한일민간어업협의회를 설치하여 조업질서의 유지와 사고 처리에 관한 결정과 실무 처리를 담당한다는 것으로 요약할 수 있다.[32]

한일어업협정 교섭 과정에서 한국 측은 평화선에 관한 규정을 포함시킬 수 없다는 점을, 일본 측은 공해 자유의 원칙을 확인할 수 없다는 점을 내세우면서 한 치의 물러섬도 없이 팽팽하게 대립하였다. 양국은 일련의 조정 기간을 거쳐 애초의 주장을 포기하고, 한국이 연안으로부터 12해리까지 어업관할권을 인정한다는 것으로 타협했다. 이는 양국 국민 정서에 비하면 협상을 담당하는 실무자가 상대방 측의 주장에 굴복한 것으로 보이는 내용이었으나, 당시의 국제해양레짐의 규범적 인식의 발전 속도에서 비추어 보면 다소 앞서가는 협정 안이었다. 왜냐하면 일본이 영해 12해리 원칙을 공식적으로 인정한 시점이 1977년 5월이었기 때문에 1965년 당시 일본은 여전히 3해리 영해 원칙을 견지하고 있었기 때문이다. 그럼에도 불구하고 일본이 국내적 비난을 감수하면서 한국의 12해리 영해 원칙을 인정한 이유는 평화선의 철폐가 최우선이라는 정치적 측면을 고려했고, 한국은 일본의 어업협력자금 9천만 달러 제공과 연간 어획량 15만 톤 제한이라는 경제적 측면을 고려하여 평화선의 철폐

---

32) 남기정, 2008, 154쪽.

에 합의했다.33) 이러한 정부 간 협상은 양국의 정치 상황의 변화에 따라 정치 지도자 간의 협의를 통해 보류 방식으로 독도 영유권 문제와 어업 이해관계의 조정을 분리시켜 합의를 도출하였다.

여기에서 우리가 주목해야 할 것은 한일 양국 정부 간 협상의 타결방식이다. 1965년, 한일어업협정의 잠정적 타결방식은 한일 양국의 정책 결정자들이 정부 간 협상을 통해 전략적 가치가 낮은 독도 영유권 문제보다 한일관계를 우선시하며 잠정적 타결방식이라 불리는 암묵적 합의에 도달했음을 의미하고 있다.34) 문제는 이러한 암묵적 합의가 '영구적'이라기보다는 '일시적'으로 용인되고 있다는 측면이 강하다는 것이다. 왜냐하면 양국 정부는 한일어업협정 제10조 2항에 '발효된 이후 5년 간 유효하되, 당사국 어느 일방이 종결 의사를 통고한 날부터 1년 후에 자동적으로 종료된다'라는 조항을 두어 국내외의 정치적 상황에 따라 가변적일 수 있음을 시사하고 있기 때문이다. 한일어업협정은 '해결되지 않은 것을 해결된 것으로 간주한다'는 미완성의 합의 방식을 채택했기 때문에 한일관계가 엇박자로 나아가면 언제든지 재점화될 수 있는 시한폭탄 같은 협정이었다. 이처럼 한일어업협정이 미완성의 형태로 체결된 요인을 살펴보면 다음 세 가지로 축약할 수 있다.

첫째는 국제해양레짐의 변화에 적극적으로 대응하려는 전략적 판단이다. 평화선이 선언되었던 시기는 제2차 세계대전 후 제국주의시대의 해양자유주의 질서가 붕괴되고 신흥독립국의 영해 자원민족주의를 배경으로 새로운 영해 질서가 재편되었던 때였다. 이러한 국제해양레짐은

---

33) 최장근, 「어업협정과 독도 및 EEZ와의 관련성: 일본외교의 정치문화적 특성에서 고찰」, 『일본학보』 제50권 1호, 2002, 449쪽.

34) 최희식, 「〈분쟁 해결에 관한 교환공문〉 교섭과 독도 영유권 문제」, 『전후 일본 공문서 조사 분석 연구』 2009년 11월 26일 국민대학교 일본학연구소 워크숍 [미출판], 143쪽.

1958년, 제네바 협약 체제하에서 3~12해리의 영해와 공해로 이루어진 이원적 체제의 1965년, 한일어업협정이 형성되었다. 그렇지만 1982년 유엔해양법협약의 성립에 따라 12해리의 영해, 200해리의 EEZ 및 공해로 이루어진 삼원적 체제로 전환됨과 동시에 공해어업 자유의 근본적 변화, 어업자원의 심각한 감소, 어업 능력의 상대적 변화를 고려하여 한일 양국 정부는 1999년, 신한일어업협정을 체결하게 되었다. 바꾸어 말하면, 한일 양국은 국제해양레짐의 변화에 적극적으로 대응하고 기존의 한일어업협정의 틀을 유지하면서 양국의 영해 갈등을 최소화시키려는 전략적 판단을 기초로 '잠정적 타결방식'을 채택한 것이다.[35]

둘째는 동북아 지역의 영해 분쟁을 억제하려는 정치적 노력이다. 동북아 지역은 탈냉전의 모순 구조 위에 구제국주의 국가와 구식민지 간의 역사적 갈등이라는 모순이 중첩되어 있는 민족국가의 건설 단계에 놓여 있기 때문에 역내 국가 간의 영해 분쟁이 여전히 표출되고 있다. 예컨대 일본은 한국과의 독도 문제, 중국·대만과의 조어도 주변의 영해 자원과 해양 교통로 확보 문제, 러시아와의 북방 4개 도서인 하보미아(齒舞), 시코탄(色丹), 구나시리(国後), 에토로후(擇捉)의 영토 반환 문제 등과 같은 영해 분쟁의 진원지이다.[36] 특히 한일어업협정의 교섭과정에서 알 수 있듯이, 독도 영유권 문제는 '독도(獨島)' 혹은 '다케시마(竹島)'라는 명칭을 생략한 채 '양국 정부는 별도의 합의가 있을 경우를 제외하고, 양국 간의 분쟁은 우선 외교상의 경로를 통해 해결하는 것을 원칙으로 하고, 양국 정부의 합의 절차에 따른 조정으로 해결을 도모한다'는 '분쟁 해결에 관한 교환 공문'에 합의했다.[37] 이러한 방식의 합의는

---

35) 정해웅, 「EEZ 체제와 한일어업협정」, 『서울국제법연구』 제6호 1호, 1999, 5쪽.
36) 本宮武憲, 「領土問題」, 『社会科教育』, 第44輯 9号, 2007.
37) 김영수, 「한일회담과 독도 영유권: 샌프란시스코 강화조약과 한일회담 「기본

한일 양국의 관계 변화에 따라 다르게 해석될 수 있기 때문에 독도 주변 수역의 영해 분쟁을 촉발시킬 여지를 제공하고 있다.

셋째, 한일 양국의 협력을 제도적으로 발전시키려는 인식의 변화이다. 1965년 한일국교정상화 이후 정치, 안보, 경제, 사회, 문화 등 전 분야에서 양국은 긴밀한 협력을 통해 발전을 이루어 왔다. 비록 한일관계는 식민-피식민 관계라고 하는 불행한 역사를 경험했지만 긴밀한 정치·경제 협력을 제도적으로 발전시켜 대등한 파트너로 나아가야 한다는 인식이 확산되고 있다. 이러한 맥락에서 한일어업협정은 교섭과 체결 과정에서 양국의 부정적인 국내외·변수로 인해 형성된 쟁점들이 완전히 해결되지 못한 미완성의 합의를 도출했지만, 이것은 양국의 공동 이익 추구와 미래지향적 협력을 지향하려는 차선의 정치적 선택이었다고 설명할 수 있을 것이다. 그 결과 미완성적 어업협정에 의한 독도의 기점문제와 연관된 대륙붕의 공동 개발과 경계 획정 문제는 그 해석과 주장이 분쟁 당사국의 입장에 따라 다르게 표출되고 있기 때문에 한일 양국은 각자의 입장에 맞는 논거를 끊임없이 모색하려는 시도를 하고 있다.[38]

5. 맺음말

본 연구는 한일어업레짐의 성격을 규정하는 전사(前史)로서 GHQ-SCAP 의 관련 문서를 중심으로 한일어업협정이 어떻게 태동되었는지를 조명

관계조약」을 중심으로」, 『한국정치학회보』, 제42집 4호, 2008, 125쪽.
38) 박창건, 「국제해양레짐의 변화에서 한일대륙붕협정의 재조명: 동(북)아시아의 미시-지역주의 관점으로」, 『한국정치학회보』 제45집 1호, 2011.

하는 것이다. 이것은 한·미·일 관계라는 프리즘을 통해 한일어업협정의 성격을 규정하는 전사를 추적한다는 외교사적 의미를 지니고 있다. 특히 본 연구는 일국사적 관점을 넘어서 국제해양레짐의 재편과 연동되어 나타난 동북아 지역 영해 질서를 '영해 자원민족주의'라는 개념을 변형·발전시켜 한일어업협정에 대한 전사(前史)의 규명에 초점을 맞추었다. 여기에서 영해 자원민족주의는 냉전 질서 재편의 모순된 구조적 역학관계에서 자국 중심의 영해 주권을 내세우며 실효적 관리를 지향하는 모습을 보였고, 동북아 지역에서의 어업보호수역선의 제도화를 통해 자국 중심의 영해 관할권을 적극적으로 수용하는 자세를 취했으며, 동해를 둘러싼 영해 규범이 임의적인 '신념체계의 조작코드'에 의해 표출되어 자국 중심의 인식적 변형을 초래했다. 이러한 정치동태적 속성은 한일어업레짐의 변형 과정에 투영되어 표출되었다.

맥아더라인에서 평화선으로 이어지는 영해 자원민족주의는 한일어업협정의 성격을 규정하는데 직결되는 사안이었다. 맥아더라인은 군사·안보상의 이유보다는 전전(戰前) 일본어선이 세계 도처에서 자행한 남획을 규제하고 어업자원 보호로 지속적인 생산성을 유지하기 위해 획정되었지만, 그 이면에 GHQ-SCAP이 식민지를 상실한 일본이 국내 자원을 최대한 활용해 평화적인 국민국가로 거듭나야 한다는 전략적 의도도 담겨져 있었다. 하지만 일본 정부는 대일강화조약이 순조롭게 진행되는 과정에서 일본의 수산업자와 결탁하여 대일강화특사인 덜레스에게 맥아더라인 철폐를 요청하는 로비를 하여 성공적인 결과를 얻기도 하였다. 이에 대해 한국 정부는 맥아더라인이 존속하는 것과 같은 효과를 지니는 대외적 조치로 '어업보호수역선'의 획정을 구상했다. 비록 한국 정부 내에서 어업보호수역선에 대한 전략적 판단의 다양한 논의는 있었지만 이것은 평화선 선포의 견인차로서 역할을 하였다. 한국 정부는 대일강화조약 이후에도 맥아더라인의 존속을 지속적으로 주장하면서 한일 어업협정 협상 과정에서 기준이 되는 지렛대로 활용하려는 의도를 담고 있었다.

평화선은 일본의 어업 및 조업구역에 관한 맥아더라인의 연장선상에 서 한국 정부가 선포한 어업 및 조업에 관련된 것뿐만 아니라 한국의 안 보와 국방에 관한 영해 주권 선언이었다. 이것은 제2차 세계대전의 종 전과 함께 제국주의시대의 패권과 모순으로 얼룩졌던 세계질서의 균열 이 생기면서 대두하기 시작한 신생독립국가들의 영해 자원민족주의 성 격을 내포하고 있었다. 하지만 평화선은 미국 중심의 동북아 지역 반공 체제를 넘어서지 못하고 오히려 냉전구조에서 반일을 정치적 도구로 활 용하고 있었기 때문에 만일의 국책 기조가 무너지면 언제든지 폐기될 수 있었다. 그 결과 1965년 한일어업협정의 조인과 함께 양국의 합의에 의해 평화선은 철폐하게 되었다. 이처럼 맥아더라인에서 평화선으로 이 어지는 한일어업협정은 '해결되지 않은 것을 해결된 것으로 간주한다'는 미완성의 합의 방식을 채택했기 때문에 한일관계가 엇박자로 나아가면 언제든지 여러 가지 문제가 분출될 수 있는 시한폭탄 같은 협정이라고 말할 수 있다.

참고문헌

1. 논저

김영수, 「한일회담과 독도 영유권: 샌프란시스코 강화조약과 한일회담 「기본관계조약」을 중심으로」, 『한국정치학회보』, 제42집 4호, 2008.

남기정, 「한일회담시기 한일 양국의 국제사회 인식: 어업 및 평화선을 둘러싼 국제법 논쟁을 중심으로」, 『세계정치』, 제29집 2호, 2008.

동북아역사넷, 「요시다 시게루 수상이 덜레스 대사에게 보내는 서한」, 1951a, 〈http://contents.nahf.or.kr/id/NAHF.kj_007_0010_0530〉 (검색일 2014년 5월 7일).

동북아역사넷, 「덜레스가 요시다에게 보내는 답신」, 1951b, 〈http://contents.nahf.or.kr/id/NAHF.kj_007_0010_0530〉 (검색일 2014년 5월 7일).

박진희, 「전후 한일관계와 샌프란시스코 평화조약」, 『한국사연구』 131호, 2005.

박창건, 「한일어업레짐의 변화와 일본의 독도 협상정책: 복합적 확산전략」, 『국가전략』 제16권 3호, 2010.

박창건, 「국제해양레짐의 변화에서 한일대륙붕협정의 재조명: 동(북)아시아의 미시-지역주의 관점으로」, 『한국정치학회보』 제45집 1호, 2011.

배규성, 「이승만 라인(평화선)의 재고찰: 해양법 발전에서의 의의와 독도문제에서의 의미」, 『일본문화연구』 제47권, 2013.

신용옥, 「'평화선' 획정 과정의 논리 전개와 그 성격」, 『史叢』 76호, 2012.

임호민, 「1950년대 전환기 한국의 해양주권 수호에 대한 연구: 독도와 주변해역을 중심으로」, 『한국민족문화』 제45권, 2012.

정병준, 『독도 1947: 전후 독도문제와 한·미·일 관계』, 서울: 돌베개, 2010.

정인섭, 「1952년 '평화선' 선언과 해양법의 발전」, 『서울국제법연구』 제13권

2호, 2006.

정해웅, 「EEZ 체제와 한일어업협정」, 『서울국제법연구』 제6호 1호, 1999.

조윤수, 「'평화선'과 한일 어업 협상」, 『일본연구논총』 제28호, 2008.

지철근, 『平和線』, 서울: 범우사, 1979.

최장근, 「어업협정과 독도 및 EEZ와의 관련성: 일본외교의 정치문화적 특
　　성에서 고찰」, 『일본학보』 제50권 1호, 2002.

최장근, 「일본정부의 '이승만라인 철폐'의 본질 규명: 일본의 한일협정 비
　　준국회의 국회의사록 분석」, 『일어일문학연구』 제76권, 2011.

최희식, 「〈분쟁 해결에 관한 교환공문〉 교섭과 독도 영유권 문제」, 『전후
　　일본 공문서 조사 분석 연구』 2009년 11월 26일 국민대학교 일본학
　　연구소 워크숍 [미출판].

외무부 정책국, 『平和線의 理論』, 서울: 외무부, 1952.

히구치 도시히로 저, 박창건 역, 「동지나해·황해 수산자원 질서재편에서
　　GHQ-SCAP 천연자원국과 한일관계(東シナ海黄海水産資源秩序再編に
　　おけるGHQ-SCAP天然資源局と日韓関係)」, 『의제로 본 한일회담: 외교
　　문서 공개와 한일회담 재조명Ⅱ』, 서울: 선인, 2010.

竹前栄治, 『GHQ』, 東京: 岩波新書, 1983.

本宮武憲, 「領土問題」, 『社会科教育』, 第44輯 9号, 2007.

増田弘, 『マッカーサー: フィリピン統治から日本占領へ』, 東京: 中央新書, 1992.

藤井賢二, 「日韓漁業問題の歴史的背景旧植民地行政機関の漁業政策比較の視
　　点から」, 『東アジア近代史』 5, 2002.

藤井賢二, 「日本統治期の朝鮮漁業の評価をめぐって」, 『東洋史訪』 14, 2008.

原喜美恵, 『センフランシスコ平和条約の盲点: アジア太平洋地域の冷戦と「戦
　　後未解決の諸問題」』, 広島: 渓水社, 2005.

Attard, David. J, *The Exclusive Economic Zone in International Law*,
　　Oxford: Clarendon Press, 1987.

George, Alexander L, "The 'operational code': a neglected approach to the study of political leaders and decision making", *International Studies Quarterly* 23, 1969.

Kaye, Stuart, "The relevance of the Syngman Rhee Line in the development of the law of the sea", 『서울국제법연구』 18권 2호, 2011.

Muscolino, Micah, "The Yellow Croaker War: Fishery Disputes Between China and Japan, 1925-1935", *Environmental History* 13-2, 2008.

Sohn, Lois B. and Kristen Gustafson, *The Law of the Sea in a Nutshell*, Saint Paul: West Pub. Co, 1982.

Takemae, Eiji, *Inside GHQ: The Allied Occupation of Japan and Its Legacy*, New York and London: Continuum International Publishing Group, 2002.

2. 1차 자료

국사편찬위원회 편, 「해군본부 정훈감실, 일본 어선들의 맥아더라인 불법 침범 사례 발표」, 『資料大韓民國史, 1951년 4~6월』 21권, 2006a.

국사편찬위원회 편, 「현재 맥아더라인을 불법 침범하여 나포된 일본어선 수는 36척」, 『資料大韓民國史, 1951년 4~6월』 21권, 2006b.

국사편찬위원회 편, 「이승만 대통령의 정전 반대연설에 대한 보고」, 『資料大韓民國史, 1951년 4~6월』 24권, 2007a.

국사편찬위원회 편, 「일본 어선의 맥아더선 침범 사건과 어업 해역권을 둘러싼 한일 분쟁에 보고」, 『資料大韓民國史, 1951년 4~6월』 24권, 2007b.

한국외교안보연구원, 「한국의 어업보호정책: 평화선 선포, 1949~52」, 743.4 JA. 본/어, 458, 2005a.

한국외교안보연구원, 「한국의 어업자원보호법 공포와 관련된 한일 간의 분쟁 1953-1955」, 734,41 JA, 본/어 1953-55, 460, 1576-1579, 2005b.

GHQ-SCAP Top Secret Record, (ESS), "Abolition of the MacArthur Line", 1951.

GHQ-SCAP Top Secret Record Ⅱ, Vol.6, Box No. GS-3, "Japanese Fishing Area and Vessels, MacArhur Line", Government Section Administrative Division Miscellaneous Subject File 1945-April 1952.

GHQ-SCAP Top Secret Record Ⅱ, Vol.6, Box No. GS-3, "Japanese Fishing Area and Vessels, MacArhur Line(REPLY TO DA 88575)", Government Section Administrative Division Miscellaneous Subject File 1945-April 1952.

GHQ-SCAP Top Secret Record Ⅱ, Vol.6, Box No. GS-3, "Pertains to Fishing Conference and Revocation of MacArhur Line", Government Section Administrative Division Miscellaneous Subject File 1945-April 1952.

GHQ-SCAP Natural Resources Section Report No. 138, 1950. "Japanese Offshore Trawling", Tokyo.

7장

전후 일본의 안보체제와 집단적 자위권

―안보조약과 신안보조약을 중심으로―

유지아

유지아 柳芝娥

경희대학교 한국현대사연구원 연구교수

일본현대사 전공

주요저작으로「일본 재군비 과정에서 제국군인의 역할과 위상: 연합총사령부(General headquarters) 復員局 내의 '핫토리(服部) 그룹'을 중심으로」(2011),『점령과 개혁(雨宮昭一 저, 일본근현대사시리즈 7)』(번역, 2012)

1. 머리말

아시아 태평양 전쟁에서 일본이 패전함으로써 시작된 점령은, 6년이라는 세월을 거쳐 1951년 9월 8일 샌프란시스코에서 대일강화조약이 체결되고, 이듬해 4월 28일부터 발효됨으로써 끝을 맺었다. 이후 1990년대까지 "전후(戰後) 일본"의 구조적 특징은 평화헌법, 대일강화조약, 55년 체제 세 가지 요소로 설명할 수 있다.[1] 이 중 대일강화조약은 국내외적으로 많은 논란을 야기해 왔음에도 불구하고, 패전 후 일본이 근린 국가와 달리 평화를 향유하고 경제대국으로 성장할 수 있었던 역사적 출발점으로 평가받고 있다. 바꿔 말해, 대일강화조약으로 인해 자유진영의 일원으로서 미일안보협력관계를 기초로 전면적인 재무장을 억제하고, 경무장과 경제부흥을 정책 목표로 하는 통상국가노선[2]이 전후 일본의 안보체제와 더불어 기본 방침으로 계승되어 왔다는 평가가 주를 이루고 있다.

대일강화조약은 본래 교전 당사국 간의 평화관계 회복을 위한 전쟁배상과 영토문제 해결 등 제반 조건을 정리하는 전후처리로서의 역할을 해야 하기 때문에 전후 일본의 외교, 안보를 포함한 체제적 차원의 성격을 규정짓는 중요한 계기로서 의미를 지니게 되었다. 따라서 원칙적으

---

* 본 연구는 『일본학』2014년 39집에 게재된 내용을 단행본 체제에 따라 재구성한 것임을 밝혀둔다.

1) 五百旗頭眞, 『戰爭・占領・講和』, 中央公論社, 2001, 396~398쪽.

2) 소에야 요시히데(添谷芳秀) 교수는 미일동맹 관계에 대한 입장을 중심으로 일본의 안보노선에 관한 국내 입장을 크게 통상국가노선(요시다노선), 자주노선, 독립노선으로 나누고, 자주노선은 미일동맹 위에 미일의 대등한 관계 형성과 헌법 개정을 통한 재군비와 자주국방을 주장하는 노선으로, 독립노선은 미일동맹과 재무장을 반대하고 비무장 중립을 주장하는 노선으로 설명하고 있다. 전봉근, 「일본 안정보장론의 이해」, 『동아시아 국제관계와 한국』. 을유문화사, 2003, 118쪽에서 인용.

로 대일강화조약은 연합국에 대한 일본의 배상의무를 과하였으나(제14
조), 미국은 배상청구권을 포기하고 동시에 미일안보조약을 체결하여
일본영토내의 미군기지보유를 인정받았다. 대일강화조약교섭 당시, 냉
전과 한국전쟁이라는 국제정세가 주는 압박감 속에서 일본은 '조기강화'
를, 미국은 '미군의 일본주둔'을 최우선 목표로 설정하고 있었다. 그러나
미국의 입장에서 '미군의 일본주둔'이라는 목표와 함께 군사전략적 관점
에서 '일본의 재군비'는 포기할 수 없는 문제였다. 결론적으로 일본은 급
진적이든 점진적이든 재군비에 동의하는 형식을 취하며 대일강화조약
과 미일안보조약을 체결하였다.[3] 이후 전후 일본은 헌법을 개헌하지는
않았지만 미일안보 차원에서 자위대의 역할을 확대시켜왔으며, '해석개
헌'이라는 논리 하에 자위권 행사 문제와 관련하여 군력보유와 교전권
을 인정하고 있는 상태이다. 이러한 상황에서 아베 내각은 2014년 7월1
일 임시의회에서 타국에 대한 공격에 자위대가 반격하는 집단적 자위권
의 행사를 인정하기 위한 헌법해석을 인정한다는 내각결정을 내렸다.

그렇다면 일본은 왜 지금에 와서 집단적 자위권을 비롯하여 헌법개헌
에 적극적으로 나서는 것일까. 대일강화조약이 체결된 이래 일본의 보
수세력들은 헌법 제9조를 개정하고자 하였다. 헌법 개정의 내용은 자위
대의 헌법 내 인정과 교전권 및 자위권을 갖는 것이다. 이는 자위전쟁을
가능케 하는 자위대의 존재를 헌법에 명시적으로 인정하여 국제사회에
서 통상국가로서의 지위를 확고하게 하기 위함이라 할 수 있다. 그러나
헌법 개헌은 국민의 반대로 인해 실현되지 못했고, 대일강화조약 체결
후 미일안보조약을 통해 일본은 자국의 안보를 해결하고자 하였다. 반
면, 미국은 일본을 자유진영에 속하게 하는 것은 물론, 동아시아에서 미

---

3) 유지아, 「전후 대일강화조약과 미일안보조약 과정에 나타난 미군의 일본주둔과
   일본재군비 논의」, 『일본학연구』 제41집, 2014.

국의 우방국으로 만들어 놓고자 하였다. 이러한 과정속에 일본의 재군비 문제는 일본국 헌법과는 별도로 국제공헌이라는 명목으로 구체화되어 갔으며, 동아시아 다른 국가들과의 관계를 중요시하지 않는 국제관을 가지게 되었다.

이와 같이 전후 미국과의 관계에 기초한 국제관, 역사관, 전쟁관이 형성되는 과정 속에서 헌법개정 문제는 일본사회에서 끊임없이 대두되었고, 현재의 집단적 자위권 행사 문제도 이러한 맥락에서 파악해야 한다. 그러나 동아시아 국가들은 미일동맹에도 불구하고 일본국헌법 내의 '전쟁방기' 조항 때문에 일본의 군사적 위협에 대해서는 크게 문제 삼지 않았다. 이러한 분위기를 일변시킨 것이 일본의 집단적 자위권 행사 문제이다. 현재 동아시아 국가들은 일본이 집단적 자위권을 행사함으로써 궁극적으로 무엇을 추구하려고 하는가에 주목하게 되었고, 일본의 군사적 위협에도 주의를 환기시키고 있다. 즉, 집단적 자위권 행사는 일본 내의 정치뿐만 아니라 국제정세와 밀접한 관련성을 가지고 있으며, 따라서 대일강화조약 이후 안보조약 등에서 집단적 자위권 논의가 어떻게 구조화되어갔는가를 고찰하는 것은 현 상황을 이해하는 데 중요한 단서가 될 것이다.

이와 관련한 기존의 연구에서는 헌법개정에 대해 다루는 연구가 주를 이루고 있다. 아베 정권이 헌법개정을 위한 단계로서 집단적 자위권 행사문제를 거론하고 있기 때문에 집단적 자위권 문제에 자체에 대한 연구는 많지 않다. 그 가운데 일본이 집단적 자위권을 행사하는 문제는 현실주의적인 입장에서 일본의 힘에 맞는 방위정책을 추구하는 과정에서 대두되는 문제로 판단하는 경향이 있다. 이러한 논리는 특히 1990년대 초 일본에서 대두된 보통국가론[4]을 기점으로 현재 일본 내부에서 주류를 이루고 있으며, 일본의 안전보장과 미일동맹의 재조정을 위한 노력의 일환으로 시작되었다. 그리고 미일동맹의 근본적인 변화가 일본의 방위정책을 재구조화하는 추동력을 제공하고 있으며, 또한 변화하는 일본 방위정책의 강도와 범위는 예상치 못한 사건과 위협들에 의해 촉발된 새로운 안보 인식에 의해 영향을 받는다는 입장의 논문들도 있다.[5] 이 논문에서는 안보정책의 실질적인 정책변화의 시기와 내용은 국내정치의 다양한 역학관계에서도 영향을 받는다고 주장한다. 한편 미일관계의 관점에서 전후 일본의 방위 정책을 논한 다른 논문에서는 일본의 방위정책이 전수방위에서 적극방위로 변화하는 원인을 분석하였다.[6] 이 논문에서는 냉전 상태에서 미일동맹을 근간으로 한 1976년 체제하에서 일본의 방위전략을 전수방위로 규정지었으나, 냉전이 끝난 후 동아시아에서 북한의 위협과 더불어 미국은 일본의 방위전략을 재조정하기 시작하였으며 일본도 미일동맹의 틀 내에서 보다 적극적이고 효과적인 방위정책을 실현하고자 한다는 내용을 주로 다루고 있다.

본고에서는 기존의 연구와는 달리 미국은 군사전략적인 차원에서 대일강화조약 논의과정에서부터 지속적으로 일본의 군사적인 행동에 대해 역설하고 있었으며, 안보문제에 대해 미일안전보장을 중심으로 한

---

4) 小沢一郎, 『日本改造計画』, 講談社, 1993. 보통국가론은 오자와이치로가 만든 용어로 이른바 자립한 안전보장론이라고 할 수 있다. 이것은 오자와주의의 근간으로 3가지 자립, 즉 자립한 국가·자립한 국민·자립한 사회 중 하나로 오자와는 1993년 '정치개혁'(소선거구제도입)소동을 일으키며 미디어나 평론가, 오자와 관료를 총동원하여 극장형 정치를 연출하면서 개혁파 대 수구파의 대립구도를 통하여 정치개혁파의 절대적 다수를 획득하기 위하여 일본을 '전쟁체제 만들기'와 '시장원리주의'에 의해 무장시키고자 했다.

5) 이용주, 「군사동맹 변혁과 일본 방위정책의 재구조화: 자위대의 역할을 중심으로」, 『군사논단』 제49호, 한국군사학회, 2007; 김준섭, 「일본에 있어서의 집단적 자위권 문제에 관한 연구-일본정부의 논리를 중심으로-」, 『일본학보』 제76집, 한국일본학회, 2008.

6) 박철희, 「전수방위에서 적극방위로: 미일동맹 및 위협인식의 변화와 일본 방위정책의 정치」, 『국제정치논총』 제44집 1호, 2004.

안보체제를 구상하고 있었다는 점에 초점을 맞추어 집단적 자위권 논리를 살펴보고자 한다. 즉 현재 상황에 따른 재조정의 입장보다는 이미 일본의 군사적 행동과 집단적 자위권은 1951년의 안보조약과 1960년 신안보조약 개정으로 인해 점진적으로 현실화해나갔다는 관점에서 보고자 한다. 특히 전후 일본은 이미 대일강화조약시기부터 규정되어 있는 개별적 및 집단적 자위권에 대해 국제정세와 미일관계의 변화에 따라 해석방식을 달리 하면서 안보체제를 변용해왔다는 입장에서 일본이 국제정세 속에서 구상하고 있었던 안전보장과 그 원인을 분석하고자 한다. 연구방법으로는 안보조약과 신안보조약에 나타난 일본의 안보체제에 대한 인식과 집단적 자위권에 대한 견해를 명확하게 함으로써 현재의 안보체제와 어떠한 연관성을 가지는지 고찰하고자 한다.

2. 대일강화조약 시기 일본안보와 집단적 자위권

대일강화조약은 준비과정부터 일본의 안보와 밀접한 관련성을 가지고 있다. 그렇기 때문에 일본 외무성이 대일강화조약안을 준비하고 있을 때 미국은 대일강화 7원칙의 전문을 공표하여, 국내의 의견을 모았다. 대일강화조약 체결에 대해 통합참모본부는 군사적 견지에서 한국정세가 해결되기 전에 일본을 독립시키면 일본을 한국전쟁에서 작전의 주요한 기지로 사용할 수 없을 가능성이 있다는 이유로 반대하였다. 대신 일본에 실질적으로 안전보장과 자위능력을 증대시켜야 한다고 생각하고 있었으며, 그러기 위해서는 일본국 헌법을 개정할 필요가 있다고 판단하고 있었다. 대일강화조약은 이러한 조치가 끝난 후에 이루어져야 한다고 계획하고 있었던 것이다. 이 시기부터 이미 미국은 일본의 헌법

개정에 대해 생각하고 있었음을 알 수 있다.

실제로 일본국헌법 제정과정에서 집단적 자위권 문제는 논의되지 않았지만, 요시다 수상은 중의원에서 "전쟁방기7)에 관한 규정은 직접적으로 자위권을 부정하고 있지 않지만, 제9조 제2항에서 일체의 군비와 국가의 교전권을 인정하지 않은 결과, 자위권의 발동으로서의 전쟁도 교전권도 방기했다"8)라고 발언한 것에서 알 수 있듯이 자위권을 부정하지 않는다는 정부해석이 존재하고 있다. 일본국헌법 제정 후, 집단적 자위권에 대해 처음으로 언급한 것은 제7회 국회에서이다. 1949년 12월 중의원 외무위원회에서 니시무라 쿠마오(西村熊雄) 외무성 조약국장은 국제연합헌장에 집단적 자위권이 인정되어 국제법 학자들 사이에 매우 논의가 많다는 것을 지적하면서 이 조문의 해석에 전혀 자신이 없다고 밝히고 있다.9) 그리고 같은 제7회 국회에서 나카소네 야스히로(中宗根康弘)는 집단적 자위권을 총리대신은 인정할 것인가라고 질문하였으며, 이에 요시다 수상은 "당국자로서는 집단적 자위권의 실제적인 형태를 보지 않는 한 대답할 수 없다"10)고 회피하고 있다. 즉 대일강화조약 이전까지는 집단적 자위권의 해석을 명확하게 하고 있지 않음을 알 수 있다.

이와 같이 일본은 집단적 자위권에 대한 명확한 해석을 보류한 상태에서 대일강화조약을 논의하는 달레스-요시다 회담에 임하였다. 한국전

---

7) 방기(放棄)라는 말은 사전적 의미에서 '내버리고 아예 돌아보지 아니함'이다. 일본국헌법에서 이 단어를 쓰는 이유는 포기보다 강도 높은 의미라고 판단하여 본 논문에서 헌법을 인용할 때에 그대로 사용하도록 한다.

8) 吉田茂首相 발언, 第90回帝国議会衆議院議事速記録第6号, 昭和21年6月26年, http://kokkai.ndl.go.jp

9) 西村熊雄外務省条約局長 발언, 第7回国会衆議院外務委員会議録第1号, 昭和24年12月21年, http://kokkai.ndl.go.jp

10) 中宗根康弘・吉田茂首相 발언, 第7回国会衆議院予算委員会議第7号, 昭和25年2月3年, http://kokkai.ndl.go.jp

쟁 이후 중·소 동맹의 파장으로 미국에서는 일본중시론을 넘어 일본동맹국론이 대두되었기 때문에 대일강화와 일본재군비는 달레스-요시다 회담의 주요 쟁점이 되었다. 따라서 1951년 2월부터 시작된 사무당국 간의 회담에서 논의의 중심은 강화 후 일본지역의 안전보장문제였다. 일본지역 안전보장 문제에 대해 일본 측은 협정의 명문에 미국에 의한 일본 방위의 보증을 요구한 것에 대해, 미국 측은 그러한 보증은 상호적이어야 한다는 의미에서 일본에 국방성과 같은 중앙기관 설치에 관한 약속을 요구하였다. 결국 미국은 "일미양국의 상호안전보장을 위한 협력에 관한 협정" 초안에 일본의 안전을 보장하는 조항과 함께, 제8장에 "일본지역에서 적대행위가 일어나거나 적대행위의 위험이 있으면 미국정부가 결정한 때에 경찰예비대 및 다른 일본의 무력병력은 모두 일본정부와 협의한 후 미국정부가 지명하는 최고사령관의 통일된 지휘하게 놓이게 된다"는 '집단방위조치'를 넣었다.11) 이에 대해 일본은 '집단방위조치'를 철회할 것을 요구하며 주둔군의 지위에 대한 수정과 삭제를 요구하였고, 그 요구에 대한 확실한 답변이 없는 상태로 미국은 2월 5일 세번째 회의에서 대일평화조약에 대한 구체적 구상을 언급한 "잠정각서"를 내놓았다.12)

---

11) 外務省資料 B'4004 対日平和条約関係 ダレス来日から第2次交渉までの過程.

12) 外務省資料 B'4004 対日平和条約関係 ダレス来日から第2次交渉までの過程, 잠정각서 내용은 다음과 같다. "장래의 국연가맹국으로서 일본은 국연헌장 제2조의 의무를 사전에 수락한다. 다른 당사국은 일본에 관해서는 상호 같은 원칙에 의해 진행될 것을 약속한다. 연합국은 일본이 주권국가로서 연합헌장에서 말하는 "개별적 및 집단적 자위의 고유한 권한"을 갖고 있음을 인정하고, 일본이 스스로 연합국의 한 나라 또는 복수가 참가하는 집단안전보장조약에 들어갈 것을 합의한다. 이러한 조약은 외부로부터 무장공격에 대한 방위만을 목적으로 하는 것이며, 이 조약에 따라 연합국이 제공하는 병력은 일본의 내정에 개입할 어떠한 책임 또는 권한도 갖지 않는다. 일본은 국연의 행동 및 권고 또는 상기의 집단안전보장조약

1951년 9월에 체결된 대일강화조약 항목에서 집단적 자위권에 대한 내용을 살펴보면, 강화조약 제5조 c항에 "연합국은 일본이 주권국으로서 국제연합헌장 제51조의 개별적 또는 집단적 자위의 고유권리를 보유하는 것 및 일본국이 집단적 안전보장을 자발적으로 체결할 수 있음을 승인한다"고 규정하여 일본이 개별적 혹은 집단적 자위권을 갖는다는 것을 승인한다는 내용이 포함되어 있음을 알 수 있다. 이는 일본에 대한 자위권의 발동보다는 미국이 일본에 대일강화조약을 조기에 체결하게 함으로써 이루려했던 독립국으로서의 타국가와의 안보조약을 위한 항목으로 보여진다. 그렇기 때문에 소련을 비롯한 호주 등 영연방국가들도 일본의 재군비에 대해 불안감을 표명했음에도 불구하고 미국의 의사에 의해 일본은 군비제한 조항이 없는 강화조약을 체결하게 된 것이다.13) 그리고 이 과정에서 "개별적 및 집단적 자위의 고유한 권한"에 대한 논의도 제기되지 않았다. 미국은 강화를 통해 점령에 따른 일본국민의 반미감정을 해소하고, 자유진영에 편입하는 일본의 의지를 확인받고자 했으며, 동아시아의 반공기지로서 미군기지라는 목적을 달성하고자 했기 때문에 강화조약 후 일본의 상황에 대한 분석을 보류하고 있었다고 해야 할 것이다. 따라서 안전보장은 평화조약과는 별개의 문제가 되어버렸고, 일본은 자위를 위한 수단으로 미군 주둔이라는 방법을 취하였으며, 이러한 조치에 대한 근거를 유엔헌장 51조의 '집단적 자위권'에 두고 있었다.14) 또한 미국은 밴덴버그결의15)에 입각하여 집단적 자위권

에 따를 경우를 제외하고 어떠한 외국에 대해서도 일본에 군사시설을 갖지 않는다는 것에 동의한다."

13) 藤原彰, 『日本軍事史 下巻 戦後篇』, 社会批評社, 1987, 45쪽.

14) 유엔 헌장 51조 집단적 자위권의 내용은 자국과 동맹을 맺고 있는 나라가 침략당할 경우 이를 자국에 대한 침략행위로 간주, 침략국과 맞서 싸울 수 있도록 유엔헌장이 규정하고 있는 권리이다.

을 인정하는 동등한 형태의 강화를 거절하고, 미국이 희망하는 헌장에 의거한 집단 자위의 관계가 설정될 수 있을 때까지 일본에 군대를 주둔 시킨다는 입장을 견지한 것이다.[16] 따라서 미일안보조약은 주둔한 미군에 대한 모든 특권이 부여된 조약으로 형식적인 대등성이 결여되고, 주둔군 협정의 색채가 강하게 나타나고 있다.[17]

대일강화조약 체결 후 일본 내에서 처음으로 집단적 자위권 문제를 거론한 것은 제12회 국회에서 오카모토 아이스케(岡本愛祐) 의원이 "한 국전쟁을 배경으로 하여 일본에 있는 미군기지가 공격을 당했을 경우, 자위의 필요에 따라 일본의 경찰예비대도 한국전쟁에 참가하기를 요청 한다면 어떻게 할 것인가"라고 질문한 것이었다. 이에 대해 니시무라 쿠마오 외무성 조약국장은 "헌법 제9조에 군비와 교전권을 행사하지 않는 다고 명시하고 있기 때문에 헌법을 무너뜨리는 일은 결코 허용할 수 없 다"고 답하고 있다. 그러나 이어서 니시무라는 "일본은 독립국이기 때문 에 집단적 자위권도 개별적 자위권도 완전하게 가지고 있다. 그러나 헌 법이 자위권을 행사할 가장 유효한 수단인 군비를 허용하고 있지 않다" 고 말하여 일본이 집단적 자위권을 보유하고 있음을 밝히고 있다.[18] 이

---

15) 1948년 6월 11일 미국 상원에서 채택한 미국의 국가안전과 국제연합의 집단 안전보장체제와의 관계에 대하여 대통령에게 요망한 결의를 말한다. 당시의 상원 외교위원장인 A.H.밴던버그의 이름을 취한 것이다. 제3항에는 "계속적 이며 효과적인 자조(自助) 및 상호원조를 기초로 하며, 미국의 국가안전에 영 향이 있는 지역적, 기타의 집단적 결정에 미국이 헌법상의 절차에 따라 참가 할 것"이라 하였는데, 그것이 1949년 북대서양조약(North Atlantic Treaty: NAT) 체결의 기초가 되었다. 따라서 이 결의는 제2차 세계대전 후 미·소 대립을 주축으로 하는 냉전과정에서 미국이 반공적 집단안전보장체제를 적극적으로 추진한다는 결의를 밝히고, 또한 소련의 거부권행사 때문에 고민하는 국제연 합 운영의 타개책으로 시도되었다.

16) 소토카 히데토시 외, 『미일동맹 안보와 밀약의 역사』, 한울아카데미, 2006, 69쪽.

17) 이오키베 마코토, 『일본외교 어제와 오늘』, 다락원, 1999, 84~88쪽.

18) 西村熊雄外務省条約局長 발언, 第12回国会参議院平和条約及び日米安全保障条約

러한 입장은 대일강화조약 체결 전과는 다른 입장으로, 집단적 자위권
을 명확하게 인정하지만, 헌법이 부정하는 군비가 없기 때문에 경찰예
비대를 해외에 파견하는 것은 불가능하다는 입장인 것이다.

결국, 대일강화조약의 결과로 조기강화와 미군의 일본 내 기지화 문
제가 일단락되어 일본은 미군 주둔을 전제로 한 별도의 안보조약을 맺
어 자위의 목적을 달성하였다. 여기에서 특기할 만한 사실은 일본과 미
국이 '집단적 자위권'에 대해 대등한 관계에서 이루어지는 군사행동이
아니라, 미국의 입장에서는 오키나와가 공격당했을 경우 일본 영토이기
때문에 일본의 개별적 자위권이 미치는 영역에서 언급한 것이고, 일본
의 경우는 헌법에서 인정하지 않는 해외파병 등은 염두에 두지 않고 개
별적 자위권의 확대 해석 – 일본 내에서 미군이 공격을 당했을 경우 개
별적 자위권의 행사를 확대 – 하여 미군을 지원하는 집단적 자위권을 행
사할 수 있다고 생각하고 있었다. 즉 실질적으로 미국과 일본은 '집단적
자위권'이 권한 행사의 발동을 주장하는 중요한 근거가 되는 조치임에
도 불구하고 크게 숙려하지 않았다.[19] 그러나 일본은 군사시설을 갖지
않는다는 것을 명시하면서 "개별적 및 집단적 자위의 고유한 권한"을 갖
고 있음을 인정함으로써 헌법 제9조에서 금지한 군력보유와 교전권의
가능성을 열어놓았던 것이다. 결국 일본의 조기강화와 미국의 군대주둔
이라는 목적이 확실하게 이루어지는 교섭이었기 때문에 일본의 재군비
를 비롯한 이러한 자위권에 대한 부분도 보류하는 모습을 모임으로써
이후 일본의 안보문제를 애매한 상태에 놓이게 한 것이다.

特別委員会会議録第12号, 昭和26年11月7年, http://kokkai.ndl.go.jp
19) 豊下楢彦, 『安保条約の成立 – 吉田外交と天皇外交』, 岩波新書, 1996, 93~95쪽.

3. 미일안보조약과 미일행정협정속의 집단적 자위권문제

점령 초기부터 일본 외무성은 강화 조약이 체결된 후에 일본이 처할 상황에 대해 논의하였다. 그 내용의 첫째는 강화조약으로 일본의 주권에 가해진 제한을 최소한으로 하여 가능한 완전에 가까운 자주독립 국가로서 국제사회에서 재출발할 수 있도록 해야 한다는 것이다. 둘째는 일본국민이 생존 가능한 경제적 환경의 확보, 셋째는 안전보장의 확보이다.[20] 안전보장의 확보에 대해서는 국제연합이 가맹국에게 부여하고 있는 일반적인 안전보장에서의 안전을 요구하는 것이었다. 그러나 이 경우 일본이 국제연합에 가맹하는 것이 전제가 된다. 당시 일본이 독립 후에 바로 국제연합에 가맹할 수 있다고 생각하는 정치인은 많지 않았다. 국제연합이 구 적국에 대해 차별적 조치를 예정하고 있다는 것이나 상임이사국에 거부권을 부여하고 있기 때문에 안전보장이사회가 즉각적으로 기능할 수 없다는 점을 고려할 때, 국제연합이 일본의 안전을 보장하는 데는 한계가 있기 때문이다.[21]

그럼에도 불구하고 외무성은 1947년 6월에 "국제연합체제에 참가하는 것은 일본처럼 특수한 지위에 놓인 국가로서는 차라리 국제사회에 복귀하는 입장권이라고도 할 수 있다"는 입장을 취하였다. 단, 국제연합 체제에 참가하는 문제는 국제연합이 가맹국에게 부여한 의무를 충분하게 수행하는 과정에서 헌법 제9조에 명기한 전쟁방기 항목과 상충될 가능성도 배제할 수 없다. 그러나 외무성은 국제연합에 가맹하여 평화헌법의 이념을 국제사회에 실현하는 것이 국제사회에서 솔선하여 전쟁을 방

---

20) 外務省資料 B'0008-1 平和條約締結に関する(1) 問題の所在と(2)日本の立場.
21) 条約局条約課,「国際連合による安全保障の限界」, 東京大学法学部図書館所蔵, 1946年 11月.

기한 일본의 사명이라고 표명하였다. 그리고 6월 12일 문서 '안전보장문제에 관한 의견(安全保障問題に関する意見)22)'에서 "일본은 신헌법의 이념으로부터 언제라도 적극적으로 국제연합의 기구에 참가하며, 무력은 가지지 않지만 다른 수단에 의해 그 의무를 다하여 국제평화의 유지증진에 기여하고자 하는 희망을 가지고 있다"고 서술하고 있다. 이와 같이 점령 초기부터 일본은 자국의 안전보장을 위하여 국제연합의 안전보장 유지기능에 의존하면서 적극적으로 국제연합에 참여할 의사를 밝히고 있다는 것을 알 수 있다.

그러나 여전히 국제연합에 가맹하는 것만으로는 안전의 보장이 충분하지 않다는 점을 인정하면서 국제연합헌장 제52조에 근거하여 '지역적 보장기관'의 창설을 염두에 두고 있었다. 그 내용은 다음과 같다.

　　1. 이 헌장의 어떠한 규정도, 국제평화와 안전의 유지에 관한 사항으로서 지역적 조치에 적합한 사항을 처리하기 위하여 지역적 조약 또는 지역적 기관이 존재하는 것을 배제하지 아니한다. 다만, 이 조약 또는 기관 및 그 활동이 국제연합의 목적과 원칙에 일치하는 것을 조건으로 한다.
　　2. 그러한 조약을 체결하거나 그러한 기관을 구성하는 국제연합 회원국은 지역적 분쟁을 안전보장이사회에 회부하기 전에 이 지역적 조약 또는 지역적 기관에 의하여 그 분쟁의 평화적 해결을 성취하기 위하여 모든 노력을 다한다.
　　3. 안전보장이사회는 관계국의 발의에 의하거나 안전보장이사회의 회부에 의하여 그러한 지역적 조약 또는 지역적 기관에 의한 지역적 분쟁의 평화적 해결의 발달을 장려한다.23)

---

22) 外務省資料 B'0008-2 安全保障問題に関する意見 1947年6月12日文書『対日平和条約関係, 準備研究関係(第二卷)』.
23) 국제연합헌장, 제8장 지역적 조약 제52조.

즉, 국제연합헌장 제52조는 결정되지 않은 기관으로 하여금 지역분쟁의 평화적 해결을 장려하기 위한 규정으로 일본은 지역의 평화와 안정을 유지하기 위하여 일본을 포함한 서부 태평양 국가들로 지역기구를 구축하여 위협, 파괴 또는 침략행위를 방지하기 위한 조치를 규정하는 것이 좋다고 제안하고 있다.24) 이 단계에서 지역기구의 구축에 소련이 포함되어 있는지는 확실하게 밝히고 있지 않지만, 미소관계가 긴장상태로 변해가는 상황에서 일본은 미국 주도의 점령통치하에 있었다는 배경을 고려할 때, 미일관계를 축으로 한 지역안전보장을 상정하고 있었다고 예측할 수 있다.

안보조약에 대해서는 1951년 6월부터 7월까지 진행된 제3차 미일교섭에서 그 모습이 확실해진다. 이 교섭은 아치슨 공사가 일본을 방문하여 8월 25일 "안전보장조약최종안"이 결정된다. 그 내용을 보면, "미합중국은 평화와 안전을 위해 현재 약간의 자위국 군대를 일본국내 및 그 부근에 유지할 의사가 있다. 단 미합중국은 일본국이 공격적인 위협이 되거나 또는 국제연합헌장의 목적 및 원칙에 따라 평화와 안전을 증진하는 목적 이외에 사용되는 군비를 갖는 것을 항상 견제하며, 직접 또는 간접적인 침략에 대한 시급한 방위를 위해 점증적으로 스스로 책임질 것을 기대한다"고 명기하고 있다.25) 이 협정안은 1952년 안전보장협정의 근간이 되며 그 전문은 다음과 같다.

> 일본국은 오늘 연합국과의 평화조약에 서명했다. 일본국은 무장해제되어 있기 때문에 평화조약의 효력이 발생할 때에 고유의 자위권을 행사할 유효한 수단을 가지고 있지 않다.

---

24) 外務省資料, B'0008-2.

25) 外務省資料 B'4007 安全保障協定交涉関係書類.

　　무책임한 군국주의가 아직 세계에서 축출되지 않았기 때문에 앞
에 기술한 상태에 있는 일본국에는 위험이 있다. 따라서 일본국은
평화조약이 일본국과 미합중국 간에 효력이 발생함과 동시에 효력
이 발동하는 미합중국과의 안전보장조약을 희망한다.
　　평화조약은 일본국이 주권국으로서 집단적 안전보장조약을 체
결할 권리를 가지고 있음을 승인하고, 국제연합헌장은 모든 국가
가 개별적 및 집단적 자위의 고유한 권리를 가지고 있음을 승인하
고 있다.
　　이들 권리의 행사로서 일본국은 방위를 위한 잠정조치로서 일본
국에 대한 무력공격을 저지하기 위한 일본국내 및 그 부근에 미합
중국이 군대를 유지할 것을 희망한다.[26]

　　이 안보조약에서는 일본이 가지고 있는 안보를 위한 고유의 권리는
미합중국의 군대를 유지하는 것으로 결정되어 있다.[27] 왜냐하면 당시
일본은 무장해제되어 고유의 자위권을 행사할 수 있는 수단을 가지고
있지 않은 상태이기 때문에 집단적 자위권의 행사는 실력 행사라고 볼
수 없다. 다시 말해 미일안전보장조약의 목적은 일본의 자위권에 대한
승인보다는 미국의 군사동맹국으로 만들어 미군의 무제한 그리고 무기
한 일본주둔을 인정하게 하는 것이었다.
　　그러한 성격은 대일강화조약과 미일안전보장조약이 체결된 이후 일본

---

26) 鹿島平和研究所 編, 『日本外交主要文書·年表(1)』, 原書房, 1983, 444~446쪽. 문
　　서명은　日米安全保障条約(旧)(日本国とアメリカ合衆国との間の安全保障条約)이
　　며, 1951년 9월 8일에 조인, 1952년 4월 28일에 발효되었다.
27) 佐瀬昌盛는 이미 1951년 안보조약 전문에서 일본이 개별적 및 집단적 자위권
　　에 대한 행사의 권한을 명확하게 언급하고 있다고 주장하고 있다. 또한 일본
　　이 희망을 표명하였을 뿐만 아니라, 그 희망이 받아들여져 실제로 일본국내
　　및 그 부근에 미합중국이 부대를 유지하게 되었기 때문에 그 의미에서 일본
　　의 집단적 자위권은 행사되었다고 보고 있다. 佐瀬昌盛, 『新版集団的自衛権—
　　新たな論争のために』, 一藝社, 2012, 91~92쪽.

에 대한 미국의 정책에서도 볼 수 있다. 1951년 9월 13일 코린즈(Joseph Lawton Collins) 참모총장은 경찰예비대의 전투능력을 신속하게 증강하도록 주장하였으며, 통합참모본부에 경찰예비대에게 중장비를 공여하는 건에 대한 국무성 승인을 권고하였다. 통합참모본부는 코린즈의 권고를 승인하였으나 국무성은 신중한 자세를 취하였다. 왜냐하면 점령시기에 결정된 일본의 비군사화 정책을 파기하는 것은 미국의 대외정책에 큰 영향을 미칠 뿐만 아니라 경찰예비대의 중장비화는 일본의 재군비를 염려하는 태평양 국가들이 강화조약을 비준하는데 장애가 될 가능성이 크다고 판단했기 때문이다.[28] 그리고 점령군 사령관인 리지웨이(Matthew Bunker Ridgway)도 경찰예비대에 중장비를 공여하는 안에 대해 비현실적이라고 난색을 표하였다. 리지웨이는 재군비가 정치문제의 이슈가 되어 있는 일본에 중장비를 공여하는 것은 요시다를 더욱 곤란하게 할 것이라고 판단하여, 요시다에게 재군비를 실시할 국내환경을 정비하도록 요구함과 동시에 장기계획으로 경찰예비대를 증강하여 통상의 군대로 확대하는 것이 좋겠다고 생각했던 것이다.[29]

이에 1952년 1월 GHQ는 경찰예비대의 병력증강을 요구하였다. 극동군 참모장 힉키(Doyle. O. Hickey) 중장은 요시다 수상의 군사고문인 다쓰미 에이이치(辰巳 栄一)[30] 중장에게 32만 5천 명을 요구하였고, 이에 일본은 먼저 11만 명에서 시작하여 이듬해에 13만 명으로 늘릴 것을 결

---

28) 楠綾子『吉田茂と安全保障政策の形成』国際政治・日本外交叢書, ミネルヴァ書店, 2009, 252~254쪽.

29) CINCFE to DA, C 51649, Senpenber 26, 1951; CINCFE to DA, C 51750, September 28, 1951, ccs 383.21, Japan(3-13-45), Sec. 26, GF 51-53, RG218.

30) 일본의 육군군인으로 전후 점령기에 구군의 반공주의 공작기관인 '가와베기관(河辺機関)'을 이끌었다. 그리고 경찰예비대의 간부인선에 주영무관 당시 부서 상사였던 요시다 시게루의 심복으로 관여하여 요시다 내각의 군사고문 역할을 하였다.

정하였다. 그리고 52년 1월 5일 리지웨이 최고사령관과 요시다 수상의 회담에서 일본의 점진적 방위력 증강과 독립 후의 경찰예비대 개편에 대한 논의가 이루어졌다. 요시다 수상은 보안청을 신설하고 그 밑에 보안대와 경비대를 두는 방식을 취하였다. 그리고 1952년 8월 1일 육해군을 통합하는 미 국방성과 같은 역할을 담당하는 보안청이 정식으로 발족되었다. 이것은 강화조약 논의과정에서 미국이 일본에 요구한 안보조항에서 미 국방성과 같은 역할을 담당할 국가기관의 설치라는 항목과 일치하는 내용이다. 보안청법에 의해 경찰예비대는 보안대로, 해상경비대는 경비대로 개편되었고 이 두 부대에 대한 관리는 보안청이 담당하게 되었다. 1952년 10월 15일에는 경찰예비대가 보안대로 개편되었다. 보안대는 11만 명의 인원으로 1개 방면대, 4개 관구대로 편성되었다. 한편, 52년 8월 1일 해상경비대는 경비대로 개칭되어 해상보안청 관할에서 보안청 관할로 이관되었다. 결국 경찰예비대에 중장비를 공여한다는 논의는 한국전쟁의 휴전으로 인해 일본재군비가 긴박한 사안이 아니라는 객관적인 판단으로 보류되었다. 그러나 유사시에 미일양국이 군사적으로 어떠한 공동행동을 취할 것인가 하는 문제는 남아있다. 따라서 이 문제에 대해 미국은 1951년 1월에 행해진 요시다-달레스 회담에서 제안한 행정협정31)안에 '집단방위조치'로 다음과 같이 포함시켰다.

31) 鹿島平和研究所 編, 1983, 472~502쪽. 문서명은 日米行政協定(日本国とアメリカ合衆国との間の安全保障条約第三条に基く行政協定)이며, 1952년 2월 28에 조인, 4월 28일에 발효되었다. 전문에는 일본국 및 미합중국은 1951년 9월 8일에 일본국내 및 그 부근에 합중국의 육군, 공군 및 해군의 배치에 관한 규정을 한 안전보장조약에 서명을 하였고, 또 같은 조약 제3조에서 합중국 군대의 일본국내 및 그 부근에서의 배치를 규율하는 조건은 양정부간의 행정협정으로 규정한다고 말하고 있으며, 일본국 및 미합중국은 안전보장조약에 기반한 각자의 의무를 구체화하고 또 양국 국민의 상호이익 및 경의의 긴밀한 연결을 강화하는 실제적인 행정조약을 체결할 것을 희망하고 있기 때문에 일본국 정부 및 미합중국 정부는 다음과 같은 조항에 의해 협정을 체결했다고 설명

1. 일본 구역 내에서 적대행위, 또는 그 위험이 생겼을 때 일본국 지역 내에 있는 미주둔군, 경찰예비대 및 군사적 능력을 가진 다른 모든 일본의 조직은 일본정부와 협의하여 미국정부에 의해 지명된 최고사령관의 통합적 지휘 하에 놓인다.

2. 최고사령관은 필요하다고 인정되는 일본국 지역 내의 구역, 설비·시설의 사용 및 군대의 전략적, 전술적 배치와 정비를 행할 권리를 갖는다.

3. 전략적, 전술적 배치와 정비를 위하여 구역을 정함에 있어서 군사상의 필요에 모순되지 않는 한 지역주민의 복지, 건강, 및 경제적 필요에 충분한 고려를 해야 한다.[32]

미국 측의 행정협정안 내용에 따르면 점령이 끝난 후에도 일본 내에 긴박한 문제가 발생했을 경우, 일본은 미군에게 모든 작전권과 통합지휘권을 주는 것은 물론, 미국은 일본의 군사 능력을 가진 조직을 발동할 수 있다고 되어 있다. 또한 일본은 미군에게 군 설비·시설을 비롯하여 지역주민의 권리를 해할 수 있는 권한까지 주고 있다. 이는 점령상태와 마찬가지로 주권의 제한을 명기한 내용이며, '군사 능력을 가진 조직'은 헌법이 금지하고 있는 '군력'임을 알 수 있다. 이에 대해 일본 측은 1952년 1월 28일 사전협정 교섭[33]에서 일본점령이 계속되고 있다는 인상을 주는 모든 조항을 배제하고, 미국초안에 있는 집단적 방위책의 조항을 반대한다고 명확하게 언급했다. 그리고 2월 28일에 행정협정이 조인될

하고 있다. 즉 행정협정은 안전보장조약의 실행을 위한 협정임을 알 수 있다.

32) "Administrative Agreement between the United States of America and Japan to Implement Privisions of the Agreement They Have Entered into for Collective Defense", February 9, 1951, 外務省 編, 『日本外交文書ー平和条約の締結に関する調書 Ⅳ』 2002, pp.243~248.

33) 미국 사절은 딘 러스크(Dean Rusk)와 육군차관보 존슨(Earl Johnson)을 장으로 구성하였으며, 일본 대표는 오카자키 가쓰오(岡崎勝男) 배상청장관과 니시무라 구마오(西村熊男) 외무성 조약국장이었다.

때까지 미국과 일본은 집단적 방위책에 대한 공방전이 계속되었다.

먼저 일본은 미국이 개시한 전쟁 및 극동의 다른 나라가 미국에 대해 시작한 전쟁에 일본정부가 자동적으로 참가하는 것을 피하고자 하였다. 따라서 행정협정은 조약처럼 비준을 필요로 하지 않는 이상 집단적 방위책의 구체적인 기술 등 중요한 문제를 거론하기보다는 미군의 배치 등의 문제에 한정해야 한다고 주장하였다. 이러한 일본의 주장에 대해 미국은 NATO와 같은 형식의 집단적 방위책을 요구하였고, 일본은 미국의 입장에 대해 군사강국인 미국과 비무장에 가까운 일본이 통합사령부를 설립하는 것은 실질적으로 일본이 미국에 복종하게 되기 때문에 다른 유럽국가와는 차이가 있다는 이유로 계속 반대하였다.[34]

특히 오카자키는 2월 18일에 니시무라의 개인적 의견이라는 명목으로 미국인을 최고사령관으로 임명할 경우, 경찰예비대의 사기가 저하될 것이라고 말하면서 일본인을 최고사령관으로 임명함으로써 일본을 방위할 것을 요망했다. 그는 "일본 인민은 일찍이 일본의 전 방위부대를 지휘할 일본인 최고사령관을 최종적 가능성으로 생각하고자 한다. 비록 즉시는 비현실적이라고 하더라도 그 가능성에 대해서 적어도 표면상으로 문은 열려있어야 한다"라고 말하고 있다.[35] 이는 미국이 일으킨 전쟁에 자동적으로 참가하지 않겠다는 이유를 내세우고 있지만 궁극적으로 군사적인 독립을 내포하고 있다고 할 수 있다. 또한 오카자키는 미국측에 통합참모부를 통한 집단적 방위에 대한 반대를 하면서도 미국과의 우호관계 유지에 대한 의지를 표명하고 있다. 즉 오카자키는 일본정부, 자유당, 민주당은 원칙적으로 통합사령부의 수립과 긴급시에 미국인 최

---

34) 外務省, 「第11回非公式会談要録」(1952.2.8) 『日本外交文書ー平和条約の締結に関する調書第5冊(Ⅷ)』 2002, 329~331쪽.

35) 위의 문서, 338~340쪽.

고사령관 임명에 합의하고 있지만 이러한 결정을 서면으로 규정하는 것을 반대한다고 언급하면서 그 이유로 일본헌법에 위배된다고 말하고 있다.[36]

결국 미일행정협정 제24조에 "일본구역에서 적대행위 및 적대행위의 급박한 위협이 발생할 경우에는 일본국 정부 및 합중국 정부는 일본구역의 방위를 위해 필요한 공동조치를 취하고, 안전보장조약 제1조의 목적을 수행하기 위해 바로 협의해야한다"는 짧은 문장으로 채택하고, 구체적인 집단적 방위책의 기술은 보류하였다. 이 문장은 일본이 미국의 전쟁에 대해 자동적으로 참가하는 것을 막은 외교적 승리라고 볼 수도 있으나, 다른 한편 긴급시에는 어떠한 방책도 협의하에 만들어질 수 있다는 여지를 남겨놓은 것이다. 그 예로 미국 측의 의사록에는 "미국초안의 통합사령부안 부분이 삭제된 것으로 우리가 통합사령부 수립을 포기했다고 미국 정부는 해석해서는 안 된다는 것에 대해 오카자키 대사는 확인했다"고 기술하고 있다.[37] 즉, 일본과 미국은 안전보장조약에서 애매한 표현과 합의로 넘긴 일본의 재군비 문제를 구체적으로 논의하는 행정협정 교섭과정에서 집단적 자위방식에 대해서는 명확한 언급을 피하면서 다시 보류하고 있었다는 사실을 알 수 있다.

1953년이 되자 미국의 상호방위원조협정(MSA) 원조 결정과 관련하여 일본은 당면한 재군비 규모와 내용이 어느 정도인가를 일본 정부가 먼저 결정해서 미국 정부의 양해를 구하고 나서 원조를 받고자 하였다. 이를 위해 53년 10월 일본 자유당 정조회장이었던 이케다 하야토(池田勇)가 미국에 가서 미국 국무차관보 로버트슨과 회담을 하였다. 미국 측은 일본의 강력한 재군비를 요구하였고 일본은 이에 대해 가급적 군사력을

---

36) 위의 문서, 338~340쪽.
37) 위의 문서, 355~357쪽.

축소시키면서 가능한 많은 금액의 MSA 원조를 끌어내려고 시도하였다.[38] 미국은 일본에 대해 3년간 육상 10개 사단 32만 5,000명을 요구했으나, 일본은 18만 명 안을 제시하였다. 평화헌법, 국민정서 그리고 재정사정을 이유로 급속한 증강은 불가능하다는 현실을 강조했던 것이다. 그 결과 10월 30일에 '자위력의 점진적인 증강'으로 의견 일치를 보았다는 공동성명이 발표되었다. 마침내 1954년 3월에 MSA협정이 체결되었고, 미국이 대소련 전략을 위해 서방 제국에게 원조를 제공하고 그 대가로 피원조국은 군사력을 강화할 의무를 가진다는 내용으로 일본은 미국에게 본격적인 재군비를 약속했던 것이다. 그 결과, 1954년 6월 9일에 방위청 설치법과 자위대법이 공포되어 7월 1일부터 시행되었다. 더불어 보안청이 방위청으로 개편되고 외국과의 전쟁을 상정하는 군사조직인 자위대가 탄생하게 되었으며 미일안보조약에서 제기된 점진적인 일본의 군사력 증강이 추진되었다.

4. 신안보조약과 집단적 자위권 문제

일본 내에서는 1952년 일본이 독립하자 하토야마 이치로(鳩山一郎)와 기시 노부스케(岸信介) 등 전전의 정치가들이 정치로 복귀하면서 헌법의 테두리 안에서 '방위청설치법'과 '자위대법'을 제정하면서 재군비가 다시 논의되었다. 특히 미국에 의해 이루어진 전후 개혁과 민주적 법체계와 제도를 개편하려는 움직임이 주를 이루었다. 개헌주장의 배경에는 일본국 헌법 하에서는 조국의 재건과 안정된 보수통치를 기대할 수 없

---

38) 宮沢喜一, 『東京－ワシントンの密談』, 中公文庫, 1956 참조.

다고 판단하였고, 따라서 개헌을 통한 자위대의 보유는 국가의 독립을 위해서도 불가결하다고 생각하였다.[39] 다시 말해 개헌파들은 개헌과 재군비가 일본의 자립과 재건을 위한 민족적 과제라는 공통된 인식을 가지고 있었다.

따라서 안보조약 개정 문제가 등장하자, 1952년 결당한 개신당은 안보조약 '상호방위조약을 바꾸는 집단안전 보장체제에 참가' 할 것을 주장하였고, 1954년에 결성한 일본민주당도 그리고 1956년의 자유민주당도 '안보개정'을 주장하고 있었으며, 그 추진자 중 한 명이 기시 노부스케였다. 기시 노부스케의 신안보조약에 대한 의도는 다음과 같다.

> 전후 일본의 일반국민이 국방이라든가 방위라든가 하는 것에 대해 매우 무관심하게 되었다. 이런 일은 세계의 다른 나라에는 없는 현상이 아닌가. 안보개정에 착수하면 각 방면의 논의가 상당히 끓어오를 것이다. 그렇게 해서 국방문제에 관한 국민의 관심을 높여서 독립국가로서는 자기 나라의 독립을 지키기 위한 방위와 안전보장이 어쨌든 매우 중대한 의미를 가진다는 것을 진정으로 국민에게 이해시키고자 했던 것이 안보조약을 통해서 내가 생각한 근본이었습니다.(중략)
> 나는 그런 의미에서 착수한 이상은 어떤 일이 있어도 도중에 포기해버리는 일은 하지 않겠다, 자신의 정치생명과 자신의 육체적 생명을 진정으로 걸어서 이 조약만큼은 반드시 성립시키려고 생각했다. 나는 내용에서 개정안보는 구 안보와는 비교할 수 없을 정도로 좋은 것이다, 일본을 위해서 또 아시아의 안정을 위해서라는 신념에서다, 따라서 결국에는 논의를 시작하지 않기 때문에 어떻게든 강압적으로라도 이것을 성립시키자고 생각했다. 성립되면 더 이상 자신의 사명은 끝난다는 생각이었습니다.[40]

---

39) 渡辺治, 『政治改革と憲法改正: 仲曾根康弘から小沢一郎へ』, 青木書店, 1994, 218쪽.

기시 노부스케는 1952년 안보조약 체결 이후 개헌과 재군비 논의를 안보조약 개정문제로 이슈화시켜 실현시키고자 했던 것이다. 한편 사회당은 기시 노부스케와 같이 안보조약의 불평등성을 비판하고는 있었지만 개정이 구체화되었던 1959년까지는 확실히 반대의 태도를 표명하지는 않았다. 같은 해 4월 15일에 '안보조약개정 저지국민의회 제1차 통일행동'이 행해졌으나 운동가들에게 안보문제는 어려운 문제였다. 냉전 하에서 개정에 의해 조약으로서는 대등화가 진전되었다고는 해도 반면 '미국 진영과 연합하여 전쟁에 연루되는 것은 아니가' 하는 불안과 '중립주의'의 현실성에 대한 의혹이 함께 존재하고 있었기 때문이다.

이러한 분위기에서 기시내각은 '안보개정'을 사회당 등의 반대가 있다 하더라도 어떻게든 평온하게 달성하고자 하였다. 그러나 1959년 3월에 '안보개정 저지 국민의회'가 결성되어, 1960년 1월 미일교섭타결로 반대운동이 급속하게 전국으로 확산되었다. 초기에는 조약반대라는 반전적인 운동이 주축이 되었으나, 기시내각이 5월에 중의원 특별위원회에서 경관대를 도입하여 질의 종결·타결 강행, 그리고 본회의에서 토론 없는 단독가결을 진행하자 민주주의 옹호 운동의 색채가 강해졌다. 결국, 안보조약은 참의원에서 실질심사 없이 6월 19일 자연성립(헌법 제61조)[41]하여 23일 비준·발표되었다. 그러나 기시 내각은 혼란의 책임을

---

40) 中央公論 52年7月号; 岸信介·矢次一夫·伊藤隆, 『岸信介の回想』 文芸春秋, 1981. 229~230쪽 인용.

41) 第四章 国会
第六十一条 条約の締結に必要な国会の承認については, 前条第二項の規定を準用する.
第六十条 予算は, さきに衆議院に提出しなければならない.
第二項 予算について, 参議院で衆議院と異なつた議決をした場合に, 法律の定めるところにより, 両議院の協議会を開いても意見が一致しないとき, 又は参議院が, 衆議院の可決した予算を受け取つた後, 国会休会中の期間を除いて三十日以内に, 議決しないときは, 衆議院の議決を国会の議決とする.

지고 7월에 총사직하였다.

일본국민의 신안보조약을 격렬하게 반대한 이유의 첫째는 신안보조약도 미국이 극동전략상 일본을 기지로 이용한다는 기본적 성적이 변하지 않았기 때문이다(제6조). 둘째는 일본과 미국은 일본 자체뿐만 아니라 극동에 출동하는 재일미군기지가 공격을 당할 경우, 함께 전쟁을 이행한다는 것이 의무화 된 조항 때문이다(제5조).[42] 자위대가 미국의 군사전략 안에 포함되어 일본이 알지 못하는 미국의 전쟁에 자동으로 참가하게 될 가능성을 내포하고 있는 것이다. 이 점은 논의과정에서도 비판의 대상이 되어 조약과는 별도의 교환공문으로 미군 배치의 중요한 변경 등의 경우에는 사전에 협의할 것을 약속하였다. 그러나 미군 배치의 변경의 문제보다는 자위대의 일본지역이 아닌 다른 지역으로의 파병 문제, 즉 집단적 자위권 문제가 더욱 큰 논란이 되었다. 이에 대해 1960년 신안보조약 심의과정에서 법제국장관이었던 하야시 쥬조(林修三)는 다음과 같이 답변하고 있다.

소위 타국에 가서 타국을 방위하는 것은 UN 헌장에서는 집단적 자위권으로서 위법성을 물리치는 사유로 인정하고 있지만, 일본의 헌법에서는 거기까지 인정하고 있지는 않습니다. 집단적 자위권이라는 것이 UN 헌장에서는 인정되어 있어도 일본의 헌법에서는 인정되지 않는다는 것입니다. 그런데 기지의 제공 혹은 경제원조라는 두 가지 사안은 일본의 헌법상 금지되어 있지 않습니다. 가령 이것을 사람들이 집단적 자위권이라고 부를지라도 그것은 금지되

---

42) 日本国とアメリカ合衆国との間の相互協力及び安全保障条約, 1960年1月19日. 신안보조약의 포인트는 1. 미국의 일본방위의무, 2. 미군에 대한 일본국의 기지 대여, 3. 일본국 자위력의 점진적 증진 의무, 4. 사전협의제도의 설치, 5. 극동의 안전에 대한 협위가 발생했을 때 미일협의, 6. 조약기간의 명확화 및 내란조항의 삭제 등이다.

어 있지 않습니다. 43)

기시 노부스케는 신안보조약에 대해 논의되고 있을 때 기시 수상은 "이른바 집단적 자위권의 본체라고 할 수 있는 체결국이나 특별하게 밀접한 관계에 있는 나라가 무력공격을 당했을 경우에 그 나라까지 나가서 그 나라를 방위한다는 의미에서의 집단적 자위권은 일본이 헌법상 가지고 있지 않다고 생각한다"고 답하고 있다.44) 또한 같은 위원회에서 해외파병에 대해서 "집단적 자위권은 보다 전형적이고 보다 중요시되는 것"이라고 규정하면서 그러나 일본은 헌법상 인정하지 않기 때문에 가능하지 않다는 입장을 취하여 해외파병을 부정하고 있다. 이러한 입장은 집단적 자위권에 대한 더 이상의 논의를 잠재울 수 있는 말이었다. 일본 정부는 주일미군기지에 대한 외부로부터의 공격에 대해 주일미군기지가 일본의 영토 내에 존재하므로 개별적 자위권의 발동이라는 주장을 관철시키고자 하였다. 따라서 집단적 자위권 행사에 관한 문제는 자위대를 해외에 파병할 경우에 한해서 논의해야 할 사안이 되었으며, 기시는 당시에 자위대의 해외활동 그 자체를 상정하지 않고 있다. 이는 대외적으로는 미국으로부터 '무임승차론'의 원천이 되는 불공정한 동맹구조라고 비판받아왔다.45) 그러나 현재까지 집단적 자위권을 보유하고는 있으나 행사할 수 없다는 일본정부의 기본입장과 논리의 시발점이라고 할 수 있다. 1972년 사회당의 미즈구치 히로유키(水口宏之) 의원의 질문에 대한 답변서가 이 논리를 기초로 작성된 최초의 일본정부의 공식문서이다. 결국, 신안보조약은 1960년에 개정하였으며 그 전문은 다음과

---

43) 衆議院憲法調査局事務局, 『日米安全保障条約特別委員議事録』 21号, 1960, 28쪽.

44) 岸信介首相 발언, 第34回国会参議院予算委員会議第23号, 昭和35年3月31年. http://kokkai.ndl.go.jp

45) 室山義正, 『日米安保体制上下』 有斐閣, 1992, 209~262쪽.

같이 바뀌었다.

> 일본국 및 미합중국은 양국간에 전통적으로 존재하는 평화 및
> 우호관계를 강화하고, 동시에 민주주의의 모든 원칙, 개인의 자유
> 및 법의 지배를 옹호할 것을 희망하며, 또한 양국간의 한층 긴밀한
> 경제적 협력을 촉진하며, 나아가 각 국가의 경제적 안적 및 복지의
> 조건을 조장할 것을 희망하며, 국제연합헌장의 목적 및 원칙에 대
> 한 신념 및 모든 국민과 모든 정부와 함께 평화롭게 살아갈 바람을
> 재확인하며, 양국이 국제연합헌장이 정한 개별적 및 집단적 자위
> 의 고유한 권리를 가지고 있음을 확인하며, 양국이 극동에서 국제
> 의 평화 및 안전의 유지에 공통의 관심을 가지고 있음을 고려하여
> 상호협력 및 안전보장조약을 체결할 것을 결의한다.[46)]

개별적 및 집단적 자위권에 대해 미국군대의 주둔이라는 전제조항 없
이 서술하고 있음을 알 수 있다. 그리고 개정된 안보조약 제3조에 "체약
국은 개별적 및 상호 협력하여 계통적이고 효과적인 자주 및 상호원조
에 의해 무력공격에 저항하는 각각의 능력을 헌법상의 규정에 따르는
것을 조건으로 유지하고 발전시킨다"는 항목을 두고 있다. 이는 일본국
헌법에서 인정하지 않고 있는 '군력'을 가리키고 있는 것으로 국제법과
헌법의 해석문제를 야기하는 부분이기도 하다. 이러한 신안보조약에서
자위권과 자위대와 관련한 문제는 현재 일본에서 이야기되고 있는 안보
문제와 밀접한 관련을 갖고 있다.

자위대는 신안보조약 이후 변신과 전환을 거쳐 2007년 1월 9일 방위
성·자위대가 발족했다. 2006년 12월 15일 국회에서 성립한 개정방위 2
개법인 '방위청설치법'과 '자위대법'이 승인되어 바로 정령으로 시행된

---

46) 日本国とアメリカ合衆国との間の相互協力及び安全保障条約, 1960年1月19日.

것이다. 방위청을 방위성으로 이행하면서 관련 70법의 부분개정도 동시에 이루어졌으며, 법률에는 모두 방위성이라는 명칭이 쓰이게 되었다. 방위성 발족 식전행사에서 아베수상은 간부직원과 자위관에게 "샌프란시스코 강화조약이 발족하고, 우리나라가 주권을 회복하고 55년의 세월이 흘러가고 있습니다. 오늘 바로 지금 국방이라는 국가주권과 불가분의 임무를 담당하는 조직인 방위성을 발족시킬 수 있다는 것이 나는 현재의 총리대신으로서 자랑스럽습니다."라고 훈시하여 방위성은 기존의 방위청에 소속된 자위대와 국방을 담당한다는 면에서 위상이 다름을 명시하고 있다. 그리고 이어 "나는 이제까지 '전후 레짐으로부터의 탈피'[47]라는 말을 계속 해왔습니다. '아름다운 나라 일본'을 만들기 위해서는 전후체제는 보편불이(普遍不易)라는 고정관념에서 탈피하여 21세기에 상응하는 일본의 모습, 그리고 새로운 이상을 추구하고 만들어가는 것이 요구되고 있습니다"라고 말하여 아베가 강조한 '전후체제로부터의 탈피'는 자민당의 방위정책의 전환과 밀접한 관련이 있음을 나타내고 있으며, 이로 인해 아베의 궁극적 목표가 헌법개정에 있음을 알 수 있다.

2007년 이래 자위대는 국토방위 임무에 그치지 않고 새롭게 '일미동맹의 의무이행'과 함께 '주변사태에 대한 대처', 및 해외에서의 '국제 평화와 안전을 위한 활동'도 기본 임무에 포함시켜 극히 평범한 군대로의 길을 걷고 있다. 이는 헌법 제9조의 '전쟁을 방기한다'는 항목과 현실정치 사이에서 점차 자위대가 실질적인 군대로서의 역할을 기정사실화 해나갔음을 의미하며, 엄연한 위헌에 해당한다고 할 수 있다. 그러나 결국 2007년에 아베가 실각을 하면서 헌법개정에 대한 구체적인 구상은 현실화되지 못하였고, 제2차 아베 내각이 발족하면서 집단적 자위권 행사문

---

47) 安部晋三, 『美しい国へ』, 文春親書, 2006에서 사용하고 있음.

제에 대한 헌법해석 문제를 들고 나온 것이다. 즉 국제연합헌장 제51조에서 언급한 고유의 자위권 그리고 헌법 제9조와의 해석문제를 둘러싼 논쟁이 한창이다. 국제연합헌장 제51조에서는 "이 헌장의 어떠한 규정도 국제연합가맹국에 대한 무력공격이 발생한 경우에는 안전보장이사회가 국제평화 및 안전의 유지에 필요한 조치를 취할 때 까지는 개별적 혹은 집단적 자위의 권리를 침해하는 것은 아니다. 이 자위권의 행사에 있어서 가맹국이 취한 조치는 곧바로 안전보장이사회에 보고하지 않으면 안 된다"고 규정하고 있다.

이 조항은 신헌법 제9조 "제1항 일본국민은 정의와 질서를 기조로 하는 국제평화를 성실하게 희구하고, 국권의 발동에 의한 전쟁과, 무력에 의한 위협 또는 무력의 행사는 국제분쟁을 해결하는 수단으로서는, 영구히 이를 방기한다. 제2항 전항의 목적을 달성하기 위해, 육해공군 기타 전력은 보유하지 않는다. 국가의 교전권은 인정하지 않는다."는 조항과 위배되는 상황을 야기하고 있다. 즉 최근 문제가 되고 있는 것은 일본의 '집단적 자위권' 행사문제이다.

일본 정부는 국제법상 '개별적 자위권'은 자국에 대한 무력공격을 실력으로 저지하는 권리를 말하고, '집단적 자위권'은 자국과 밀접한 관계가 있는 외국에 대한 무력 공격을 자국이 직접 공격당하고 있지 않음에도 불구하고 실력으로써 저지하는 권리를 말한다고 해석[48]하고 있다. 그리고 1980년대까지 일본 정부는 헌법 제9조의 제약으로 인해 집단적 자위권의 행사에 대해 다음과 같이 해석하고 있었다.

---

48) 2003년 7월 15일. 일본중의원 대정부질의에서의 일본 정부의 답변서(平成十五年七月十五日受領 答弁第一一九号, 内閣衆質一五六第一一九号 平成十五年七月十五日).

　　국제법상 국가는 집단적 자위권 즉 자국과 밀접한 관계에 있는
외국에 대한 무력공격을 자국이 직접 공격당하지 않았음에도 불구
하고 실력으로 저지하는 권리를 가지고 있다고 되어 있다. 우리나
라가 이러한 집단적 자위권을 가지고 있다는 것은 주권국가인 이
상 당연하지만 헌법 제9조하에서 허용되어 있는 자위권의 행사는
우리나라를 방위하기 위해 필요한 최소한도의 범위에 한정되어 있
다고 이해하고 있으므로 집단적 자위권을 행사하는 것은 그 범위
를 넘는 것으로서 헌법상 허용되지 않는다고 생각한다.[49]

　즉 집단적 자위권은 ‘국제법상 보유하고 있으나 행사할 수 없다’는 해
석을 취해왔다. 이러한 기존 해석에 대한 재해석을 통해 일본이 집단적
자위권을 행사함으로써 보통국가로 전환하고자 하는 움직임이다. 그렇
다면 미국은 일본의 집단적 자위권 행사에 대해 어떻게 보고 있는가? 최
근 일미 안보협의위원회에서 채택한 ‘더 강고한 동맹과 더 많이 공유하
는 책임’ 공동성명에서 집단적 자위권을 행사하기 위한 일본의 헌법 해
석 변경 움직임 등 군사적 역할을 확대하려는 노력을 환영한다고 밝혔
다. 특히 이번 회의에서 미국은 미사일방어(MD) 체계 구축에 필요한 신
형X밴드레이더와 글로벌호크 같은 고가의 무기 구매를 일본에 떠넘겼
다. 미사일 방어체계와 집단적 자위권이 연결되는 지점이라고 할 수 있
다. 이에 대해 마이클 그린 전략국제문제연구소(CSIS) 연구원은 “북한이
한반도 미군 증파를 막으려고 주일 미군기지에 노동 미사일을 쏠 경우
현재로서 일본 자위대는 미사일을 요격할 수 없지만, 집단적 자위권을
행사하면 그런 장애물이 없어진다”고 언급하고 있다. 이러한 논리는

49) 1981년 5월 29일 일본중의원 질의에 대한 정부답변서(衆議院議員 稲葉誠一君
提出,「憲法, 国際法と集団的自衛権」に関する質問に対する答弁書, 昭和五十六年
五月二十九日受領 答弁第三二号(質問の 三二) 内閣衆質九四第三二号 昭和五十六
年五月二十九日)

2008년 제1차 아베 내각 때 작성한 "야나이 보고서"[50]의 집단적 자위권 행사 시나리오는 공해상에서 미국 군함이 공격받았을 대 자위대가 반격하는 경우, 미국으로 향할 가능성이 있는 미사일을 일본이 요격하는 경우 등을 포함하고 있다는 점에서 미국의 의도와 일치하고 있다고 할 수 있다. 그러나 제2차 아베 정권에서 야나이가 주축이 된 안보법제간담회가 이보다 더 나아간 역할을 상정할 경우 미국이 계속 지지할 것인가는 의문이다. 즉 전후 대일강화조약과 일미안보조약에서 규정한 미국의 일방적인 집단적 자위권이 유지되지 않을 경우 일본의 집단적 자위권 문제는 일본만의 문제는 아닐 것이다. 또한 일본으로서는 만약 집단적 자위권 행사가 가능하다는 입장을 취하면 미국과의 공조 무력행사에 제약이 거의 줄어들게 되어 잘못하면 미국이 주도하는 국제분쟁에 일본이 휩쓸려 들어갈 가능성이 높아지기 때문에 국민들의 지지를 얻기에도 쉽지 않다. 결국 일본이 개헌을 하는 것과 상응하는 상태에 놓이게 될 위험이 있는 것이다. 따라서 개헌까지는 허용할 수 없다는 입장이 여전히 강한 일본국민정서에 집단적 자위권은 어떻게 받아들여질지가 앞으로 주시해야 할 부분이라고 할 수 있다.

5. 맺음말

이상에서 전후 대일강화조약과 안보조약 내에서의 일본안보문제와 자위대 문제를 집단적 자위권과 관련하여 살펴보았다. 1951년 샌프란시

---

50) 제1차 아베내각 때 일본의 집단적 자위권 문제와 일본국헌법의 관계 정리 및 연구를 위해 수상의 사적자문기관 설치된 '安全保障の法的基盤の再構築に関する 懇談会'의 회의 내용을 2008년 6월 좌장인 柳井俊二의 이름으로 작성된 보고서.

스코 강화조약과 안보조약 당시 이미 "개별적 및 집단적 자위의 고유한 권한"을 가지고 있음을 인정하고 있다. 그러나 일본은 헌법 제9조에 일본은 군력보유와 교전권을 방기한다는 조항에 의해 집단적 자위권의 행사는 불가능하다는 입장을 취하였다. 결국 대일강화조약은 일본의 조기강화와 미국의 군대주둔이라는 목적이 확실하게 이루어지는 교섭이었기 때문에 일본의 재군비를 비롯한 이러한 자위권에 대한 부분도 보류하는 모습을 모임으로써 이후 일본의 안보문제를 애매한 상태에 놓이게 한 것이다. 따라서 일본의 재군비 문제는 다음 정권으로 이관되게 된다.

안보조약 체결 후 일본의 경찰예비대에 증강 논의는 한국전쟁의 휴전으로 인해 긴박한 사안이 아니라는 객관적인 판단하에 보류되었다. 그러나 유사시에 미일양국이 군사적으로 어떠한 공동행동을 취할 것인가 하는 문제에 대해 안전보장협정의 실시협정인 행정협정에서 '집단방위조치'로 실현하고자 하였다. 즉 점령이 끝난 후에도 일본 내에 긴박한 문제가 발생했을 경우, 일본은 미군에게 모든 작전권과 통합지휘권을 주는 것은 물론, 미국은 일본의 군사 능력을 가진 조직을 발동할 수 있다고 되어 있다. 이 '군사 능력을 가진 조직'은 헌법이 금지하고 있는 '군력'임을 알 수 있다. 즉, 일본과 미국은 안전보장조약에서 애매한 표현과 합의로 넘긴 일본의 재군비 문제를 실시협정인 행정협정에서 구체적으로 실시하고 있다. 그러나 집단적 자위권에 대한 입장은 대일강화조약과 미일안보조약 당시에 취했던 입장, 즉 집단전 자위권을 보유하고 있다는 것을 명확하게 인정은 하지만 헌법제9조의 제약에 의해 현실적으로 행사할 수 있는 상태는 아니라는 입장을 유지하고 있다.

그리고 신안보조약에서는 전문에 개별적 및 집단적 자위권에 대해 미국군대의 주둔이라는 전제조항 없이 서술하고 있으며, 무력공격에 저항하는 각각의 능력을 헌법상의 규정에 따르는 조건으로 유지하고 발전시킨다는 제3조와 일본 국내가 아닌 지역에도 미군을 지원할 수 있다는 집단적 자위권 항목인 제5조를 담고 있다. 그러나 기시 정권의 정부답변은 "이른바 집단적 자위권의 본체라고 할 수 있는 체결국이나 특별하게 밀접한 관계에 있는 나라가 무력공격을 당했을 경우에 그 나라까지 나가서 그 나라를 방위한다는 의미에서의 집단적 자위권은 일본이 헌법상 가지고 있지 않다" 입장을 취하였다. 또한 일본 정부는 주일미군기지에 대한 외부로부터의 공격에 대해 주일미군기지가 일본의 영토 내에 존재하므로 개별적 자위권의 발동이라는 주장을 관철시키고자 하였다. 따라서 집단적 자위권 행사에 관한 문제는 자위대를 해외에 파병할 경우에 한해서 논의해야 할 사안이 되었으며, 기시는 당시에 자위대의 해외활동 그 자체를 상정하지 않고 있다.

이와 같이 대일강화조약부터 안보조약, 신안보조약을 거쳐 일본은 집단적 자위권에 대해서는 명확하게 보유하고 있음을 인정하지만 헌법상의 제약으로 인하여 행사할 수 없다는 입장을 취해왔다. 반면, 자위대의 위상과 활동에 대해서는 별도의 법을 만들어 해외파병까지 실현하고 있는 상황이다. 현재 아베정권이 추진하고 있는 집단적 자위권 행사문제는 앞에서 살펴본 헌법과 자위대의 실상이 불일치하고 있는 상태를 집단적 자위권을 행사함으로써 일치시키려는 조치라고 할 수 있으며, 따라서 집단적 자위권 행사 문제는 개헌과도 밀접한 관련이 있다고 할 수 있다.

▌참고문헌

1. 논저

이오키베 마코토, 『일본외교 어제와 오늘』, 다락원, 1999.

박철희, 「전수방위에서 적극방위로: 미일동맹 및 위협인식의 변화와 일본 방위정책의 정치」, 『국제정치논총』 제44집 1호, 2004.

이용주, 「군사동맹 변혁과 일본 방위정책의 재구조화: 자위대의 역할을 중심으로」, 『군사논단』 제49호, 한국군사학회, 2007.

소토카 히데토시 외, 『미일동맹 안보와 밀약의 역사』, 한울아카데미, 2006.

김준섭, 「일본에 있어서의 집단적 자위권 문제에 관한 연구-일본정부의 논리를 중심으로-」, 『일본학보』 제76집, 한국일본학회, 2008.

宮沢喜一, 『東京-ワシントンの密談』, 中公文庫, 1956.

渡辺治, 『政治改革と憲法改正: 仲曾根康弘から小沢一郎へ』, 青木書店, 1994.

岸信介・矢次一夫・伊藤隆, 『岸信介の回想』, 文芸春秋, 1981.

室山義正, 『日米安保体制 上下』, 有斐閣, 1992.

小沢一郎, 『日本改造計画』, 講談社, 1993.

豊下楢彦, 『安保条約の成立-吉田外交と天皇外交』, 岩波新書, 1996.

五百旗頭眞, 『戦争・占領・講和』, 中央公論社, 2001.

安部晋三, 『美しい国へ』, 文春親書, 2006.

楠綾子, 『吉田茂と安全保障政策の形成』, ミネルヴァ書店, 2009.

佐瀬昌盛, 『新版集団的自衛権-新たな論争のために』, 一藝社, 2012.

2. 1차 자료

外務省, 「第11回非公式会談要録」(1952.2.8), 『日本外交文書-平和条約の締結に関する調書 第5冊(Ⅷ)』, 2002.

外務省資料 B'4003 対日平和条約関係 第一次ダレス来日関係.

外務省資料 B'4004 対日平和条約関係 ダレス来日から第2次交渉までの過程.

外務省資料 B'4007 安全保障協定交渉関係書類.

外務省資料 B'0008-1 平和条約締結に関する(1)問題の所在と(2)日本の立場.

外務省資料 B'0008-2 安全保障問題に関する意見 1947年6月12日文書『対日平
　　和条約関係, 準備研究関係(第二巻)』.
条約局条約課, 「国際連合による安全保障の限界」, 東京大学法学部図書館所蔵,
　　1946年11月.
衆議院憲法調査局事務局, 『日米安全保障条約特別委員議事録』21号, 1960.
鹿島平和研究所 編, 『日本外交主要文書・年表(1)』, 原書房, 1983.

"Administrative Agreement between the United States of America and Japan to
　　Implement Privisions of the Agreement They Have Entered into for
　　Collective Defense"(February 9, 1951), 外務省 編, 『日本外交文書ー平
　　和条約の締結に関する調書 Ⅳ』, 2002.
CINCFE to DA, C 51649, Septenber 26, 1951; CINCFE to DA, C 51750, September
　　28, 1951, ccs 383.21, Japan (3-13-45), Sec. 26, GF 51-53, RG218.
Foreign Relations of the U.S., 1950, Vol. Ⅵ.

8장

일본인의 '전후'와
재일조선인관

-미군 점령당국에 보낸 편지들에 나타난 일본 사회의 여론-

정용욱

정용욱 鄭容郁

서울대학교 국사학과 교수
한국현대사 전공
주요저작으로『해방 전후 미국의 대한정책』(2003),
『강압의 과학』(번역, 2009)

1. 머리말

미국 국립문서관(Nationa Archives II at College Park, Maryland)과 맥아 더 기념관(MacArthur Memorial Library & Archives at Norfolk, Virginia)에는 미군 점령기에 일본인들이 맥아더 장군과 점령당국에 보낸 편지가 다수 소장되어 있다. 이 편지들은 일본인들이 패전 후 미군의 점령을 어떻게 받아들이고, 어떻게 보았는지 가감 없이 그대로 드러낸다. 소데이 린지 로(袖井林二郎)와 가와시마 다카네(川島高峰)는 이 편지를 이용하여 미 군 점령기 역사를 아래로부터 재구성한 뛰어난 연구를 발표했다.[1] 소데 이의 저서는 일본인 편지의 주요 내용을 범주별로 소개했고, 가와시마 의 연구는 편지에 나타난 민심의 동향이 천황제 폐지, 전후개혁, 전범재 판과 같은 당시의 중요한 정치적 · 사회적 의제와 어떻게 상호 연동했는 가를 분석했다.

소데이와 가와시마의 연구는 편지에 담긴 내용을 소개하거나 그 내용 의 역사성을 여러 측면에서 분석했지만 편지에 담긴 다양하고 풍부한 내용들은 더 많은 연구자들의 분석을 기다리고 있다. 이 글에서 분석할 일본인들의 편지에 나타난 전후개혁, 전쟁책임 문제는 두 사람의 연구 와 중복되는 부분이 있지만 관점의 다양성에 따른 해석의 차이를 음미 할 여지가 있고, 전후 일본 사회의 재일조선인관은 두 사람의 연구에서 미처 주목하지 못했던 부분으로서 또 다른 시각과 관점에서 '점령'과 '전

---

* 본고는 『일본비평』 2010년 제3호에 게재된 내용을 단행본 체제에 따라 재구 성한 것임을 밝혀둔다.

1) 袖井林二郎, 『拝啓マッカーサー元帥様-占領下の日本人の手紙』, 岩波書店, 2002. 영역본은 Sodei Rinjiro, *Dear General MacArthur : Letters from the Japanese during the American Occupation*, Rowman & Littlefield Publishers, 2001; 川島高 峰, 『敗戰: 占領軍への50万通の手紙』, 讀賣新聞社, 1998.

후'를 바라볼 수 있는 기회를 제공한다.

　일본인들이 맥아더 장군과 점령당국에 보낸 편지들은 점령당국이나 각종 여론조사 기관에서 기획한 여론조사보다 그 내용을 계측 · 계량하기 어렵다는 단점이 있지만 다른 한편으로 발신자들의 생생한 생각을 직접 보여준다는 장점이 있다. 점령군은 단순히 편지를 수집, 정리만 했던 것은 아니고 편지의 이러한 성격을 점령통치에 활용하기 위해 정기적으로 편지에 나타난 여론을 분석한 보고서를 만들었다. 이 글에서는 일본인들의 편지 내용을 검토하기 이전에 그 보고서를 분석하여 자료의 성격, 편지에 나타난 여론의 전체상을 먼저 살펴볼 것이다. 이 글에서 활용한 자료는 미국 국립문서관 'RG 331, 연합군최고사령부 문서군'에 몇 개의 문서철로 나뉘어 소장되어 있다.[2]

---

2) 이 글에서 활용한 문서철을 순서대로 나열하면 다음과 같다.
　(1) Civil Information and Education Section, Public Opinion and Sociological Research Division, General Subject File, compiled 1946-1951, Entry 1700, Boxes 5875~5878, (2) Assistant Chief of Staff, G-2, Intelligence Division, Miscellaneous File, 1945-51, Miscellaneous Letters to the Supreme Commander for the Allied Powers, Entry 1129, Boxes 231~236, (3) Legal Section, Administrative Division, Japanese Background and Reference Files, compiled 1945-1948, Entry 1190, Boxes 992~1000, (4) Assistant Chief of Staff, G-2, Public Safety Division, Police Branch, Subject File 1945-1952, Entry 1140, Boxes 328~338, (5) Assistant Chief of Staff, G-2, Public Safety Division, Decimal File 1945-1952, Entry 1142, Boxes 353~358; (6) Office of the Chief of Staff, Public Information Section, Subject File, compiled 1946-1950, Entry 1102, Boxes 22~28.
　이 문서철들은 모두 Record Group 331, Records of Allied Operational and Occupation Headquarters, World War II, 1907-1966, Supreme Commander for the Allied Powers(SCAP)의 일부이다. 특히 일본인, 재일조선인의 편지가 다량 포함된 문서철은 (2), (3)이다. 이하 이 문서철들에 소장된 문서의 인용은 모두 '상자번호, 작성자, 작성 연월일'로 표기.

2. 점령당국이 조사한 편지의 추이

가와시마는 미군 점령기에 일본인이 맥아더 장군과 점령당국에 보낸
편지를 약 54만 통으로 추산했다.[3] 정확한 통계가 잡혀 있지 않기 때문
에 추산에 불과하지만 현재의 자료 발굴 상황에서는 가장 그럴듯해 보
인다. 소데이와 가와시마의 연구는 편지 분석의 일차적 길잡이 역할을
하지만 편지들의 전체상을 이해하는 데에는 연합군최고사령부 민간정
보교육국(CI&E)이 여론 수집과 분석의 차원에서 편지들을 검토한 뒤
작성한 「일본인이 점령당국에 보낸 편지들에 나타난 여론」("Survey of
Opinions Expressed in Letters by Japanese to Occupation Authorities", 이하
「편지 여론」으로 줄임)이 보다 유용하다.[4]

1) 민간정보교육국이 작성한 「편지 여론」

「편지 여론」 1호는 1946년 1월 2일 처음 작성되었고, 마지막 보고서인
17호는 1948년 2월 5일 작성되었다. 「편지 여론」은 1945년 11월 중순부
터 1947년 10월 중순까지 약 23개월 분의 편지를 분석했다. 점령기 전
시기를 분석한 것이 아니기 때문에 1947년 10월 중순 이후 편지 내용은
미국 국립문서관과 맥아더 기념관에 있는 편지 원본들을 직접 분석할
수밖에 없다. 이 글은 「편지 여론」이 작성된 1945년 하반기부터 1947년
하반기까지 약 2년간의 시기를 주된 분석대상으로 할 것이다.

1947년 10월 중순 이후에도 점령당국이 받은 일본인의 편지가 적지 않

---

3) 川島高峰, 「マッカーサーへの投書に見る敗戦直後の民衆意識」, 『明治大學社會科
   學研究所紀要』 31권 2호, 1993, 31쪽.
4) "Survey of Opinions Expressed in Letters by Japanese to Occupation Authorities,"
   Nos., 1~17, 1946. 1. 2~1948. 2. 5, Boxes 5875, 5878.

앉으나 분석 주체인 민간정보교육국 여론·사회조사부(POSR)가 그 시점에서「편지 여론」작성을 마친 정확한 이유는 알 수 없다. 다만 그 무렵부터 해외의 일본인, 특히 소련군 점령지역의 일본인 귀환 문제가 편지의 압도적 다수를 차지했고, 편지에 담긴 내용도 그 이전 시기만큼 다양하지 않았으며, 점령당국의 분석대로라면 대부분의 편지가 '국회의원들에게 보내는 청원'과 비슷한 성격이 되었다. 이러한 사정이 점령당국으로 하여금 편지를 통한 여론 수집과 분석의 필요성을 더 이상 느끼지 못하게 했을 수 있다. 또 점령당국이 일본 정부의 여론조사 기구와 신문 등 민간의 각종 여론조사 기구를 장악하고 그들을 통해서 또는 자신의 독자적인 여론 조사를 통해서 거의 완벽하게 일본 사회의 여론을 수집하고 분석했기 때문에 더 이상 편지 분석의 필요성을 느끼지 않았을 수 있다.

「편지 여론」은 편지를 분석하기 시작하면서 일본인들이 스스로 제출한 편지들이고, 발신자의 배경을 모르기 때문에 일본인 여론을 적절하게 대표한다고 볼 수 없을 것이라고 지적했다. 분석관은 이 편지들이 오히려 미국 신문·잡지의 '편집자에게 보내는 서한'의 성격을 띤다고 보았다. 하지만 민간정보교육국은「편지 여론」1호에서 '이 편지들이 현재의 대중적 사고경향에 대한 훌륭한 지침이고, 미래에 조사해야할 여론 분야를 가리키므로', '편지들에 나타난 의견의 변화나 보충할 부분을 조사할 목적으로 2주일마다 유사한 조사를 벌이고, 이 조사를 서신검열에서 나타난 여론 요약, 신문 보도 내용 분석, 점령당국이나 일본의 다른 여론조사 기관들이 수집한 여론 조사와 연결해서 살펴볼 것'을 요청했다.

민간정보교육국이 맥아더 장군과 점령당국에 배달된 편지 전량을 분석하기 시작한 1946년 2월 중순의 주당 편지 통수는 약 200통이었으나 그 숫자는 그 후 계속 증가했고, 조사 기간 중 주당 평균치가 가장 많았던 시기는 8,300여 통이 배달된 1947년 4월 15일에서 5월 31일 사이다.

그때까지 편지 수가 꾸준히 증가했고, 그 후 다시 감소하여 조사가 마무리된 1947년 10월에는 주당 2,800여 통에 달했다. 대체로 1946년 8월경까지는 주당 1,000통이 안되었으나, 1946년 9월부터 1,000통을 넘어섰고, 그 무렵부터 편지수가 급증한 것은 해외 일본인 귀환과 관련한 편지가 대폭 늘었기 때문이다.

아래 〈표〉는 「편지 여론」을 토대로 작성했고, 편지들이 다룬 주제와 내용의 전반적 동향, 시기별 강조점의 변화를 살펴보았다. 해당 기간별 편지 수, 편지의 누적치, 주당 평균치, 주요 주제를 분석했다. 원자료인 「편지 여론」 1, 2호는 보름 단위, 3~5호는 한 달 단위, 6호부터는 한 달 보름 단위로 편지를 집계해서 분석했다. 1~3호는 민간정보교육국에 도착한 편지만을 분석했고, 4호부터 맥아더 장군과 점령당국에 온 편지들을 모두 분석했다.

〈표〉「편지 여론」의 편지 분석 내용

호수 (편지수/누적치)	해당기간 (주당 평균 통수)	주요 주제
1 (282/282)	1945. 11. 15~1946. 1. 1 (47)	1) 점령군 2) 교육 3) 일본정부 4) 천황제
2 (118/400)	1946. 1. 1~1. 15 (59)	1) 교육 2) 점령군 3) 일본정부 4) 천황제
3 (287/687)	1946. 1. 15~2. 15 (72)	1) 천황제 2) 점령군 3) 교육 4) 일본 정부
4 (801/1488)	1946. 2. 15~3. 15 (200)	1) 귀환 2) 경제 3) 전범 4) 일본정부
5 (1,425/2,913)	1946. 3. 15~4. 15 (356)	1) 경제 2) 일본정부 3) 귀환 4) 전범
6 (1,684/4,597)	1946. 4. 15~6. 1 (281)	1) 경제 2) 일본징부 3) 점령군 4) 귀환
7 (1,761/6,358)	1946. 6. 1~7. 15 (294)	1) 교육 2) 식량 3) 점령군 4) 귀환
8 (4,075/10,433)	1946. 7. 15~8. 31 (679)	1) 귀환 2) 식량 3) 일본 정부 4) 노동관계
9 (6,339/16,772)	1946. 9. 1~10. 15 (1,057)	1) 귀환 2) 노동, 공업 3) 일본 정부 4) 식량

호수 (편지수/누적치)	해당기간 (주당 평균 통수)	주요 주제
10 (14,191/30,963)	1946. 10. 15~11. 30 (2,365)	1) 귀환 2) 일본 정부 3) 조선인과 조선 4) 식량
11 (12,217/43,180)	1946. 12. 1~1947. 1. 15 (2,036)	1) 귀환 2) 일본 정부 3) 노동관계 4) 조선인과 조선
12 (10,251/53,431)	1947. 1. 15~2. 28 (1,709)	1) 귀환 2) 농업 3) 점령군 4) 사회문제(조선인)
13 (41,820/95,251)	1947. 3. 1~4. 15 (6,970)	1) 귀환 2) 농업 3) 노동 4) 식량
14 (49,958/145,209)	1947. 4. 15~5. 31 (8,326)	1) 귀환 2) 사회문제(조선인) 3) 노동 4) 농업
15 (34,939/180,148)	1947. 6. 1~7. 15 (5,823)	1) 귀환 2) 식량 3) 개인 요청 4) 일본 정부
16 (18,035/198,183)	1947. 7. 16~8. 31 (3,006)	1) 귀환 2) 농업 3) 식량 4) 개인 요청
17 (17,083/215,266)	1947. 9. 1~10. 15 (2,847)	1) 귀환 2) 식량 3) 개인 요청 4) 일본 정부

출전: "Survey of Opinions Expressed in Letters by Japanese to Occupation Authorities," Nos.,
1~17, 1946. 1. 2~1948. 2. 5.

〈표〉의 「편지 여론」 주제 구분 방식에 대해서 먼저 지적해둘 것이 있
다. 「편지 여론」의 주제 구분은 시기별로 또는 작성자별로 출입이 있다.
예를 들어 「편지 여론」 1호의 주제 구분은 '점령군과 그 정책', '일본 정부',
'천황(제)', '교육', '개인적 요청', '전쟁과 군국주의', '전범', '경제', '종교'의
9가지로 되어 있다. 그 가운데 '점령군과 그 정책', '일본 정부', '천황(제)',
'교육', '개인적 요청', '전범', '종교' 등은 용어상의 사소한 변화는 있지만
항목이 그대로 유지되었다. 그러나 '경제'는 7호부터 '식량', '금융', '농업',
'공업'과 '상업' 등으로 세분화되고, '전쟁과 군국주의'는 5호에서 '세계평화'
가 같은 항목에 추가되며, 7호부터는 '평화와 군국주의'로 바뀐다. 또 4호
부터 주제 구분에 '귀환'과 '사회문제'가 추가된다. '언론'도 5호부터 추가
되었다. 7호에서는 주제가 더욱 세분화되어서 모두 18가지로 구분되었고,
이는 조사보고서들 가운데 가장 많은 주제 구분이었다. '공산주의'는 7호
에만 한 번 나오고, 9호부터 '천황제'와 함께 '일본 정부와 정치' 항목에 포

함되었다. 아래는「편지 여론」주제 구분의 변화 추이를 시계열적으로 추적한 것이다. 괄호 안의 숫자는 해당「편지 여론」호수를 가리킨다.

「편지 여론」주제 구분의 변화 추이

1) 점령군과 그 정책
2) 천황제
3) 일본 정부 → 일본 정부와 정책(7) → 일본 정부와 정치(9), 천황제, 공산주의 등 포함)
4) 전쟁과 군국주의 → 전쟁, 군국주의, 그리고 세계평화(5) → 전쟁, 군국주의, 평화(6) → 평화와 군국주의(7)
5) 전범 → 전범과 군국주의(8)
6) 경제 → 식량과 생활조건/금융/농업/공업과 상업/교통과 통신(7) → 식량과 생활조건/노동관계/금융과 산업/농업(8) → 식량과 생활조건/노동, 산업/금융/농업/교통과 통신(9) → 식량과 생활조건/노동/금융/농업/상업, 공업, 통신(10) → 식량과 생활조건/노동관계/상업, 공업, 금융/농업(11) → 식량과 생활조건/농업/노동과 공업/교통(12) → 식량과 생활조건/농업/노동과 공업(14) → 식량과 생활조건(15) → 식량과 생활조건/농업(16) → 식량과 생활조건(17)
7) 교육
8) 종교
9) 개인적 요청
10) 잡
11) 귀환(4)
12) 사회문제(4) (→ 노동관계(8))
13) 언론(5) → 라디오, 신문, 출판(7) → 홍보매체(11)
14) 조선(6) → 사회문제(8) → 조선인과 조선(10) → 조선과 조선인(11) → 사회문제(조선인)(12~14)

15) 공산주의(7)

주제 구분의 변화 추이에서 나타나듯이 「편지 여론」은 해당 기간 중 편지들이 가장 많이 다룬 주제를 일정한 주제 범위로 나타내고, 편지 내용과 강조점에 따라 그때그때 주제 구분에 작은 변화를 주었다. 동시에 이러한 항목 구분은 점령당국이 조사하기를 원한 여론 주제들을 반영했다.

어떤 사람들이 맥아더 장군과 점령당국에 편지를 보냈을까? 민간정보교육국의 분석대로 발신자의 배경을 알 수 없지만, 「편지 여론」 7호의 분석관 스캇티 마쓰모토(Scotty Matsumoto)는 편지의 서명과 신원 확인 가능한 편지들을 분석한 뒤 발신자를 구분했다.5) 「편지 여론」 7호가 분석한 편지 1,761통 가운데 신원 확인 가능한 편지는 남성이 1,033통 (58.7%), 여성이 264통(15.0%)이고, 가명을 쓴 편지가 263통(14.9%), 익명의 편지가 201통(11.4%)이었다.6) 흥미 있는 것은 발신자 신원을 확인할 수 없는 편지가 전체의 1/4가량 된다. 왜 그렇게 많은 사람들이 신원을 밝히지 않은 채 편지를 보냈는지 의문이다. 개인적 불이익을 염려해서 신원을 밝히지 않은 것일까? 전범, 군국주의 성향의 공직자와 경찰에 대한 고발 등 투서 성격의 글이 많았던 사정, 여전히 많은 편지들이 점령군이 철수하면 군국주의자, 반동적 관리들이 복귀할 것에 대한 두려움을 표시했다는 점을 감안한다면 필자들이 신원을 밝히지 않은 이유를 짐작할 수 있을 것이다. 분석관은 서명 분석을 통해 여성이 보낸 편지를 20.4%로 추정했고, 지역별로는 도쿄 지역이 가장 많아서 전체의 1/4(23.1%)가량을 차지했다. 여성 편지의 비중이 상당한 것도 흥미 있다.

---

5) 전체 보고서 가운데 분석관의 이름을 알 수 있는 보고서는 이것뿐이다. 이 보고서는 민간정보교육국 분석조사부(Analysis and Research Division)의 「보고서 기록」(Report Record)이 남아 있고, 이 서류에 분석관 이름이 나와 있다.

6) 「편지 여론」 7호, 1946. 8. 31, 5쪽.

신원 확인이 가능한 발신자들 가운데 남성 필자들을 순서대로 열거하면 학생 55, 귀환자 46, 교사 32, 조선인 20, 농민 20, 기독교도 12, 불교도 5, 의사 5, 제대군인 4, 시장·도지사 4, 학교 교장 3, 노동자 3, 중국인 2, 기타 남성 필자 822명이었다. 여성은 귀환자 17, 학생 11, 기독교도 3, 기타 여성 필자 233명이었다. 가명 필자가 보낸 편지는 '시민' 52, '무명인' 43, '학생' 37, 조직과 단체 37, '인민' 18, '부모' 18, 회사·상사 15, 조합 5, '전재민' 4, '일본인' 4, '공산주의자' 3, '애국자' 2, '주민' 2, 기타 23통의 순이었다. 신원 확인 편지의 경우 기타 필자가 사실상 가장 많은 수를 차지하고, 또 뚜렷한 구분 기준을 설정하지 않은 채 필자가 밝힌 신원을 그대로 집계하는 방식이기 때문에 이러한 구분으로 어떤 추론 가능한 경향성을 추출하기는 힘들 것이다. 대체로 정부 관리, 식자층에서부터 농민, 노동자에 이르기까지 그야말로 장삼이사(張三李四)들이 보낸 편지들이라는 것을 알 수 있을 뿐이지만 직업을 밝힌 사람들 가운데 학생들이나 교사들이 꽤 많은 숫자를 차지한 것이 눈에 띤다.

편지의 형식은 전체적으로 편지, 엽서, 장황한 원고 등 다양했다. 편지들은 전반적으로 맥아더 장군 또는 점령당국이라는 최고 권력자를 향한 청원, 탄원, 진정, 투서, 고발의 성격이 강했다. 전체적으로 볼 때 식량난, 귀환 등 개인들의 이해관계와 관련한 주제가 전시기에 걸쳐 가장 많이 취급되었다. 「편지 여론」의 표현을 빌리면 '대부분의 편지들은 실제적이고 구체적인 요청, 관찰, 의견, 그리고 명확하고 즉각적인 개인적 이해관계를 반영'했다. 하지만 다른 한편으로 편지는 민심의 분포나 대중적 관심의 소재를 읽을 수 있는 척도 구실을 했고, 이러한 사정이 점령당국으로 하여금 편지를 예의 분석하여 점령통치를 위한 자료로 활용하게 만들었다.

2) '개혁', '식량', '귀환'

발신자의 지역적 분포를 분석한 보고서는 몇 건 있지만 발신자의 신원을 집계한「편지 여론」은 7호가 유일한데, 이 보고서가 다룬 시기는 1946년 6월 1일부터 7월 15일까지로 그 이후부터 편지 수가 대폭 늘어나기 시작한다. 늘어난 편지의 대부분은 해외 일본인 귀환에 관한 청원의 성격을 띠고, 계속해서「편지 여론」8호부터 이 주제가 일본인 편지 가운데 항상 수위를 차지하며, 편지 수도 압도적으로 많았다. 이런 변화를 염두에 둔다면「편지 여론」7호가 분석한 시기는 '귀환'이 다른 주제를 압도하기 이전의 동향을 반영하는 셈이고, 그 시기 이전과 이후는 편지 수, 편지 주제, 그리고 그 성격의 측면에서 일정한 차이가 있다.

1946년 7월 중순 이전의 시기에도 '귀환'과 '경제'가 편지에서 가장 많이 다루어진 주제임에 틀림없지만 7월 중순 이후처럼 그 비중이 크지는 않았다. 1946년 7월 중순 이전 편지들 가운데 귀환과 식량 문제가 차지하는 비중은 전체 편지의 1/4에 못 미쳤고, 점령군과 그 정책, 일본 정부와 일본 정치, 천황제, 전범 등이 중요한 주제로 취급되었다. 하지만「편지 여론」8호부터는 귀환만으로도 전체 편지의 3/4에 육박하고, 그 후에도 귀환이 차지하는 비중은 계속 증가한다. 그런 면에서 1946년 7월 이후 편지 수의 증가는 일본인의 귀환을 바라는 가족, 친지, 친구, 또는 일본인 귀환과 관련한 단체들에 의해서 주도되었다고 할 수 있다. 또 이 무렵부터 편지 수가 급증하기 시작한 것으로 보아 어떤 면에서 편지 쓰기가 보다 대중화되었다고 할 수 있다.

「편지 여론」8호는 '특정 주제, 특히 귀환, 노동관계, 일본 정부와 정책에 관한 의견·요구사항의 유사성은 점령정책에 영향을 주려는 조직적인 편지 쓰기의 가능성을 보여준다'는 점을 지적했고, 9호 보고서는

'전체 편지 가운데 약 70%는 특정한 목적을 달성하기 위한 집중적인 노력의 일환으로 특정 집단이 썼다'고 분석했다. 분석관들은 이 무렵부터 '상당수의 편지들이 편지 쓰기 운동을 통해 조직된 것으로 보이고, 관심이 집중된 어떤 주제에 대해서 사소한 감정을 표현하는 편지들이므로 독자들이 이 편지들에 기초해서 어떤 결론을 내리지 않도록 경고'했다.[7] 편지는 시간이 흐를수록 민원(民願)의 성격이 강화되거나 특정 조직의 정치적 목적을 달성하려는 수단으로 동원되는 경우가 많아졌다. 1946년 11월에 작성된 「편지 여론」 9호는 이러한 변화에 대해 편지가 '신문 편집자에게 보내는 서한'에서 정치적 영향을 행사하기 위해 '국회의원에게 보내는 서한'으로 바뀌었다고 지적했다.[8] 점령당국은 편지를 통해 여론 동향을 점검했을 뿐만 아니라 편지의 성격 변화 역시 예민하게 감지했다.

「편지 여론」 9호는 편지를 수신자별로 분류했는데, 그것에 의하면 1946년 9월 1일부터 10월 15일 사이에 온 편지 6,339통 가운데 주일 미국 대사 죠지 애치슨(George Atcheson, Jr.)에게 온 편지가 3,967통으로 맥아더 장군에게 온 편지 1,558통의 두 배가 훨씬 넘었다. 다른 시기에는 맥아더 장군에게 온 편지가 가장 많았다는 점을 고려한다면 예외적 현상이었다. 애치슨에게 온 편지들은 3통을 제외하고 모두 귀환과 관련되었다. 이것은 발신자들이 귀환 문제는 점령군 사령관 맥아더 장군 소관이 아니라 소련과 외교를 담당한 외교당국이 처리할 업무이고, 따라서 주일 미국 대사에게 편지를 보내는 것이 더 효과적이라고 생각했음을 의미한다. 당시 귀환 관련 청원은 많은 부분이 소련 점령 지역인 만주, 북한에 있는 일본인에 관한 것이었다는 점을 감안한다면 이러한 대량의 편지는 미국 정부와 미군 점령당국에 소련 점령지역 포로 귀환 문제의

---

7) 「편지 여론」 8(1946. 11. 8), 9(1946. 11. 26), 10(1947. 4. 17)호 서문 참고.
8) 「편지 여론」 9호, 1946. 11. 26, 1~2쪽.

해결을 촉구하는 일종의 압박으로 이해할 수도 있다.

「편지 여론」 4호는 '경제'를 다룬 편지들이 재벌 문제나 경제 이론에 대한 관심을 전혀 보이지 않았다고 지적했다.[9] 〈표〉에 나타난 '경제'를 주제로 한 편지들은 거시적인 경제구조 상의 문제를 다루었다기보다 발신자 개인의 생활상의 요구를 반영한 것이 대부분이었고, 패전 후의 어려운 경제사정, 특히 식량난에 대한 호소가 가장 많았다. 「편지 여론」은 7호부터 경제를 '식량과 생활조건', '금융', '농업', '공업과 상업', '교통과 통신' 등으로 세분했고, 바뀐 주제 구분 안에서 약간의 변화가 있지만 그 틀은 그 후 대체로 유지되었다. 「편지 여론」에 의하면 5호, 6호에서는 '경제'를 주제로 한 편지가 가장 많은 수를 차지했고, 7호, 8호에서는 '식량'을 주제로 한 편지들이 두 번째로 많은 수를 차지했으며, 9호, 10호에서는 네 번째로 많은 수를 차지했다. 5호, 6호의 '경제'도 식량 사정의 개선과 동결 자산의 해제를 요청하는 내용이 가장 많았다는 점을 감안한다면 1946년 초부터 여름까지는 식량난이 편지에서 가장 빈번하게 다루어진 주제의 하나였다고 할 수 있다.

실제로 이 기간은 미군 점령기간 중 식량난이 가장 심각했던 시기였고, 또 세타가야(世田谷) 사건, 반미(飯米) 획득을 위한 궁성 앞 식량메이데이 데모 등 식량위기로 심각한 사회문제가 발생했던 시기였다. 그리고 이 식량위기를 누그러뜨린 것은 때마침 미국으로부터 도착한 구호식량이었다. 이 사실은 일본인들 사이에 맥아더와 점령당국만이 식량위기라는 절박한 현실에 대해 효력 있는 구체적 시책을 마련할 수 있다는 인상을 주었고, 맥아더와 점령군의 인기와 위신을 한층 더 높이는 결과를 초래했다.[10] 「편지 여론」 7, 8호에 나타난 '식량'을 주제로 한 편지들

---

9) 「편지 여론」 4호, 1946. 3. 25, 7쪽.

10) 세타가야 사건, 식량메이데이 데모의 전개과정과 그에 대한 천황과 점령군의

가운데 각각 25%, 53.5%가 이 시기 제공된 미국의 식량 원조에 대한 감사 편지였다.

전체적으로 보면 맥아더 장군과 점령당국에 보낸 편지들은 개인들의 일신상의 이해관계를 반영한 것이 가장 많았다. 1946년 봄, 특히 5월과 6월은 식량위기가 절정에 달했던 시기였고, 이 주제를 다룬 편지들이 이 시기를 전후해서 빈번하게 나타났다. 하지만 1946년 중반 이후 해외 일본인의 '귀환' 청원 편지가 압도적 비중을 점하기 이전에는 천황제, 일본 정부, 전범, 교육 등의 주제들도 편지 가운데 큰 비중을 차지했고, 그 내용도 일본 사회의 개혁에 강한 관심을 보이는 경우가 많았다. 초기의 「편지 여론」은 '대부분의 편지들이 일본 사회에 대한 불만과 일본 사회에 필요한 개혁을 구체화' 했고, 이것은 그 시점에서 '개혁이 모든 일본인에게 가지는 압도적 중요성 때문이거나 또는 개혁에 대해 개인들이 실망했음을 반영하는 것이며, 그런 면에서 후자의 경우 그들의 의견은 일본 사회의 평균적 의견보다 강할 수 있음'을 지적했다.11) 점령 직후 1년여의 기간은 천황제, 군국주의자 추방, 헌법 개정, 전범 처벌을 둘러싼 논란에 이르기까지 전후 일본 정치구조의 골격을 형성하는 데 필요한 핵심적 논의들과 점령군의 이른바 전후개혁이 일본 사회의 중요한 의제를 형성했고, 편지들은 그 의제들에 대해서 활발하게 반응했다.

3. 일본인 편지에 반영된 사회상과 사회의식

맥아더 장군과 점령당국에 보낸 편지들은 대체로 패전 직후 일본인의

대응, 일본인들의 반응과 여론에 대해서는 川島高峰, 1998, 262~294쪽 참고.
11) 「편지 여론」 1~6호, 서문 참고.

처지와 생활상의 요구를 즉자적으로 반영한 것들이 많았다. 그러나 편지 내용의 변화 추이를 세밀하게 관찰하면 같은 주제의 편지들이라도 시기에 따라 서술 내용의 변화, 뉘앙스의 변화를 감지할 수 있고, 또 시기별로 서로 다른 정치·사회적 맥락에서 작성되었다는 것을 어렵지 않게 알 수 있다. 편지를 통해 민심을 추적하기 위해서는 편지가 다룬 주제와 내용의 계량화뿐만 아니라 해당 시점의 정치·사회적 맥락과 연동하는 편지 내용의 변화를 추적하는 것이 필요하다.

1) 전후개혁

「편지 여론」 주제 구분 가운데 '점령군과 그 정책'은 점령당국이 가장 주의 깊게 살핀 항목 중 하나였다. 이 주제에 대한 편지들의 반응은 점령 전 시기에 걸쳐 전체적으로 우호적이었다. 심지어 편지들 가운데에는 미군의 장기 점령을 요구하는 편지들이 많았고, 일본을 미국의 속국으로 해줄 것을 요청하는 편지들도 있었다. 일본의 미국화 주장, 일본 국민의 미국에 대한 동경과 정서적 일체화는 점령 초기부터 나타나고, 장기간 지속되었다. 장기점령을 요구한 이유는 물론 점령군이 철수하면 군국주의자, 반동관료들이 복권할 것에 대한 두려움 때문이었지만 편지에 나타난 점령군에 대한 우호적 의견과 일본 정부에 대한 부정적 의견의 대비는 조사 전시기에 걸쳐 매우 선명하게 나타났다. 점령당국에 대한 우호적 의견과 맥아더 장군에 대한 예찬, 그러한 반응에 대한 심리적 분석과 정치·사회적 맥락의 분석은 소데이와 가와시마의 책에 잘 나와 있다.[12] 점령당국은 비우호적 의견에도 주의를 기울였는데 그것은 점령

---

12) 「편지 여론」 각 호의 '점령군과 그 정책' 항목 및 袖井林二郎, 2002, 1·6~8장; 川島高峰, 1998, 3·5장과 1993, 21~22쪽 참고.

정책 전반에 대한 것이었다기보다 미군 병사의 암거래 관여 등 지엽적인 사항에 대한 비판이나 개인적 불평의 경우가 많았다.[13]

'일본정부'에 대해서는 시종 일관 비우호적, 비판적 의견이 많았다. 패전 이후 일본인들 사이에서 군국주의에 대한 혐오감과 군부, 정부 관리, 경찰에 대한 불신이 팽배했던 것을 감안하면 편지에 나타난 이런 반응을 쉽게 이해할 수 있을 것이다. 기존의 정치 · 사회구조에 대한 불만을 반영하듯 대체로 편지들은 일본 사회에 대한 강한 비판 의식과 개혁에 대한 강한 요구를 반영했다. 특히 편지들은 정부, 경찰, 학교와 교육제도의 개혁이나 관리, 대의사(代議士), 경찰, 통치기구의 말단을 형성했던 정(町), 촌(村), 인조(隣組) 우두머리의 숙청 문제에 강렬하게 반응했다.

'천황제'는 1946년 초반까지 꽤 많이 취급된 주제였으나, 천황의 인간선언, 헌법 개정 논란을 거치면서 신속하게 정리되었고, 「편지 여론」 9호부터 '일본 정부와 정치'에 포함되었다. 편지에 나타난 천황제에 대한 의견은 당시 일본 사회의 평균적 의견보다 비판적이었다. 오사카에 거주하는 한 여성은 '식량만 충분히 배급한다면 천황은 폐지해도 된다'고까지 적고 있다.[14] 신문 여론조사는 천황제 유지에 대한 압도적 지지를 나타냈지만 「편지 여론」에서는 천황제에 대한 비판이 더 많은 시기도 있고, 비판과 지지가 비슷하게 나올 때가 많았다.[15] 가장 빈번한 비판은 천황이 군국주의의 수단이고, 온상이라는 것이었지만 노골적인 천황제 지지도 적지 않았다. 천황제를 철폐하기보다는 천황의 퇴위 정도로 그치고, 천황을 비정치화시켜 존속하는 것이 좋을 것이라는 의견이 일반적 여론을 대표한 것과 마찬가지로 편지에서도 새롭고 평화로운 일본

---

13) 袖井林二郎, 위의 책, 3장 참고.
14) Box 994, 오우치 하나코(大內花子), 1945. 12. 6.
15) 「편지 여론」 각 호의 '천황제' 항목, 특히 1, 2, 5, 6, 7, 9호 등 참고.

건설을 위해 천황에 의지해야 한다는 견해가 많았다.[16]

천황의 전쟁책임 면책과 '상징천황제'의 확립 과정, 그것이 일본의 전후역사에서 가지는 의미에 관해서는 이미 많은 연구들이 있다. 그 연구들에 의하면 일본 지배층의 종전대책이 '국체호지'(國體護持)로 집중되었고, 미국이 점령정책의 원활한 시행을 위해 천황제 유지를 원했으며, 이러한 양자의 이해관계의 일치 속에서 이른바 '동경재판'에서 천황의 전쟁책임이 면책되고 최종적으로 헌법 제정을 통해서 상징천황제가 확립되는 길로 들어섰다는 것이다. 존 다우어의 표현을 빌리면 상징천황제의 확립은 'SCAPinization'과 '천황제 민주주의'의 결합이라고 할 수 있고, 이에 대해 윤건차는 "쇼와천황이 정치적, 도의적 책임을 지지 않고, 재위한다는 것 자체가 이미 일본인 전체의 전쟁책임을 애매하게 하고, 민족으로서 '일본인'의 명예를 현저하게 손상시킨다는 것을 부정할 수 없을 것"이라고 지적했다.[17]

이와 같이 기존 연구들은 상징천황제가 일본의 전후개혁 자체를 불철저하게 만든 구조적 한계로 작용했다는 점을 환기시키지만 전후 일본 사회의 존재형태와 관련해서 전후개혁의 역사적 성격을 살피고자 할

---

16) 川島高峰, 1993, 25쪽 및 川島高峰, 「日本の敗戦と民衆意識－天皇制ファシズムから天皇制デモクラシーへ」, 『年報日本現代史 創刊號: 戰後50年の史的檢證』, 1995; 「편지 여론」2, '천황제' 항목 참고. 가와시마의 연구는 천황제 지지자들과 반대자들의 논리를 편지 내용 분석을 통해서 잘 드러내고 있다.

17) 미국의 일본 점령사 전반에 대해서는 John W. Dower, *Embracing Defeat : Japan in the Wake of World War II*, W.W. Norton & Co., 1999 및 Takemae Eiji, *Inside GHQ : The Allied occupation of Japan and Its Legacy*, Continuum, 2002 참고. 본고의 논의와 관련해서는 주로 尹健次, 「'帝國臣民'から'日本國民'へ－國民槪念の變遷－」, 中村政則・天川晃・尹健次・五十嵐武士 編, 『戰後日本 占領と戰後改革 5; 過去の淸算』, 岩波書店, 1995; 박진우, 「패전 직후의 천황제 존속과 민중」 및 「패전 직후 천황제 존속과 재일조선인」, 『패전 전후 일본의 마이너리티와 냉전』, 제이엔씨, 2006 참고. 인용은 John W. Dower, 1999 3・4부 및 尹健次, 59쪽.

때, 주목해서 보아야 할 것이 보통의 일본인들이 일상생활에서 접하는 정치개혁과 사회 민주화의 실상이다.

앞에서 언급했듯이 편지에 나타난 일본 민중의 전후개혁에 대한 불신과 불만은 매우 높았고, 그에 대한 비판도 신랄했다. 비판은 특히 통치기구의 말단과 지방 사회에서 개혁의 불철저성에 모아졌다. 「편지 여론」은 일본인의 정치적 태도를 주로 점령정책, 일본 정부, 천황제 등의 일반적인 범주로 나누어 파악했고, 또 점령당국의 여론조사는 점령정책과 일본 정부에 대한 태도를 분리해서 양자를 극명하게 대비시켰다. 그러나 일본 민중이 실제 개혁의 진행과정과 그 실상을 어떻게 파악했는가를 분석할 때 그렇게 일반화한 범주로 개인의 의견을 해소시키는 것은 결코 적절한 분석방법이라고 할 수 없다. 또 미군 점령통치가 일본 정부를 통한 간접통치의 형식을 취했지만 점령통치와 전후개혁의 평가에서 점령당국과 일본 정부로 주체를 나누어 그 공과를 살피는 것이 얼마나 유효할지 의문이다. 일본의 민중이 일상적으로 만나는 것은 천황이나 점령당국, 일본 정부 일반이 아니었고, 여전히 정·촌장, 경찰 등 말단 통치기구의 관리들이었다는 점에서 개혁의 실상을 이해하기 위해 그들과 그 기구들의 작동방식에 대한 민중의 인식을 살펴보는 것이 중요하다.

　　A. "官吏 五割 減員에 관한 건. 지방행정기관 및 작업관청, 각 대공장, 은행, 상선회사 등의 중간관리와 이에 준하는 회사원 및 은행원들이 전쟁 중 군과 결탁하여 하급자 또는 노동자를 억압하고, 또는 경찰, 府廳, 縣廳 등과 연락하여 행한 악랄함은 말로 표현할 수 없습니다. 게다가 종전 이후에는 위와 같은 행동이 더욱 심합니다. 그리고 또 町會長, 町經濟部長 등이 이에 관련되어 미군이 진주하기 전에 물품을 은닉했습니다. 예컨대 담배를 취급하는 專賣局 관리는 국민에게 배급해야 할 담배를 자기 자신의 主食物과 교환하

여 사유화하고, 군용미, 설탕, 유류 등을 모아서 몇 십만 원이라는 蓄財를 자행한 사람들은 아사지경에 있는 국민을 오히려 不可思議하게 보고 있으니 이는 言語道斷이 아닐 수 없습니다. 이와 같은 특권계급에 있는 사람들은 일본의 민주주의와 맥아더 원수의 선량한 시정에 반하는 일입니다." 渡部正義, 1945. 12. 4, Box 231

B. "隣組는 지나사변(중일전쟁-필자 역주) 중의 산물이지만 대동아전쟁에 이르러 활동이 가장 컸다. … 上意下達, 下情上通의 기관이라는 선전은 구실일 뿐 순수한 전쟁 동원 기구 역할을 했다. 식량배급의 하부기구로서 지금도 활동하고 있다. … 정회 임원, 배급소 관계자가 군부를 배경으로 위세를 부렸고, 그들은 지금도 의연 그 지위에 있다." 春田哲雄, 1946. 1. 7, Box 994

편지 A, B는 민중들이 공직자 추방 등 점령군에 의해 수행된 전후개혁을 불철저하다고 느꼈음을 보여주는 대표적 사례들이다. 공직추방령(公職追放令)의 불철저한 시행과 소위 '특권계급'의 온존에 대한 비판은 많은 편지들에서 나타난다. 익찬운동(翼贊運動) 등 과거 일본 정부의 정책, 국책에 가장 큰 역할을 한 것이 경찰이었고, 그 말단에서 활동한 것이 정회장(町會長)이었지만 이들에 대한 처벌, 공직 추방 등이 제대로 이루어지지 않았다는 것이다. 심지어 편지 B는 사회통제 체제의 말단에 위치한 토나리구미(隣組) 폐지를 강력하게 요구한다. 대정익찬회(大正翼贊會), 식량영단과 함께 통치 기구 말단을 차지했던 이 기구가 여전히 위세를 부리고 있다는 것이다. 또 많은 편지들이 경찰 내 특고(特高)는 말단의 몇몇 순사들 외에는 대개 다른 사무로 전직시키는 방법 등을 통해서 그대로 온존되었음을 지적한다.[18] 점령당국의 군벌 해체와 공직으로부터 군국주의자 추방은 전후개혁의 출발점이었으나 이러한 편지들

---

18) 荒敬,『日本占領史研究序說』, 柏書房, 1994, 1장 1절 참고.

은 그러한 조치의 개혁성을 체감하지 못한 민중이 많았음을 증명한다. 민중은 주위에서 익숙하게 보아온 경찰, 정회장 등 일본제국 지배질서 의 말단 기구가 그대로 유지되고, '특권계급'이 온존하는데 대해 강한 불 만을 표출했다.

이런 불만은 1947년의 국회의원 선거 국면까지 이어진다. 구마모토에 거주하는 한 남성은 1947년 3월에 보낸 편지에서 지방에서는 선거가 자 유롭지도 민주적이지도 않았다고 비판하면서 후보들이 과거와 현재의 관료적, 정치적 지도자들에 의해 추천되고 뽑힌 사실을 강하게 비판했다. 또 가나가와에 거주하는 이타테 닌타로는 편지를 통해 1947년 4월의 국 회의원 선거 이전에 정·촌장들을 먼저 선거할 것을 강력하게 요구했다. 그들이 자신들이 지지하는 정치인이 당선되지 않으면 마을 재건이 어려 울 것이라고 마을 사람들을 위협하고 다닌다는 것이다. 이 편지들과 비 슷한 시기에 보낸 편지들 가운데에는 이타테의 편지처럼 선거 이전에 마 을 지도자들이 영향력을 행사하거나 지방선거에 입후보하지 못하도록 하기 위한 조치들이 필요하다는 취지의 편지가 다수 나타난다.[19]

이 편지들은 구지배층이 오히려 선거 등 이른바 민주적 절차를 통해 서 부활하고 복권되는 것을 일본인들이 강한 비판의식을 가지고 지켜보 았음을 드러낸다. 점령 하에서 군국주의 온상이라는 비판과 혐의를 받 은 일부 기구가 폐지되는 등 제도 자체는 새로운 외피를 쓰게 되었지만 과거의 사회체제를 지탱하고 운영하던 주체들이 그대로 남아 있고, 행 정·대의기구에서 여전히 지배력을 행사하는 현상이 빈번했던 것이다. 진제적으로 보면 편지에서는 점령 초기부터 강한 사회개혁 요구가 지속

---

19) 구마모토 현 시모마치 군 거주 후쿠다 타케이치(福田武一)의 편지(1947. 3. 27);
　　가나가와 현 아이코 군 거주, 이타테 닌타로(伊建仁太郎)의 편지(1947. 3. 8)
　　및 폴더 Vol. 14의 편지들 참고. 모두 Box 996.

적으로 분출되었다. 특히 천황제 폐지와 군인, 관리, 대의사, 경찰 등 공직자 숙청에 대한 요구뿐만 아니라 정(町), 촌(村), 인조(隣組), 재향군인회, 경방단 등 실제 민중들이 일상생활에서 접하는 사회구조 하부의 통제기구들에 대해 강한 개혁 요구가 존재했다.

편지에는 언론(신문), 사법기구, 교육계에 대한 숙청 요구와 개혁요구도 빈번하게 나타났다. 특히 '교육'은 전 시기에 걸쳐 꾸준히 언급된 주제다. 「편지 여론」 7호를 통해 학생, 교사들의 편지가 상당히 많은 것을 볼 수 있지만 교사들 또는 고등교육 기관에 재학하는 학생들은 일본의 교육제도 개혁, 학교로부터 군국주의 청산에 많은 관심을 보였다. 구척식(舊拓植)대학의 한 학생이 작성한 1946년 3월 31일자 편지는 척식대학은 군국주의자, 식민주의자들의 해외 식민사업을 돕기 위해 만들어졌고, 이런 학교는 패전 후에 폐지되어야 마땅하나 이름을 홍릉(紅陵)대학으로 바꾼 뒤, 이전의 식민사를 동양사로 이름을 바꾸어 가르치는 등 패전 이전의 커리큘럼을 그대로 가르치고 있음을 고발하면서 침략주의의 근본을 없애기 위해 폐교를 요구했다.[20] 이 편지에서 드러나듯이 패전 이전의 군국주의 교육에 대해서 학생이고, 교사고 상당한 불만과 비판의식을 드러냈다. 교육제도, 교육이념 상의 군국주의 잔재와 그것의 개혁 방안에 대한 제안, 군국주의적 성향을 가진 교사에 대한 고발은 조사 전 시기를 통해 계속 이어졌고, 편지들이 다룬 주제 가운데 '교육'이 차지하는 비중은 상당했다. 언론의 전쟁 협력 사실과 언론계의 군국주의자에 대해서도 점령 초기부터 고발 편지가 끊이지 않았고, 비판적인 논조의 편지가 많았다.

일본인 편지에 나타난 '전후'는 어찌 보면 모순에 가득 차 있고 이율

---

20) Box 234, 구(舊) 척식(拓殖)대학 학생, 1946. 3. 31.

배반적이라는 느낌까지 든다. 패배를 껴안고 점령을 수용했을 뿐만 아니라 어제의 적국이었던 미국을 예찬하고 정서적 일체감까지 표명한다. 또 일본의 지배층에 대해서는 비판적이지만 천황에 대해서는 신뢰를 보낸다. 전범과 전쟁책임자들에 대한 고발과 사회 전반에 대한 개혁 요구가 빗발치는가 하면 어느 순간 온 사회가 슬그머니 전쟁책임을 부정해 버린다. 점령당국에 대한 순응과 신뢰, 일본 정부에 대한 불신과 비판이 교차하는 가운데 일본인들의 일상이 존재했고, 그 일상생활에서 일본인들의 전후개혁에 대한 불신과 비판, 냉소는 컸다. 그리고 일본인들은 점령당국에 전적으로 의지해 사태를 개선하기를 바란다. 점령당국은 국제적 문제에서 지방의 문제, 또 순전히 개인적인 일에까지 점령당국에 대한 현저한 의존을 감지했다. 편지에서는 일본 정부와 그 관리들에 대한 불신과 불만이 빈번하게 나타났고, 「편지 여론」은 이것이 일본인들이 점령당국에 빈번히 청원을 보내는 이유라고 지적했다.21) 전후 개혁과 민주화가 일본인 자신의 손에 의해 이루어지지 못하고 점령당국에 의해 주도되자 그 개혁과 민주화는 미국의 일본 점령 목적에 종속되거나 점령당국의 그때그때 필요에 의해 취사선택되는 식으로 진행되었다. 일본인들은 그것을 구체제와 비교해서 흔쾌히 받아들이는 태도를 취하거나 기꺼이 감내할 수밖에 없었다.

2) 전쟁책임

'전범'으로 주제 구분된 편지들은 전범 용의자 고발, 또는 전범 용의를 부인하는 것이 대부분이었다. 초기의 편지들은 정부 관리, 군인, 대의사

---

21)「편지 여론」10호, 1947. 4. 17, 서문.

를 가장 주요한 전범 용의자로 순서대로 지목했다.22) 이 주제 구분은
「편지 여론」 8호에서는 '전범과 군국주의'로 분류되었다. 「편지 여론」은
처음에는 '전범'과 '전쟁과 군국주의' 항목을 구분했는데, 1946년 7월 중
순부터 양자를 합했다. '전쟁과 군국주의' 항목은 태평양전쟁과 군국주
의에 대한 일본인의 태도를 계측하기 위한 항목이었던 것으로 보이나
천황제, 일본 정부, 전범 또는 교육 등의 주제와 내용적으로 겹쳐서 다
소 애매했다. 군국주의에 대한 일본인의 태도는 일반적으로 비판적이었
다. 그러나 「편지 여론」 1호의 경우 흥미 있게도 이 항목으로 분류된 29
통의 편지가 군국주의에 대해서는 모두 반대했으나 태평양전쟁으로 비
난받아야 할 쪽에 대해서는 일본과 연합국으로 거의 양분된다고 지적했
다. 전쟁기에 일본 정부와 군부가 일본 국민들에게 태평양전쟁을 '자위
전쟁'으로 선전하며 개전의 책임을 연합국 측에 돌렸던 만큼 그러한 선
전의 영향이 전후에도 지속되었거나, 아니면 일본 국민들이 일본의 침
략전쟁 수행을 위해서 많은 희생을 치렀고, 또 미군 공습 등 이른바 '전
재'(戰災)로 많은 피해를 입었던 사실로 인해 그러한 반응을 보인 것이
아닌가 여겨진다.

　「편지 여론」이 '전범', '전쟁', '군국주의'를 오가며 항목을 구분했지만
이 세 단어는 그 구별이 뚜렷하지 않았고, 오히려 애매했다. 이 세 단어
에 공통한 역사상을 추출한다면 '전쟁책임'이라는 용어로 이들을 포괄하
는 것이 가능할 것이다. 그러나 이 단어도 전쟁 자체에 대한 책임인지,
패전에 대한 책임인지, 또 책임의 소재를 묻고자 한다면 전범, 단순가담
자 또는 전쟁협력자의 경계가 어디인지 현실에서는 복잡한 문제들을 제
기했다. 기존 연구는 패전 직후 제기된 히가시쿠니(東久邇宮) 수상의 '일

---

22) 「편지 여론」 1호, '전범' 참고.

억총참회론'이 '패전'에 대한 군인·관리의 책임을 국민 전체에 균등 분배함으로써 실질적으로는 해소시키려는 것에 불과했고, 일반 국민은 이것을 받아들이려 하지 않았다는 점을 지적한다. 그리고 1945년 9월 11일 점령당국의 도죠 히데키(東條英機) 이하 38명에 대한 전범체포령을 계기로, 즉 점령군과 국제여론이라는 외적 계기를 통해 일본 사회에서 전쟁책임론이 처음으로 일어났으며, 이로부터 국민이야말로 전쟁책임자 추급(追及)의 주체라는 주장이 나타났다고 지적한다.23)

연합군최고사령부에서 전범 관련 업무를 관장하고, 첩보 수집의 차원에서 전범 관련 편지를 수집하고 정리한 곳은 법무국이었다. 법무국 총무부는 전범 용의자의 혐의를 조사하기 위해 '일본인 배경조사와 참고자료철'을 만들었다. 이 문서철은 사과상자 크기의 문서상자 9개에 전범에 대한 배경 조사와 전범 관련 참고 자료들을 모아놓았다.24) 이 상자들에 보관된 전범 배경조사 문서들은 대부분 일본인들이 점령당국에 보낸 편지나 일본인들끼리 주고받은 편지들 가운데 연합군최고사령부 군사정보국 민간검열지대(Civil Censorship Detachment)가 검열한 뒤 그 내용을 정리한 보고서들이다.

A급 전범 재판이 사회적 관심의 초점이 되었던 1945년, 1946년 초반만 해도 이 문서철에 소장된 일본인 편지들의 내용은 주로 일본인들의 전

---

23) 山田昭次, 「八·一五をめぐる日本人と朝鮮人の斷層」, 『朝鮮研究』 69, 1968, 6~7 쪽; 패전 이후 현재까지 일본 사회에서 전쟁책임론의 전개, 전쟁책임론과 역사 인식의 관계에 대해서는 요시다 유타카 저, 하종문·이애숙 역, 『일본인의 전쟁관』 역사비평사, 2004(吉田 裕, 『日本人の戰爭觀』 岩波書店, 1995) 및 이에나가 사부로 저, 현명철 역, 2005 『전쟁책임』 논형(家永三郎, 『戰爭責任』, 岩波書店, 1985) 참고.

24) 각주 2의 문서철 소개 (3) 참고. 이하 이 법무국 문서철은 '일본인 배경조사와 참고자료철'로 표기. 이 문서철은 소장 문서를 'Ja-19-일련번호'로 분류하여 시기별로 정리해 놓았다.

쟁범죄 행위에 대한 고발 위주였다. 그리고 그 편지들의 전쟁책임, 전쟁 범죄 관련 언급은 강경한 편이었다. 예컨대 A급 전범 기소가 소수에 그 쳤다는 비판, 전범을 확대해야 한다는 주장, 또 중앙정부뿐만 아니라 지 방청, 특히 시·군·정·촌 관리들도 전범으로 처벌해야 한다는 주장이 빈번하게 나타났다. 언론(신문), 사법기구 등의 개혁과 숙청 요구도 많 았으며, 전범 고발도 다른 시기에 비해 많은 편이었다.[25] 그러나 B·C급 전범 재판이 본격화된 1946년 중반 이후 점령군을 향한 일본인들의 편 지나 점령당국이 검열한 서신들은 주로 중국, 필리핀, 수마트라 등 연합 군 점령지역에서 진행 중인 일본인 B·C급 전범재판의 부당성에 대한 비판이나 이들 지역에 남아 있는 일본군 포로들의 조속한 귀환을 청원 하는 내용, 또는 소련군 점령지역에서 일본인 취급과 처우 문제 위주로 바뀌었다.[26] 전범을 주제로 한 편지 내용의 주된 논조도 전범 고발에서 전범 용의자의 무죄를 주장하거나 전범 재판의 부당성을 비난하는 것으 로 바뀌었고, 심지어 '전범'은 패전으로 인한 희생자일 뿐이라는 주장이 많아졌다.

일반적으로 편지에서는 경찰, 관료, 군인이 3대 전쟁책임자로 지목되 었고, 그들이 두터운 층을 이룸으로써 천황에 대한 전쟁책임을 눈가림 하는 구실을 했다. 그들을 전쟁책임자로 지목했을 때, 과연 그 책임의 경계가 어디인가 하는 것은 전범 재판과도 관련해서 현실에서는 대단히 복잡한 문제였다. 가와시마는 군인, 관료, 경찰의 전쟁책임을 둘러싼 편 지들의 경계선 구분에서 공통된 것은 그것이 전쟁수익자인가 아닌가 하 는 점에 있다고 주장한다. 이러한 기준은 군국주의나 비민주적 가치에

---

25) '일본인 배경조사와 참고자료철', Box 994, 995의 1945년, 1946년 초 편지들 참고.
26) '일본인 배경조사와 참고자료철', Box 995, Folder Vol. 11, 12 및 Box 996, Folder Vol. 15~18의 일본인 편지 및 서신 검열 보고서 참고.

대한 비난으로서 설정된 것이 아니었고, 전쟁수익자에 대한 비난과 자기비판의 결여로 나타났으며, 평화에 대한 죄와 침략행위에 의한 가해인식을 희박하게 했다는 것이다.[27] 또 요시다 유타카는 이 시기 일본인의 전쟁관이 지배자는 가해자, 국민은 피해자라는 단순한 도식에 의해 지배되었고, 일본 국민 사이에 '피해자론'의 확산은 지배층의 타민족 침략과 식민지화의 가담자로서 국민의 책임에 대한 자각을 봉쇄했다고 지적한다.[28] 이러한 지적은 이후 전범 재판에서 B·C급 전범 용의자들의 자기 항변 논리와도 연결되고, 결과적으로 전쟁책임의 회피, 전쟁책임 부정론으로 연결되는 측면을 부정할 수 없다. B·C급 전범 용의자들의 아래 편지는 이런 지적을 마치 증명하는 듯하다.

> C. "천황은 모든 전쟁범죄로부터 무죄라고 한다. 왜 그런가? 그는 그의 신하들이 그의 명령은 지상명령이라는 굳은 신념으로 그들의 의무를 수행했고, 또 국가의 승리를 위해 모든 노력을 다한 결과 전범으로 차례차례 사형 당하는 것을 어떻게 생각하고 느낄까? A급 전범은 고려하지 않는다 하더라도 그가 민족의 아버지로서 해외에서 비참한 고통을 겪고 있는 많은 C급 전범들을 구하기 위해 무언가 해야 하지 않는가? 그가 그런 동정적 태도를 취할 때만 일본국 헌법이 유지되지 않겠는가? 그렇게 생각하고 천황을 생각할 때마다 나는 후회의 눈물을 흘릴 수밖에 없다." Ja-19-4084, 마

---

27) 川島高峰, 1993, 25~28쪽.

28) 요시다 유타카는 '지도자책임관'의 형성이 국민자신의 전쟁협력과 전쟁책임의 문제에 관한 내성적(內省的) 물음을 제기하지 않고, 사실상 이 문제를 탁상공론으로 만드는 경향을 띠게 되었다는 점을 지적한다. 많은 국민은 '지도자책임관'을 소극적인 형태로 수용하는 한편, 자기 자신의 전쟁협력의 문제에 대해서는 군국주의적인 지도자에 '속았다'고 하는 논리로 그것을 정당화하고 자신을 납득시켰다는 것이다. 吉田 裕, 「戰爭責任と極東國際軍事裁判」, 中村政則·天川晃·尹健次·五十嵐武士 編, 『戰後日本－占領と戰後改革 5; 過去の淸算』, 岩波書店, 1995, 85쪽.

닐라 포로 수용소의 사토 소가 아내 사토 요시코에게, 1947. 10. 27, Box 996

D. "(극동)군사재판은 승자에 의한 패자 재판이다. 나도 알지 못하는 일들에 대해 책임을 지도록 강요받을 것이 틀림없다. 그 결과 죄수(포로-역주)들을 몇 번 구타했을 뿐인 사소한 범죄자들이 나라 전체를 전쟁으로 끌고 간 A급 전범들보다 중형을 받을 것이 확실하다." Ja-19-4094, 스가모 감옥의 오시마 노리마사가 오시마 쓰루에게, 1947. 11. 30, Box 996

E. "10년 이상 일부 일본 군인들이 중국에서 전쟁 때문에 비행을 저질렀고, 나는 그들의 잘못된 행동으로 인해 비난받았다. 나는 다른 군인들과 협조하여 한 중국인을 죽인 혐의로 기소되었다. 하지만 나는 작전 중 명령에 따라 중국인 밀정들을 체포했을 뿐이다. 나는 비법적이고 불공정한 재판을 통해 전범이 되었다. 내가 무죄라는 것은 명확한 사실이다. 따라서 재심의 기회가 주어진다면 석방될 것이라고 확신한다." Ja-19-4091, 중국 꽝뚱(Canton) 제 1수용소의 마쓰야마 요시헤이가 교토의 마쓰야마 테루코에게, 1947. 10. 5, Box 996

편지 C는 B · C급 전범이 천황의 지상명령을 수행한 수행자에 불과하다며 그들을 위해 아무 행동도 하지 않는 천황을 비난하고 있지만 사실은 천황의 전쟁책임 면책이 일본 국민, 일본 사회 전체의 면책을 주장할 수 있는 심리적 토양을 제공했음을 잘 보여준다. 패전으로 인해 재판정에 섰을 뿐이라는 편지 D는 군사재판의 의의 자체를 사실상 부인하는 것이고, 또 C와 함께 하급 지휘관과 병사들은 피해자일 뿐이라는 점을 강조한다. 편지 E는 뉘른베르그재판과 도쿄재판에서 정식화된 '상관의 위법한 명령에 대한 불복종 의무'를 무색하게 한다.[29] 이는 전쟁범죄에

---

29) 荒井信一,「戰後補償と戰後責任」, 中村政則 · 天川晃 · 尹健次 · 五十嵐武士 編, 『戰後日本-占領と戰後改革 5; 過去の淸算』, 岩波書店, 1995, 243쪽.

대한 개인책임을 명확하게 했다는 의미에서 획기적인 법리라고 평가되지만 편지 E의 필자가 그것을 받아들일 여지는 없어 보인다. 물론 B·C급 전범들의 경우 사례 하나 하나를 엄밀하게 조사해서 용의자들이 억울한 피해를 당하지 않도록 할 필요가 있다. 하지만 위의 편지들이 B·C급 전범 혐의자들의 심리적 태도를 전형적으로 드러내고, 또 그들과 관련된 가족, 친구, 친척들도 전범 혐의자에 대해서 비슷한 감정을 가졌다면 일본 사회 또는 일본 국민 전체적으로 전쟁책임 문제를 진지하게 받아들일 수 있는 토대는 처음부터 없었다고 보아야 할 것이다.

편지의 전범 논의와 관련하여 한 가지 더 주목할 것은 「편지 여론」의 '전쟁과 군국주의' 항목 자체가 이후 '전쟁, 군국주의, 그리고 세계평화', '평화와 군국주의' 등으로 바뀌고, 최종적으로 '전범' 항목과 합쳐진다는 점이다. 이것은 과거의 전쟁, 즉 일제의 침략전쟁으로 규정된 태평양전쟁으로부터 미·소 냉전 하의 세계평화 문제로 편지 내용이 바뀌어 간 것을 반영할 수도 있겠지만 점령당국이 이러한 변화를 선도한 측면이 없지 않다. 「편지 여론」에서 '전범'이라는 용어가 사라지고, 그것을 보다 추상적인 '군국주의', '평화'와 같은 용어들이 대체했으며, 이러한 용어들이 냉전 하의 미·소 대립을 전제로 하여 구사되기 시작했다. 미·소가 만들어낸 냉전구조가 전쟁책임을 둘러싼 일본인들의 의식을 구속하게 된 것이다.[30]

천황의 면책을 도모한 황실을 비롯해 일본 지배층은 종전 당시부터 반공주의를 매개로 노골적으로 미국의 대소 대결의식을 자극하면서 점령당국에 접근했고, 그것은 조선총독부도 마찬가지였다. 이는 한편으로 일본 국내에서 사회혁명, 식민지 조선에서 민족혁명에 대한 공포와 우

---

30) 川島高峰, 「手紙の中の'東京裁判'－私信檢閱·マッカーサーへの投書に見る'戰犯裁判'と民衆－」, 『年報日本現代史』 第13号, 現代史料出版, 2008, 233쪽.

려에서 비롯된 행동이었고, 다른 한편으로 전후 국제질서의 한 축을 담당할 미국의 힘에 의지해서 남은 권력을 유지하려는 일본 지배층의 의도를 드러낸 것이었다. 그리고 냉전의 도래와 함께 이러한 의식은 일본의 일반 국민 사이에서도 확산되었다. 다음에 소개하는 편지는 미·소 대결을 전제로 한 냉전인식이 꽤 이른 시기부터 일본 국민들 사이에 존재했고, 일반 국민들 가운데 냉전구도 하에서 미국에 적극 편승하는 방식으로 전후 부흥을 도모한 일본 지배층의 생각에 공명하는 이들이 많았음을 보여준다.

가네자와(金澤)시에 거주하는 와타나베 다케오(渡部武雄)는 1947년 1월 27일 맥아더 장군에게 한 통의 편지를 발송했고, 이를 1947년 3월 11일 다시 맥아더 사령부와 각 정당 의원, 주일 소련·영국·중국 대사, 신문사에 전달했다.[31] 그는 이 편지에서 2차 대전 이후 국제정세와 일본의 재건 방향, 그리고 식민지 인식과 관련해 흥미로운 주장을 펼쳤다. 이 편지는 '총론, 미·영 양국이 세계를 통일하는 방책, 일본 민족에게 보내는 호소, 독일·이태리·핀란드 기타 주변 제민족에게 보내는 호소, 미국 지도자 및 여론을 향한 호소, 조선민족에 고한다, 소련민족에 고한다, 기타 각 국에 고한다, 국제연합국(안)'의 총 8개 절로 이루어진 논리 정연한 글이다. 이 편지는 전후 국제질서 수립방향을 미국이 원자탄 독점을 유지하면서 영국과 연합하여 소련을 굴복시키는 데 두고, 일본이 이를 위해서 적극적 역할을 해야 한다는 논조를 유지한다.

그는 자신의 주장을 몇 개의 요구사항으로 요약했다. 포츠담선언과 카이로선언의 폐기, 1931년 일본의 만주 침략 이전 상황으로 복귀, 일본 정부에 명하여 지원자들로 육군 부대 또는 기타부대를 재편성하여 조

---

31) Box 232, Tab 8 Doc 29203 및 Box 235, Tab 42 Doc 27162. 1947년 1월 27일자 편지는 영문 요약만 남아 있다.

선, 만주 각지에 주둔시킬 것, 해외 인양자들의 종전 무렵 각지로 복귀, 군사재판은 속행하나 전범자 처벌은 연기, 실제 (미·영과 소련 사이에) 전쟁이 일어날 경우 점령지는 각 국 영토로 할 것, 즉 일본도 점령지의 일부를 할양 받을 것 등이 그 내용이다. 노골적인 대소 적대의식을 드러내고 그것을 실천할 것을 주장한 이 편지는 발송 시점과 패전국 일본의 처지, 당시 국제정치 상황을 감안하면 황당한 얘기가 아닐 수 없다. 하지만 주장의 실현 가능성 여부에 대한 판단을 잠시 보류하고, 당시 일본인들이 일본의 부흥과 국제사회 복귀의 조건들을 어떻게 구상했는가에 초점을 맞추어 이 편지를 살펴보면 그 내용은 꽤나 의미심장해진다.

필자의 구상이 가진 주요한 특징은 미국을 중심으로 한 전후 냉전질서 수립에 일본이 적극 편승하거나 적극적 역할을 할 것을 주장한다는 점과 그를 위해 전전 일본이 유지했던 식민지 질서의 회복을 요구했다는 점이다. 패전 후 채 2년도 경과하지 않은 시점에서 이러한 내용을 구상할 수 있다는 사실이나 전후의 국제정세 변화를 일본 정부뿐만 아니라 일개 국민이 공유하면서 그러한 변화를 적극적으로 이용하려는 구상을 공개적으로 천명하기 시작했다는 사실이 놀랍다. 필자의 주장 그대로 실현되지는 않았지만 이후 냉전이 격화하면서 미국의 대일정책이 일본의 재부흥, 단독강화, 군사동맹의 구축으로 나아갔던 것을 감안하면 필자의 이러한 주장은 이후 미국 정부와 점령당국, 그리고 일본 정부가 추진한 일련의 정책을 간파하거나 선취한 감이 없지 않다.

한반도와 관련해서 생각하면 이 구상이 실현의 전제조건으로 전전 일본의 식민지 질서 회복을 요구했다는 점이 중요하다. 이 편지는 동아시아 지역에서 미국 중심의 냉전 질서 수립이 일본의 부흥을 필요로 하고 있고, 그 연장선에서 일본의 식민지 지배에 대한 책임 문제가 희석되거나, 회피되거나, 긍정적으로 평가 또는 예찬될 수 있음을 보여준다. 이

편지는 별도의 절을 할애하여 '조선민족에게 고'했다. 그 내용을 그대로
번역하면 아래와 같다.

> F. "종전 후 독립의 영예를 얻었다고 하지만 진정한 평화가 왔다
> 고는 생각하지 않는다. 행복한 자는 일부일 뿐이고, 일반 인민은
> 빈곤한 자가 다수라는 것은 틀림없는 사실이라고 생각한다. 일본
> 에 의해서 병합되어 안정을 얻어 살던 때가 행복했다고 깨닫는 사
> 람들이 대부분일 것이라고 생각한다. 일본인은 미군 진주 후 맥아
> 더 사령부의 시정방침, 즉 정의·관용·이해 기타로부터 배운 바
> 많고, 이를 모범으로 하여 종래의 잘못된 정책을 시정해서 진실로
> 공존공영의 열매를 거둘 필요성을 충분히 깨달았다는 것을 알아두
> 기 바란다." 와타나베 다케오(渡部武雄), 1947. 1. 27, Box 232

이 편지는 '태평양전쟁은 이기적이고, 잘못된 전쟁'이었다고 명시적으
로 얘기하지만 다른 한편으로 전범 처벌의 연기를 요구했고, 그런 면에
서 이 편지에서 전쟁에 대한 진정한 사죄나 책임의식을 찾아보기는 힘
들다. 또 이 편지는 그 이전의 식민지 침략에 대한 비판, 일본의 침략을
받았던 주변 민족들에 대한 책임의식이나 부채의식을 전혀 담고 있지
않다. 오히려 이 편지는 일제의 식민지 지배를 예찬하는 입장에 있고,
일본인은 전후 점령군의 시정방침을 따라 전전의 잘못된 정책으로부터
벗어났음을 강조함으로써 결과적으로 조선인에 대해서는 뿌리 깊은 멸
시를 드러낸다. 패전 이후 일본인들에게 태평양전쟁과 그 이전 일제의
식민지 침탈, 중국 침략을 분리시켜 사고하는 방식이 일반적이었고, 그
런 면에서 그 시기 일본인들 사이에서 식민지 지배에 대한 책임의식은
희박하거나 아예 시야에 없었다고 할 수 있다.

천황의 전쟁범죄 면책은 일본 사회 전체적으로 전쟁책임을 희석시키

는 결정적 계기가 되었다. 그리고 일반 국민은 '피해자론'에 입각해 일부 전쟁 지도자들에게 책임을 전가하는 대신 스스로는 손쉽게 전쟁책임으로부터 벗어날 수 있었다. 일본 사회의 전쟁책임에 대한 자기비판의 결여를 일본 국민의 정치적 성숙도 문제로 파악한 연구들이 있다.[32] 하지만 이러한 일반적 지적에 앞서 당시 시점에서 전쟁책임과 진지하게 대면하는 올바른 사회적 실천 양태는 어떤 것이었을지 진지하게 고민해야 할 것이다. 역사가의 때늦은 지혜로 보면 점령당국과 지배층의 태도, 전후 사회운동 역량의 한계 등으로 그 당시 일본 사회 스스로 전쟁책임을 자각하거나 비판할 수 있는 정치적 · 사회적 기준을 좀처럼 수립할 수 없었다. 그런 상태에서 국민 개개인이 취할 수 있는 태도와 행동양식이란 자신의 생활상의 요구와 이해관계를 반영한 즉자적인 감정의 분출일 수밖에 없었을 것이다.

3) 재일조선인

앞에서 패전 직후 일본의 전쟁책임 논의나 그에 대한 인식이 태평양전쟁에 대한 책임 문제에 한정되었고, 그 이전의 아시아 각 국에 대한 침략이나 식민지 지배에 대한 책임 문제를 전혀 고려하지 않았음을 언급했다. 이는 미국이 주도한 동경재판 자체가 설정한 한계이기도 했다.[33] 전후 점령당국, 일본 정부의 재일조선인 인식과 정책, 재일조선인

---

32) 川島高峰, 1993, 28~29쪽; 山田昭次, 「八 · 一五をめぐる日本人と朝鮮人の斷層」, 12쪽.

33) 吉田 裕, 1995, 69~76쪽. 또 윤건차는 전후의식의 출발점에서 아시아에 대한 침략과 식민지배가 망각되었을 뿐만 아니라, 전전, 전후를 막론하고 아시아 멸시관이 일본 사회에 뿌리 깊게 존재했음을 지적한다. 尹健次, 「戰後思想の出發とアジア觀」, 中村政則 等編, 『戰後日本. 占領と戰後改革 3: 戰後思想と社會意識』, 岩波書店, 1995.

사회의 존재형태, 일본 사회의 재일조선인관에 관한 연구들 역시 전후
일본 사회의 식민지 지배 책임에 대한 인식의 부재를 지적한다. 또 그
연구들은 패전 직후 일본 사회의 재일조선인관을 규정하는데 일본 정부
와 점령당국이 결정적 역할을 했음을 지적한다. 이 연구들에 의하면 상
징천황제의 확립, 전쟁책임과 식민지 지배 책임의 방기, 그리고 재일조
선인에 대한 차별의 제도화·구조화는 동전의 양면이었다.[34]

이하에서는 편지를 통해서 패전 직후 일본 사회의 재일조선인관을 좀
더 구체적으로 살펴보고자 한다. 주로 재일조선인관의 구성 내용과 존
재 방식, 각 인식 내용의 시간적·논리적 선후관계와 역사적 맥락을 드
러내 보일 것이다. 이에 대해서는 기존 연구에서 이미 그 얼개가 제시되

---

34) 일본 정부와 점령당국의 재일조선인 인식과 정책, 패전 직후 재일조선인 역
사에 관해서는 많은 연구 성과가 있다. 아래의 목록은 본고에서 활용된 연구
성과들이다. 먼저 일본 정부와 미국의 재일조선인 정책에 대해서는 金太基,
『戰後日本政治と在日朝鮮人問題－SCAPの對在日朝鮮人政策 1945~1952－』, 勁草
書房, 1997; 大沼保昭, 「出入國管理體制の成立過程 1」, 『法律時報』 50卷 4号,
1978; 大沼保昭, 「在日朝鮮人の法的地位にする一考察(四)-(六)·完」, 『法學協會
雜誌』 제97권 제2호~4호, 1980; ロバト·リケット, 「GHQの在日朝鮮人政策」, 『ア
ジア研究』 제9호, 和光大學アジア研究·交流 敎員グルプ, 1994 참고.
점령당국의 재일조선인 인식에 대해서는 小林知子, 「GHQの在日朝鮮人認識に
する一考察」, 『朝鮮史研究會論文集』 32, 1994; テッサ·モリス·スズキ, 「占領軍へ
の有害な行動－敗戰後日本における移民管理と在日朝鮮人－」, 『現代思想』 2003年
9月号 참고.
또 재일조선인의 존재형태에 대해서는 樋口雄一, 「日本の地域社會と在日朝鮮人
－神奈川縣域を中心に」, 『朝鮮史研究會論文集』 37, 1999; 樋口雄一, 「敗戰直後
の在日朝鮮人－國問題お中心に」, 『日朝關係史論』, 新幹社, 2003; 김광열, 「1940
년대 일본의 渡日조선인에 대한 규제정책」; 「1940년대 전반 일본경찰의 재일
조선인 통제체제」; 박진우, 「패전 직후 천황제 존속과 재일조선인」; 허광무,
「전후 일본공적부조체제의 재편과 재일조선인－'생활보호법'－민생위원」 체
제의 성립을 중심으로－」(이상 김광열, 박진우, 허광무의 논문들은 모두 『패
전 전후 일본의 마이너리티와 냉전』, 제이엔씨, 2006에 수록); 鄭榮桓, 「「解放」
直後在日朝鮮人自衛組織にする一考察－朝連自治隊を中心に」, 『朝鮮史研究論文集』
44호, 2006; 「「解放」直後在日朝鮮人運動と參政問題－「正當な外國人待遇」をめぐっ
て」, 財團法人朝鮮獎學會, 『學術論文集』 第26集, 2007 참고.

었지만 패전 직후 일본 사회에서 조선인 문제가 제기되는 계기와 맥락, 즉 암시장 등 이른바 '사회문제'나 일본 공산주의 운동 등과 관련하여 보다 구체적인 분석이 요구된다. 그것은 또 일본 사회의 '민생'과 직접 연루된 주제들인 만큼 일본 사회의 '바닥' 민심에 나타난 재일조선인 인식을 확인하는 기회가 될 것이다.

이노우에 후쿠조는 오사카(大阪)시 히가시(東)구에 주소를 둔 관리다. 그는 점령군이 일본에 진주한 뒤 두 달밖에 되지 않은 이른 시기에 '현재의 문제점과 해결책'을 그 내용으로 하는 편지를 맥아더 사령부에 보냈다. 그는 그 편지에서 '현재의 식량 부족 원인이 조선인에게 있'음을 주장한다. '조선인은 일본인의 네 배를 먹고, 이들이 암시장의 반 이상을 차지하는 것도 그 때문'이라는 것이다. 그는 '조선인 200만 명이 일본인 800만 명이 먹을 수 있는 식량을 먹어 치우므로' 조선인들을 조속히 귀환시켜야 한다고 주장한다.[35] 또 '식량 부족인'이라는 가명으로 쓴 1947년 2월의 한 편지는 '100만 명의 조선인을 돌려보내면 식량 부족을 완화할 수 있을 것이고, 범죄도 줄어들 것'이라고 주장한다.[36]

판임관의 지위를 가진 관리가 조선인과 일본인의 신체적·생리적 차이를 패전 직후 식량 부족과 조선인들의 암시장 관여 원인으로 꼽은 것은 지금 시점에서 보면 쓴웃음을 짓게 만들지만 그는 그렇게 밥통이 큰 조선인들을 왜 대규모로 강제 동원해서 일본의 광산과 공장에서 배를 곯게 만들었는지 그 이유를 설명하지 않았다. 일본의 국익에 충실한 한 관리가 구식민지인에 대한 공포와 우려 때문에 미군 점령 직후 점령당국을 상대로 조선인에 대한 흑색선전을 펼친 에피소드의 하나로 웃어넘길 수도 있지만 위의 편지들은 적지 않은 일본인들이 일본 패전 직후의

---

35) Box 231, Tab 2 Doc. 1918, 이노우에 후쿠조(井上福藏), 1945. 10. 26.

36) Box 235, Tab 42 Doc. 28140, 식량 부족인, 1947. 2. 19.

경제적 곤란과 사회적 혼란의 책임을 구식민지인들에게 전가하는 전도된 인식을 가졌음을 보여준다. 두 편지는 점령 직후에는 200만 명, 1947년 2월 시점에는 100만 명의 조선인을 식량 부족의 원인으로 지목하고, 조선인들의 조속한 귀환을 식량 위기의 해결책으로 제시했다. 그러나 점령당국의 지시와 일본 정부의 주선에 의해 조선인들의 공식 귀환이 이루어지기 시작한 1946년 4월 이전 이미 많은 수의 조선인들이 귀환했지만 식량 위기는 1946년 5월, 6월에 절정에 이르렀다. 패전 직후의 이른 시점부터 이러한 전도된 인식이 표출될 수 있는 사회심리적 토대나 배경이 궁금하지만 두 통의 편지는 일본 사회가 전쟁의 원인이나 식민지배에 대한 책임 문제와 관련해서 진지한 성찰의 기회를 제대로 마련할 수 없었음을 드러낸다. 오히려 일본 사회가 패전 직후의 경제적 어려움과 사회적 혼란에 즉자적이고 감정적으로 반응했으며, 재일조선인이 패전 직후부터 그러한 경제적 곤란과 사회적 혼란의 원인으로 지목되는 분위기가 존재했다.

위의 편지들은 식량 위기의 해결이라는 경제적 이유에서 조선인의 조속한 귀환을 촉구했지만 동시에 조선인을 암거래자, 우범자 등 각종 사회문제의 원인 제공자로 지목했다. 아래 편지는 발신자가 조선인을 각종 사회문제의 주범으로 인식했을 뿐만 아니라 그것을 인종적 편견과 연결시켜서 이해했음을 보여준다.

> G. "조선인은 중국인, 일본인보다 열등한 인종이고, 조선인이 일본의 경제를 錯亂시키고, 일본의 치안을 어지럽히며, 절도, 소매치기 등이 조선인의 집단적인 직업이고, 식료 기타 중요물자를 매점하므로 모든 조선인 가정을 수색하여 숨긴 물자를 압수하고, 이들을 조선으로 추방하기 바랍니다." 前田善次郎, 北陸線 越中國 石動町 거주, 1947. 8. 7, Box 236

일본 패망 이후 일본이나, 한반도나 모두 커다란 경제적 곤란과 사회
적 혼란에 빠졌고, 그 지역의 주민들은 너나 할 것 없이 큰 어려움을 겪
었다. 그 모든 사회·경제적 혼란과 민중이 겪은 생활고의 구조적 배경
은 전전 일본제국주의의 침략과 착취에 있지만 재일조선인은 전전에는
그러한 침략과 착취의 희생자였고, 전후에는 일본의 사회·경제적 위기
와 혼란을 초래한 '사회문제'의 원인으로 지목되었다. 일본인 편지들은
이 문제와 관련해 대부분 암시장에서 조선인의 발호를 비난했다.

패전 직후의 세태를 "여자는 팡팡, 남자는 암거래자"라고 묘사했듯이
암시장은 당시 일본인들의 사회·경제적 존재를 규정한 생활양식의 중
요한 일부였다.[37] 흥미 있는 것은 점령 직후만 하더라도 편지에 나타난
암시장의 횡포에 대한 비판과 비난의 초점은 대부분 군국주의자들과 전
범들, 암시장을 움직이는 자들이 한 통속이고, 경찰이 암시장을 관리하
고 있다는 사실에 모아졌다. 편지는 암거래 물품이 군수창고로부터 나
오고 있다는 사실도 지적했다. 즉 군인·군속, 관리 등 군국주의자, 전범
으로 분류되는 자들이 물품 공급자로 지목되었고, 경찰은 그 관리자로
서 암거래를 조장했으며, 그것을 단속하기는커녕 암시장 상인과 암거래
당사자들로부터 뇌물을 받고 있다는 것이다. 이 편지들은 물가폭등과
암거래의 원인으로 구 지배층, 또는 구제도로부터 혜택을 받던 '전쟁수
익자'들을 지목하고 그들을 비난했다.[38]

---

37) John Dower, 1999, 139쪽. 팡팡은 창녀 또는 '양공주'를 일컫는 당시 속어다.
　　일본어 かつぎ-や(担ぎ屋)는 장돌뱅이(행상, 도붓장사), 밀매인, 야바위꾼, 미
　　신을 믿는 사람 등을 일컫는 중의적 표현이지만 당시 세태를 반영해서 암거
　　래자로 옮겼다. 영어로 옮기면 black-market peddler 정도가 적당할 것이다.

38) 대표적으로 후쿠시마(福島)현 거주 엔도 기미(遠藤 公)의 1946년 1월 21자 편
　　지 및 야마모토 고쿠슈(山本黒手)의 1946년 1월 7일자 편지. 모두 Box 232. 암
　　시장의 발생 원인과 암시장의 작동 방식, 그리고 암시장을 움직인 세력에 대
　　해서는 John Dower, 1999, pp.112~120 "Inflation and Economic Sabotage" 및

상식적으로 생각해도 암시장에서 제일 중요한 것은 물자의 공급과 시장의 관리다. 암시장에 공급된 물품은 주로 곡물, 해산물 등 식량과 식품, 이전의 군용물자였고, 점령군으로부터 흘러나오는 물품도 있다. 시장 관리는 대부분 경찰의 묵인과 방조 하에 '야쿠자 구미'에 의해 이루어졌다. 그리고 창녀들의 세계와 유사하게 암시장에도 '제3국인'이 대거 참여했다. 1946년 7월 일본인 '마쓰다 구미'(松田組)와 대만인 조직이 도쿄의 시부야 지역을 둘러싸고 세력다툼을 벌이는 과정에서 서로 총질을 하며 싸우는 통에 대만인 수십 명이 살상되고, 일본인 경관 한 명이 죽고 한 명이 중상을 입는 사건이 발생했다. 이 '시부야 사건'은 사회적으로 큰 반향을 일으켰다. 경찰과 대만인·조선인 사이의 적대관계를 한층 노골적이게 만들었고, '3국인'에 대한 편견이 증대했으며, 암시장의 횡포와 범죄 증가율에 대한 대중의 원성이 아시아인들을 향하게 만들었다. 또 암시장을 제대로 통제하지 못한 경찰의 무능력이 노정되었고, 경찰은 조소의 대상이 되었다.[39]

암시장의 존재양태나 시부야 사건 같은 것들이 재일조선인 등 3국인에 대한 일본 사회의 감정을 악화시키는 하나의 계기로 작용했을 수 있지만 패전 직후만 해도 '전쟁수익자'들이 암시장의 배후로 지목되었으나 어느 순간부터 조선인들이 암시장과 범죄의 근원으로 지목되는 분위기의 반전을 어떻게 볼 것인가? 암시장이 일본인들의 생활양식의 일부로

---

pp.139~148 "Black-Market Entrepreneurship" 참고. 존 다우어는 일본 항복 직후 일본 정부의 군사 자금·군수 물자의 대량 방출, 정부 관료와 결탁한 군수업자, 군인·군속, 관리의 발호와 부정·부패 등이 암시장의 온상이었음을 지적하고, 패전 직후 경제 혼란과 위기는 이러한 일본 정부, 군부의 부정·부패와 일본 정부·점령당국의 경제정책의 실패 때문이라고 분석했다. 또 암시장에 대한 비난의 초점이 바뀌는 과정에 대해서는 David Conde, "The Korean Minority in Japan", *Far Eastern Survey*, Vol. 16, No. 4, 1947. 2, pp.41~42 참고.
39) John Dower, 1999, pp.140~144.

자리 잡으면서 그 내부에서는 나름의 '직업윤리'가 만들어졌고, 일본인과 3국인들 사이의 갈등도 오히려 적었음을 지적하는 연구도 있지만 존다우어의 통찰이 제시하듯이 최상층에서부터 최하층까지 암시장의 부패한 존재방식은 정치와 예고된 '민주개혁'에 대한 신뢰를 촉진하는데 아무런 도움이 되지 않았다. 게다가 '자유시장'의 정글 같은 성격은 일본인이 하나의 민족으로서 상호부조 하는 가족공동체라는 의식을 믿도록 교화되었던 일본인들에게 그 환상을 깨트리는 충격요법과 같았다. 암시장에 관계했던 한 일본인의 증언처럼 "천황의 신성 부정, 점령당국이 발표한 자유주의적·민주적 정책 등 그 모든 것들이 암시장에 모여든 우울한 군상들과는 아무런 관계가 없는 것처럼 보였다."[40]

존 다우어의 지적은 조선인이 전후 일본에서 '사회문제'가 되는 심리적 기제를 이해하는 데에도 일정한 시사를 준다. 일본인, 3국인 할 것 없이 전후 일본에 거주했던 모든 사람들이 암시장에 참여했고, 많은 일본인들에게 암시장이 경제 그 자체였다면 조선인의 암시장 참여 사실이나 조선인의 참여 빈도가 그리 문제가 되는 것은 아닐 것이다. 그 경우 중요한 것은 자신도 그 일부로서 암시장에 의지해 살아갈 수밖에 없었고, 또 그것이 가진 긍정성, 부정성을 모두 용인할 수밖에 없었던 일본인들에게 그 부정성을 전가하고 도덕적으로 비난하기에 손쉬운 대상이 조선인이었다는 점일 것이다. 다시 말하면 조선인의 암시장 연루가 조선인을 도덕적으로 비난할 수 있는 사회심리적 계기와 빌미를 제공해준 것이다. 조선인은 그 존재 자체가 식량난과 같은 경제적 어려움을 야기하는 데에다 이제 사회문제를 일으키는 '골치 덩어리'가 됨으로써 일본사회는 그들을 비난할 수 있는 도덕적 근거까지 얻게 되었다.

---

40) 위의 책, pp.144~147.

전후 일본 사회의 이러한 사회심리적 분위기는 전후에 갑자기 나타난
것은 아니었다. 전전부터 존재했던 조선인에 대한 뿌리 깊은 인종적 우
월감이 전후에도 그대로 유지되었고, 전후의 새로운 상황 전개와 맞물
려 그것에다 새로운 내용과 색채가 가미되었다.

> H. 만약 동양인 중 일본인에 대해 특권적인 태도를 취하는 사람
> 이 있다면 그러한 태도는 장래 또 싸움의 원인이 될 것이라는 점을
> 고려해야 할 것이다. 왜냐하면 일본인은 역사상 도쿠카와(德川)시
> 대 이전에는 세계의 강대국, 문명계에 돌입하지 않았지만 그 이후
> 일본은 문명국, 공업국으로 창조의 세계에 들어갔기 때문에 그 인
> 종에 대해서 그러한 감정을 가진다면 반드시 일본인의 감정 폭발
> 을 초래할 것이다. … 국가관념이 없는 인종은 열등민족이다. …
> 재일동양인은 이겼다는 관념을 버리고 없애야 한다. … 재일동양
> 인은 동양의 평화를 위하여 승리했다는 관념을 없애야 한다. … 일
> 본인은 동양인에게 실력, 국력으로 절대 패하지 않았다." 佐臟淸造,
> 「세계평화에 대한 조선인 중국인 재일자의 책임」, 오사카 거주, 1946.
> 6. 16, Box 233

'전승국민화'한 동양인이라는 어조는 야마다 쇼지가 지적했듯이 민족
적 우월 의식에 상처를 입은 굴욕감으로부터 비롯된 증오감조차 띠고
있다. 그는 이러한 태도에 대해서 '전쟁에 협력함으로써 스스로 피해자
가 됨과 동시에 타민족에 대한 가해자 또는 가해자의 가담자가 된 것에
대한 인식을 결여'했고, '식민지 지배에 대한 책임의 자각도 없고, 민족
적 우월 의식은 무반성인 채로 잔존'했음을 지적했다.[41] 편지 H는 일본
이 이미 도쿠가와 시대부터 문명계에 돌입했음을 강조하지만, 앞의 편
지 F는 일본인이 맥아더 사령부의 시정방침에 적극 호응해서 종래의 잘

---

41) 山田昭次, 「八・一五をめぐる日本人と朝鮮人の斷層」, 8・10쪽.

못된 정책을 시정한 사실을 강조한다. 즉, 미군 점령 하의 '전후개혁'이 일본인의 동양인에 대한 민족적 우월 의식을 새로이 보강하는 역할을 했다.

전전부터 존재한 조선인에 대한 민족적 우월감이 전후 형성된 차별의식의 심리적 기초였다면 일본에서 사회운동의 격화와 미·소간 냉전의 도래는 재일조선인을 사회문제를 넘어서 정치적 불안 요소, 체제 위협 요소로 만드는 배경이 되었다. 고바야시 토모코는 1946년만 해도 점령 당국이 조선인들을 사회문제로 인식했고, 이들을 공산주의자와 일체화하는 것은 1948년경부터라고 분석했지만[42] 일본인 편지에는 꽤 이른 시기부터 공산주의 운동을 사회적 혼란의 주요 원인으로 지적하고, 또 조선인을 공산주의자와 일체화하면서 정치 불안의 주요한 요소로 간주하는 인식이 나타난다.

모리 겐키치(森 卷吉)는 1947년 3월에 점령당국에 보낸 편지에서 일본이 공산주의로 경도되는 것에 대한 우려를 표명하면서 공산주의 운동을 사회적 혼란의 주요 원인으로 강하게 비난했다. 더불어 그는 재일조선인연맹(이하 '조련')을 공산당의 한 분파로 지목하면서 '이 단체는 남조선과는 관련이 없고, 북조선과 통한다'는 점을 강조했다.[43] 앞의 편지 F도 1947년 3월에 작성된 것인데 이 무렵부터 일본인 편지들에서 냉전 의식에 입각한 국제정세 인식과 반공주의적 성향이 두드러지게 나타난다. 모리의 편지에서 주목할 것은 재일조선인들의 활동을 공산주의 운동과 일치시키면서 그것을 정치적 불안의 주요 요소로 파악하는 그의 인식이 한반도 분할점령 상태를 전제로 하고 있다는 점이다.

이러한 인식은 두 가지 점에서 음미할 가치가 있다. 하나는 한반도 분

---

42) 小林知子, 1994 참고.

43) Box 232, 모리 겐키치(森 卷吉), 1947. 3. 20.

할점령이 가진 국제정치적 연관성에 의탁해서 자신의 정치적 견해를 강조하는 인식태도의 만연과 그것이 가진 비역사성의 문제다. 한반도 분할점령은 연합국 전후처리의 일환으로 일방적으로 결정되었고, 한국인들의 의사와 전혀 반하는 것이었다. 하지만 조선 문제와 관련해 그러한 전후처리 방식의 졸속성과 타율성을 비판하기보다는 한반도 분할점령에 반영된 국제정치적 역학관계의 어느 일방에 의존해서 일본의 전후 재건과 부흥 방향을 구상하고, 다른 한편으로 그 연장선상에서 재일조선인관을 합리화하는 태도가 일본 사회에 만연했다. 다른 하나는 미·소의 한반도 분할점령이 결과적으로 한반도 분단으로 이어짐으로써 역으로 그러한 사태 발전이 재일조선인의 존재양태와 처지에 결정적 영향을 주었다는 점이다.

전자와 관련해서는 점령당국의 재일조선인 인식을 분석한 고바야시의 연구나 재일조선인 단체의 자치활동을 분석한 정영환의 연구를 주목할 필요가 있다. 고바야시의 글에서 주목할 것은 점령당국이 점령 기간 중 어느 시점부터 조선인의 활동을 공산주의 활동과 등치시켜 탄압했다는 사실 자체가 아니라 그 속에서 관철되는 점령당국의 정세 인식 태도와 그 의도에 대한 분석이다. 점령당국은 점령 초기부터 일본 내 사회운동의 격화를 우려했고, 그 연장선상에서 사회운동을 체제내화 하기 위해 노력하거나 탄압했다. 그러나 점령당국은 재일조선인 활동의 일본 내 사회운동, 또는 공산주의 운동과의 연대보다 재일조선인 활동이 '소련, 평양, 조련, 일본공산당'으로 이어진 국제공산주의 운동의 연결고리가 아닌가 하는 점에 더 촉각을 곤두세웠다. 고바야시는 미국의 전략적 이해관계를 앞세운 이러한 인식이 생활상의 요구, 한국의 통일·독립 요구 등 한반도 정세와 연동된 당시 재일조선인 활동의 실태를 제대로 반영하지 못했음을 지적한다.[44]

한편 정영환은 조련 자치대의 활동을 구체적으로 분석하여 자치대 활동의 목표가 '동포의 생명·재산 보호'였고, 동시에 '불량배' 처벌을 통한 조선인 내부로부터의 침범행위 제재였다는 점을 밝혀냈다. 이에 대해 점령당국과 일본 경찰의 조련 자치대 활동 부인, 나아가 조련 자치대 활동 그 자체의 소급적 범죄화는 자치대 활동의 양·불량 여부보다 자치대의 '자치' 활동 그 자체를 문제로 삼았기 때문이었다는 점도 밝혀냈다. 미군 점령하의 남한과 마찬가지로 조선인의 '자치' 활동이 부인되고, '조선인 폭도'론에 의해 도색되며, 이후 그것이 '빨갱이(아카)'로 간주되었다는 것이다.[45]

전후 일본 사회에서 조선인의 존재는 해결되지 않은 식민지배의 상징이었지만 재일조선인은 오히려 혼란을 부채질하는 존재로 부각되었다. 한 연구자가 지적했듯이 전전 재일조선인이 경찰이라는 특정권력의 강제를 받는 존재였다면 전후에는 일본 사회 전체의 차별이라는 압력을 받는 존재가 되었다.[46] 전전의 재일조선인이 치안유지법에 의한 '보호·관찰·취체'의 대상이었다면 전후 재일조선인의 활동은 점령당국의 지시로 일본 정부가 발표한 칙령 311호에 의해 '점령군에 유해한 행위'로 규제되었다.[47] 그리고 재일조선인은 최종적으로 일본 정부의 외국인등록령에 의해 '관리' 대상이 되었다. 위의 일본인 편지들에 나타나듯이 조선인이 식량난의 원인 제공자에서 사회문제를 야기하는 골치 덩어리로, 또 공산주의 활동과 연결된 정치적 불안요소로 전화해 가는 일련의 과정은 전후 재일조선인에 대한 일본 사회의 차별이 구조화되는 정치·사

---

44) 小林知子, 1994, 172~175쪽.

45) 鄭榮桓, 2006, 174~176쪽.

46) 樋口雄一, 1999, 13쪽.

47) テッサ·モリス·スズキ, 2003, 206~207쪽.

회적 배경과 심리적 토대를 잘 보여준다.

앞에서 패전 직후 일본 사회의 조선인들에 대한 부정적 견해와 편견의 내용, 그 작동방식과 심리적 기제를 분석하고, 그것의 역사적 연원을 지적했지만 그러한 인식과 여론이 마련될 수 있는 계기와 기제가 어떻게 제공되고 마련되었는지에 대해서는 좀 더 구체적이고 입체적인 분석이 필요하다. 또 전후의 조선인관이 전전의 조선인관과 어떤 관계를 가지고 있는지, 또 그 구성 내용의 공통성과 차별성은 무엇인지 등 각각의 역사적 성격과 의미에 대해서도 보다 정치한 분석이 필요하다. 이 글에서는 다만 패전 직후 조선인에 대한 일본사회의 인식과 여론이 자연발생적이고 우연적으로 마련되었다기보다는 일본 정부와 점령당국, 그리고 언론이 이러한 여론을 선도하거나 주도하면서 그 인식 방향을 제공하고, 그것을 확산하는 데 결정적 역할을 했음을 지적해두고자 한다.[48]

4. 맺음말

이 글은 전후 맥아더 장군과 점령당국에 보낸 일본인 편지들이 그들의 생활세계와 생활감정을 가감 없이 그대로 보여줄 수 있다는 점에 착

---

48) 1946년 4월과 5월의 반미획득 데모와 식량메이데이 데모 이후 점령당국과 일본 정부, 언론은 일제히 암시장의 암거래자들이 '제3국인' 또는 '비일본인'이라고 언급하기 시작했고, 6월에는 그것이 '대만인'과 '조선인'으로 바뀌었다. 이후 조선인들의 활동은 '점령에 유해한 행동'으로 비난받기 시작했다. 1946년 7월과 8월 오무라 내무상, 이시바시 재무상, 시이쿠마 진보당 의원 등 정부 각료들과 국회의원들의 조선인을 공격하는 발언이 계속되었고, 이러한 일본 정부의 태도가 일본 사회의 반조선인 여론을 이끌었다. 점령당국도 이러한 히스테리적 여론 몰이에 동조하고 기여했다. 1946년 일본 정부와 언론, 점령당국의 반조선인 태도와 언동에 대해서는 David Conde, "The Korean Minority in Japan" 참고.

안해서 그 자료들을 통해 미군 점령기 일본의 사회상과 사회의식을 살펴보았다. 또 자료의 성격과 편지에 나타난 미군 점령 초기 여론 동향 전반을 이해하기 위해서 점령당국의 편지 여론 조사보고서를 먼저 분석했다. 점령당국은 자신들을 향한 일본인들의 편지, 또는 일본인들 사이에서 교환된 편지를 분석하거나 검열하여 그것을 일본 사회의 여론 동향을 파악하는 자료원으로 활용했고, 또 그것을 점령정책에 대한 일본인들의 반응을 고찰하고 분석하는 수단과 매개로 이용했다. 대체로 일본인들의 편지는 식량난, 귀환 등 개인들의 일신상의 이해관계를 반영했지만 천황제 폐지, 전후개혁, 전범재판 등 당시의 중요한 정치·사회적 의제들에 대해서도 적극적으로 반응했다.

점령당국의 주도로 수행된 이른바 전후개혁은 상징천황제의 확립, 대의민주주의 제도의 수립 등 전후 일본 정치구조의 골격을 수립하는 데 핵심적 역할을 했고, 일본인들은 대체로 이를 환영하거나 수용했다. 하지만 편지에 의하면 보통의 일본인들이 일상생활에서 접하는 개혁과 민주화의 실상에 대한 불신과 불만은 매우 높았고, 그에 대한 비판도 신랄했다. 특히 통치기구의 말단과 지방 사회에서 개혁과 민주화에 대한 반응은 비판적이거나 냉소적인 의견이 많았고, '특권계급'의 온존을 강하게 비판했다. 일반인들이 일상생활에서 접한 것은 천황이나 점령당국이 아니라 관리, 경찰, 대의사, 정·촌장 등 기존 통치구조를 움직이던 사람들이었다는 점을 감안하면 편지의 이러한 반응을 이해할 수 없는 것도 아니다. 그러나 개혁과 민주화는 제도 수립으로 완성되는 것이 아니고, 운영주체의 변화를 포함하여 운영의 실상이 보다 중요한 평가기준이라고 할 때 편지에 나타난 이러한 반응은 전후개혁 자체에 대한 재성찰의 필요성을 제기한다.

전쟁책임 문제를 언급한 편지들에서 나타나는 중요한 특징은 점령 직후만 해도 전범 고발 편지가 많았으나 시간이 지날수록 전범 혐의를 부인하거나 무죄를 주장하는 편지들이 많아지고 심지어 전범 재판의 부당성을 주장하는 편지들이 늘어난다는 것이다. 미국의 주도로 천황이 면책되는 등 전범재판이 일본과 미국의 합작에 의한 정치재판의 성격을 띠게 됨으로써 전쟁책임이 희석될 수 있는 결정적 계기를 마련했고, 전범 재판이 A급 전범 재판에서 B·C급 전범 재판으로 옮아가면서 전쟁책임이 부정될 수 있는 사회적 여건을 확대했다. 전쟁책임과 관련해 국민 사이에 지배자는 가해자, 국민은 피해자라는 '피해자론'이 확산되었고, 전쟁책임의 방기는 지배층의 타민족 침략과 식민지화의 가담자로서 국민의 책임에 대한 자각도 봉쇄했다.

기존 연구들이 함축하듯이 전후개혁의 불철저성, 천황의 전쟁책임 면책과 일본 사회의 전쟁책임 부정, 식민지배에 대한 책임 의식의 부재는 각각 독립된 사안이 아니라 서로 연동하고 있다. 특히 편지에 나타난 재일조선인관이 식량난의 원인, 각종 사회문제를 일으키는 골치 덩어리, 정치적 불안요소인 공산주의자로 변해 가는 과정은 전후 재일조선인에 대한 차별 의식의 존재양태와 그 전이과정을 잘 보여준다. 그러한 인식의 밑바닥에서 전전부터 존재하던 인종적·민족적 편견이 여전히 작동했으며, 한반도 분단, 냉전의 도래와 같은 전후 동아시아의 정세 변화가 그것에다 새로운 내용을 부가했다. 당시 일본 사회의 재일조선인관을 그것이 형성되는 정치·사회적 맥락과 역사적 배경까지 시야에 넣고 보면 재일조선인은 전후 일본 사회가 책임을 지고 해결해야 할 식민지배의 상징이었다기보다 일본 사회의 혼란과 모순을 은폐하거나 그 책임을 전가하기 위한 희생양으로 기능했다고 해도 과언이 아니다.

참고문헌

1. 논저

김광열·박진우 외,『패전 전후 일본의 마이너리티와 냉전』제이엔씨, 2006.

요시다 유타카 저, 하종문·이애숙 역,『일본인의 전쟁관』, 역사비평사, 2004(吉田 裕,『日本人の戰爭觀』岩波書店, 1995).

이에나가 사부로 저, 현명철 역,『전쟁책임』, 논형, 2005(家永三郞,『戰爭責任』岩波書店, 1985).

荒敬,『日本占領史研究序說』, 柏書房, 1994.

荒井信一,「戰後補償と戰後責任」, 中村政則·天川晃·尹健次·五十嵐武士 編,『戰後日本－占領と戰後改革 5; 過去の淸算』, 岩波書店, 1995.

大沼保昭,「出入國管理體制の成立過程 1」,『法律時報』50卷 4号, 1978.

大沼保昭,「在日朝鮮人の法的地位にする一考察(四)－(六)·完」,『法學協會雜誌』제97권 제2호~4호, 1980.

川島高峰,『敗戰: 占領軍への50万通の手紙』, 讀賣新聞社, 1998.

川島高峰,「マッカーサーへの投書に見る敗戰直後の民衆意識」,『明治大學社會科學研究所紀要』31권 2호, 1993.

川島高峰,「日本の敗戰と民衆意識－天皇制ファシズムから天皇制デモクラシーへ」,『年報日本現代史 創刊號: 戰後50年の史的檢證』, 現代史料出版, 1995.

川島高峰,「手紙の中の'東京裁判'－私信檢閱·マッカーサーへの投書に見る'戰犯裁判'と民衆－」,『年報日本現代史』第13号, 現代史料出版, 2008.

金太基,『戰後日本政治と在日朝鮮人問題－SCAPの對在日朝鮮人政策 1945~1952－』, 勁草書房, 1997.

小林知子,「GHQの在日朝鮮人認識にする一考察」,『朝鮮史研究會論文集』32, 1994.

袖井林二郎, 『拜啓マッカーサー元帥様－占領下の日本人の手紙』, 岩波書店, 2002
(Sodei Rinjiro, *Dear General MacArthur : Letters from the Japanese during the American Occupation*, Rowman & Littlefield Publishers, 2001).

鄭榮桓, 「「解放」直後在日朝鮮人自衛組織にする一考察－朝連自治隊を中心に」, 『朝鮮史研究論文集』 44호, 2006.

鄭榮桓, 「「解放」直後在日朝鮮人運動と參政問題－「正當な外國人待遇」をめぐって」, 財團法人朝鮮獎學會, 『學術論文集』 第26集, 2007.

テッサ・モリス・スズキ, 「占領軍への有害な行動－敗戦後日本における移民管理と在日朝鮮人－」, 『現代思想』 2003年 9月号.

樋口雄一, 「日本の地域社會と在日朝鮮人－神奈川縣域を中心に」, 『朝鮮史研究會論文集』 37, 1999.

樋口雄一, 「敗戰直後の在日朝鮮人－國問題お中心に」, 『日朝關係史論』, 新幹社, 2003.

山田昭次, 「八・一五をめぐる日本人と朝鮮人の斷層」, 『朝鮮研究』 69, 1968.

尹健次, 「「帝國臣民」から「日本國民」へ－國民概念の變遷－」, 中村政則・天川晃・尹健次・五十嵐武士 編, 『戰後日本 占領と戰後改革 5; 過去の清算』, 岩波書店, 1995.

尹健次, 「戰後思想の出發とアジア觀」, 中村政則 等編, 『戰後日本. 占領と戰後改革 3: 戰後思想と社會意識』, 岩波書店, 1995.

吉田 裕, 「戰爭責任と極東國際軍事裁判」, 中村政則・天川晃・尹健次・五十嵐武士 編, 『戰後日本－占領と戰後改革 5; 過去の清算』, 岩波書店, 1995.

ロバト・リケット, 「GHQの在日朝鮮人政策」, 『アジア研究』 제9호, 和光大學アジア研究・交流 教員グルプ, 1994.

Conde, David, "The Korean Minority in Japan", *Far Eastern Survey*, Vol. 16, No. 4, 1947.

Dower, John W., *Embracing Defeat : Japan in the Wake of World War II*, W.W. Norton & Co., 1999.

Takemae, Eiji, *Inside GHQ : The Allied occupation of Japan and Its Legacy*,

Continuum, 2002.

2. 미국 국립문서관(National Archives II) 소장 자료

Record Group 331, Records of Allied Operational and Occupation Headquarters, World War II, 1907-1966, Supreme Commander for the Allied Powers(SCAP).

(1) Civil Information and Education Section, Public Opinion and Sociological Research Division, General Subject File, compiled 1946-1951, Entry 1700, Boxes 5875~5878.

(2) Assistant Chief of Staff, G-2, Intelligence Division, Miscellaneous File, 1945-51, Miscellaneous Letters to the Supreme Commander for the Allied Powers, Entry 1129, Boxes 231~236.

(3) Legal Section, Administrative Division, Japanese Background and Reference Files, compiled 1945-1948, Entry 1190, Boxes 992~1000.

(4) Assistant Chief of Staff, G-2, Public Safety Division, Police Branch, Subject File 1945-1952, Entry 1140, Boxes 328~338.

(5) Assistant Chief of Staff, G-2, Public Safety Division, Decimal File 1945-1952, Entry 1142, Boxes 353~358; (6) Office of the Chief of Staff, Public Information Section, Subject File, compiled 1946-1950, Entry 1102, Boxes 22~28.

찾아보기

저자소개

이원덕 국민대학교 국제학부 교수, 일본학연구소 소장

박진희 국사편찬위원회 편사연구관

안소영 경희대학교 한국현대사연구원 연구교수

김태기 서울대학교 일본연구소 연구교수

이현진 국사편찬위원회 편사연구사

정병준 이화여자대학교 사학과 교수

박창건 국민대학교 일본학연구소 연구교수

유지아 경희대학교 한국현대사연구원 연구교수

정용욱 서울대학교 국사학과 교수